考古学リーダー7

十三湊遺跡
~国史跡指定記念フォーラム~

前川　要
十三湊フォーラム実行委員会　編

六一書房

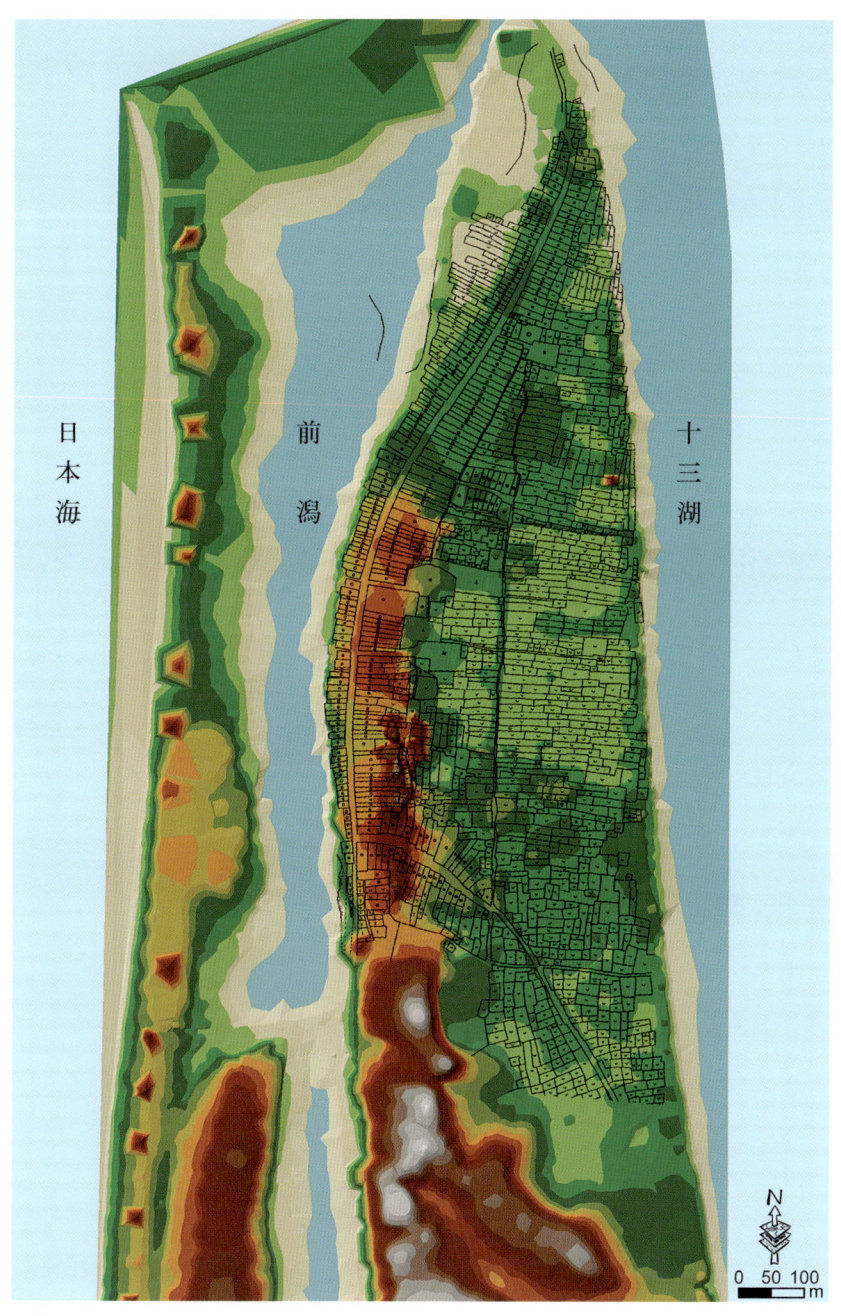

口絵　GIS（地理情報システム）を利用した十三湊遺跡の地形測量図（山口欧志氏の作成）

例　　言

- 本書は、平成17年11月20日（日）にプラザマリュウ五所川原で開催された「十三湊遺跡／国史跡指定記念　十三湊フォーラム」の記録集である。当日の特別講演・基調講演・報告・パネルディスカッションの記録のほか、十三湊フォーラム関連行事として前日に実施した特別巡検の記録、および併催行事として11月2～7日にかけて行った史跡指定記念特別展示会での五所川原須恵器窯跡報告を併せた内容となっている。
- 当日の口頭発表のテープ起こしと十三湊フォーラムのレジュメを参考に、各報告者が加筆修正したものを前川要が編集した。
- 挿図等の出典および参考文献は各報告者の末尾に掲載した。
- 十三湊フォーラムの日程、関連行事の内容や十三湊フォーラムの組織は以下のとおりである。

平成17年11月20日（日）
開場9：00　開演9：30
開会あいさつ・実行委員長あいさつ・市長あいさつ　　　　　9：30～10：00
特別講演
　坂井秀弥（文化庁記念物課主任文化財調査官）（60分）　　10：00～11：00
　「日本列島の中の津軽・五所川原の歴史と史跡」
基調講演
　遠藤　巖（宮城教育大学教授）（60分）　　　　　　　　　11：00～12：00
　「奥州十三湊日之本将軍と羽賀寺—認識の成立と広がり—」

（昼　食）　イベント（十三の砂山踊り・演歌／十三湊）　　12：00～13：00

報　告①
　榊原滋高（五所川原市教育委員会主査）（40分）　　　　　13：00～13：40
　「国史跡・十三湊遺跡の調査成果について」

例　言

報　告②
　　鈴木和子（青森県教育庁文化財保護主査）（30分）　　　13：40～14：10
　　「福島城跡の調査成果について」
報　告③
　　三浦圭介（青森県埋蔵文化財調査センター次長）（30分）　14：10～14：40
　　「津軽地方の激動の時代‐古代から中世へ‐」

（休憩20分）14：40～15：00
パネルディスカッション　　　　　　　　　　　　　　　　　15：00～16：00
　　　　　司　会：前川　要（中央大学教授）　千田嘉博（奈良大学助教授）
　　　　　総　括：村越　潔（弘前大学名誉教授）

閉会　16：00

十三湊フォーラム関連行事の紹介
特別巡検「安藤氏の足跡を検証する～十三湊・西海岸の石造文化財を中心に～」
　講師：佐藤　仁（青森県文化財審議委員）
日時：平成17年11月19日（土）

併催行事「史跡指定記念特別展示会～発掘された中世港湾都市十三湊と本州最北の五
　　　　所川原須恵器展～」
日時：平成17年11月2～7日
場所：エルムホール（エルムの街ショッピングセンター内）

　　　　　　　　　　　　　〈十三湊フォーラム実行委員会〉
　　　　　　　　　　　委員長　　村越　潔（弘前大学名誉教授）
　　　　　　　　　　　委　員　　佐藤　仁（青森県文化財審議委員）
　　　　　　　　　　　　　　　　高島成侑（八戸工業大学教授）
　　　　　　　　　　　　　　　　千田嘉博（奈良大学助教授）
　　　　　　　　　　　　　　　　小島道裕（国立歴史民俗博物館助教授）
　　　　　　　　　　　　　　　　岩崎繁芳（北奥文化研究会会長）

目　次

例　言　　　　　　　　　　　　　　　　　　　　　　　　　　　　　　1

I　国史跡指定記念十三湊フォーラム

実行委員長あいさつ

　　　　　　　　　　　　　　　　　　　　　　　村越　　潔　　7

五所川原市教育委員会　教育長あいさつ

　　　　　　　　　　　　　　　　　　　　　　　髙松　隆三　　10

五所川原市市長あいさつ

　　　　　　　　五所川原市長職務代理者　五所川原市助役　雨森　康夫　　11

特別講演
列島における津軽・五所川原の史跡―十三湊遺跡・五所川原須恵器窯跡―

　　　　　　　　　　　　　　　　　　　　　　　坂井　秀弥　　13

基調講演
羽賀寺縁起の成立と展開―奥州十三湊日之本将軍認識の問題を念頭にして―

　　　　　　　　　　　　　　　　　　　　　　　遠藤　　巖　　37

報　告　1
国史跡・十三湊遺跡の調査成果について　　　　　榊原　滋高　　69

報　告　2
福島城跡の調査成果について　　　　　　　　　　鈴木　和子　　119

報告 3
津軽地方の激動の時代―古代から中世へ―　　　　　三浦　圭介　141

特別寄稿
最北の五所川原須恵器窯跡　　　　　　　　　　　藤原　弘明　157

特別寄稿
安藤氏の足跡を検証する―十三湊・折曽関の石造物を中心に―
　　　　　　　　　　　　　　　　　　　　　　　佐藤　仁　177

特別寄稿
北方史における津軽十三湊―「中心」「周縁」論から見た試論―
　　　　　　　　　　　　　　　　　　　　　　　前川　要　203

十三湊フォーラム・パネルディスカッション
タイトル「北方史における視点―列島の中の十三湊・津軽五所川原―」
　　　　　　　　　　　　　司会　前川　要　千田　嘉博　225

Ⅱ　十三湊遺跡の基準資料と一括資料

十三湊遺跡の基準資料と一括資料　　　　　　　　榊原　滋高　257

十三湊と安藤氏―古代・中世関係略年表　　　　　　　　　　282

あとがき　　　　　　　　　　　　　　　　　　　千田　嘉博　288

執筆者・パネルディスカッション発言者の紹介　　　　　　　290

I 国史跡指定記念
　十三湊フォーラム

実行委員長あいさつ

村 越 潔

　おはようございます。
　本日は朝早くから、この十三湊遺跡国史跡指定記念十三湊フォーラムにご参集いただき本当にありがとうございます。
　十三湊と申しますのは、日本の歴史のなかでも、とくに中世の歴史を組み立てる上で欠くことのできない遺跡であるため、国は史跡として指定したわけであります。青森県でも縄文時代、あるいは弥生時代、さらに古代、中世といった各時代の主要遺跡の指定が、今年で16カ所にのぼっております。そのなかで五所川原市の関係が二カ所ということになり、その一つが御承知のように昨年の9月30日に、前田野目と、さらに持子沢にあります須恵器の窯跡群が国の史跡指定を受けました。
　続いて本年の7月14日には、今日のフォーラムの目的である十三湊の遺跡が国史跡の指定を受けたわけであります。
　この二つの遺跡の史跡指定を記念いたしまして、11月2日から7日まで、エルムホールにおいて特別展示会を開催いたしました。つまり発掘された「中世港湾都市十三湊と本州最北の五所川原須恵器展」ということでありましたが、それはこのフォーラムの併催行事という形で行われたわけであって、皆様方のなかにはご覧になられた方も多いのではないかと思います。
　本日開会いたします、十三湊フォーラムは、先ほども申し上げましたように国史跡指定の記念行事でありますが、この指定に至るまでには、市民各位の、さらに県民の皆様方の絶大な御支援、御協力があったればこそで、市民の皆様方、県民の皆様方と共にこの指定を喜びたいと思います。
　顧みますと、今から14年前、平成3年から5年にかけて、千葉県の佐倉市にあります、国立歴史民俗博物館が調査を行いました。特定研究の列島内諸文化の相互交流というテーマで、サブタイトルが「北部日本における文化

交流」というのでありますが、その一環として、この十三湊の調査が行われ、その結果、安藤氏とその家臣団の館、および屋敷跡、さらに庶民の町屋跡、そういうものが推定ではありますけれども、この国立歴史民俗博物館の調査によって提示されました。その後青森県教育委員会、さらに現在五所川原市ですが、旧市浦村、富山大学、そういう諸機関による調査が継続して行われ、現在では港湾施設から檀林寺等を含めました諸遺構の存在はもとより、関係施設等が次第に明らかになったわけであります。

　その詳しい内容につきましては、今日これからのフォーラムで紹介されますし、また、今まで刊行されました調査報告等で詳しく述べられておりますので、そちらの方に譲りたいと思いますが、ここに至る間に十三湊地区の調査保存でいろいろ助言をいただいてまいりました国立歴史民俗博物館、私たちは略して歴博と言っておりますが、その歴博の館長を務めておられた石井進先生、この石井進先生の御指導は忘れることができません。この石井先生のお力によって、歴史作家であられる永井路子さんを招いて講演会を開いたこともありますし、その石井先生をコーディネーターにして発表・討論会も開かれました。そのような各行事を通じまして十三湊遺跡の姿が薄皮を剝ぐような状態で明らかになってまいったのであります。

　その後、なお不明であった港湾施設等について調査が行われまして、その成果をもとに国史跡指定が実現したわけであります。

　この約14年に及ぶ調査によりまして、十三湊は皆さんお持ちのフォーラム共催資料の、7ページをお開きになればお分かりになるように、「十三湊とは」といって。そこに日本地図が載っていますが、この日本地図に示してありますのは1223年貞応2年と言われているのですが、日本で最古の海商法で実際は室町か、戦国時代に成立したと言われております、国内の主要な港湾施設、つまりここに示してある三津七湊と言われているもののなかで、その図の北の方に位置している重要な港湾都市なのであります。

　この十三湊遺跡は安藤氏の時代には計画的に区画されており、日本海を通して北は蝦夷、現在の北海道、南は上方と言っている若狭の方にいたる、そういう地域との間に物資の交流が行われました。つまり移出入を行って大変

十三湊が賑わっていたということであります。

　本日ここに国指定の喜びを、皆様方とともにかみしめまして、この調査に尽力されました諸機関、とくに県教育委員会の文化財保護課の方々、十三湊遺跡の史跡指定に大きな努力をされました旧市浦村村長の髙松隆三さん、現在は五所川原市の教育長なんですが、その髙松さんをはじめ、関係諸機関、当時富山大学におりまして、現在中央大学の教授をしておられる前川要さん、ならびに富山大学の学生諸君、ご多忙の中を現地に来られてご指導をされました文化庁の坂井主任文化財調査官、国立歴史民俗博物館と今日はおみえになりませんが、国立歴史民俗博物館の小島道裕助教授、現在は、奈良大学におられ、本日コーディネーターをつとめてくださる千田嘉博助教授、その方々に感謝申しあげますとともに、調査のとき、ならびにその後もご指導をされた県文化財保護審議委員の佐藤仁さん、今日は体調をくずされて欠席ですが、前の八戸工業大学教授の高島成侑さん、そういう方々にお礼を申し上げて、本日のフォーラムが成功裏に終わることを祈念し、挨拶にいたしたいと思います。ありがとうございました。

教育長あいさつ

　中世の十三湊は、整然とした都市計画に基づいた港湾都市でありました。
　高麗青磁や中国の青磁や白磁など、海外交易を裏付ける陶磁器も大量に発見されました。
　これは1991年（平成3年）に国立歴史民俗博物館と富山大学考古学研究室が3年計画で十三湊の実像解明に挑戦した成果であると言っても過言ではありません。
　そして、1994年からこの発掘を引き継いだ青森県教育委員会と市浦村教育委員会はさらに我が国では初めてと考えられる中世の港湾施設や檀林寺跡や町屋跡などを発見し、中世史研究の第一人者である故網野善彦先生は、十三湊を戦後50年の考古学を代表する遺跡ベストテンに、平泉の柳の御所に次いで第八番目に推挙されました。
　しかし、かつての栄躍を燃焼してしまったのか、いまの十三湖は光を受けても鈍い色しか示さず、まるで宴のあとの淋しさだけが漂い、当時を偲ぶ面影は何もありませんが、そうした中で十三湊が幻の都ではなかったということが発掘で証明されたことは驚きであり、感動であり、誇りでもありました。
　あれから15年——。
　冷害や東風（ヤマセ）や砂嵐に悩まされながらの発掘の成果が評価され、本年7月に国の史跡指定を受けることができたことは感無量であります。
　またこの蔭には、発掘からシンポジウム・特別講演に至るまで一貫してご指導いただいた元国立歴史民俗博物館館長、故石井進先生のお力が大であり、心から敬意と感謝を申し述べたいと思います。
　市浦村は今年3月に合併して新・五所川原市となりましたが、しかし十三湊が国際的な港湾都市であるとすれば、これからはサハリンとか沿海州などとの調査研究や交流も必要であると思われますし、その研究体制の整備や草戸千軒町のような博物館も必要だと思いますが、それは今日のフォーラム等でご提言いただければ幸甚に存じます。
　最後になりましたが、文化庁をはじめ青森県教育委員会並びに十三湊フォーラム実行委員会の皆様方や多くの関係者の皆様に心から御礼申し上げ、ご挨拶に代えさせて頂きます。

五所川原市教育委員会
教育長　髙松隆三

市長あいさつ

　本日は史跡指定記念・中世港湾都市『十三湊フォーラム』を開催しましたところ、十三湊遺跡に関心の深い方々が全国各地からご出席をいただき、誠にありがとうございました。

　また、この安藤文化の歴史がとりもつ縁で、友好町村の締結をしております北海道上ノ国町からも助役さんや教育長さんのご出席を賜り、このシンポジウムに花を添えていただきましたことに対し、改めて厚く御礼を申し上げたいと思います。

　さて、平成3年度からこれまで国立歴史民俗博物館・富山大学・中央大学等のご協力のもとで青森県、旧市浦村が役割分担をしながら十三湊遺跡の発掘調査を実施し、遺跡の実態解明と国の史跡指定を目指した事業を行なってまいりました。発掘調査の結果、十三湊は十三世紀から十五世紀に繁栄した港湾都市であったことが判明し、安藤氏や津軽の中世史が書き換えられるほどの大きな発見がなされております。

　十三湊遺跡は遺物の出土量・種類からも、中世の北日本における日本海交通の拠点港であり、遺跡の大半は保存状態も良好で、それらを取り巻く十三湖や日本海の景観も非常に優れており、我が国において中世の景観が色濃く残る重要な港湾を備えた大規模で類まれなる遺跡であること等により、平成17年7月15日に国の史跡に指定されたところであります。

　市町村合併により、新生五所川原市がスタートした記念すべき年に国史跡となったことは大変喜ばしいことであり、関係各位のご協力に深く感謝と敬意を申し上げます。

　本日のシンポジウムはこれまでの調査成果とそれを踏まえてのディスカッションが行なわれます。そして、今後の調査研究や史跡整備のあり方についてのご提言を賜りたいと思います。ご参集の皆様には十三湊や安藤氏の最新の研究成果に触れて、充実した楽しい一時を過ごされると共に、これからも十三湊遺跡へのご支援をお願い申し上げます。

　本日は、たくさんのご参加に感謝申し上げ開会のご挨拶といたします。

五所川原市長職務代理者
五所川原市助役　雨　森　康　夫

列島における津軽・五所川原の史跡
――十三湊遺跡・五所川原須恵器窯跡――

特別講演

坂井　秀弥

1. はじめに

　青森県五所川原市にある十三湊遺跡は、わが国を代表する中世北日本の港湾都市遺跡であり、中世史や中世考古学を学ぶものは誰しも知っている遺跡です。十三湊遺跡は、長年の念願がかなって、今年の7月に国史跡に指定されました。本日はそれを記念する催しです。「史跡」とは国語辞典に「歴史上重大な事件や各種の施設の跡」とされていますが、「国史跡」とは、わが国の歴史を考える上できわめて重要な遺跡について、文化財保護法という法律により文部科学大臣が指定したものです。十三湊遺跡が国史跡の価値をもっていることはいうまでもありません。

　当地にある重要な遺跡はこれだけではありません。古代の焼き物、須恵器を生産した五所川原須恵器窯跡があり、昨年9月にすでに国史跡に指定されています。この窯跡は列島最北の窯で、これも古代北日本の歴史では欠くことができないものです。

　一つの市に国史跡が二つもあることは、そうあることではありません。国史跡は、現在、約1550カ所あります。多いと思われるかもしれませんが、地域的に分布がかなり偏っております。奈良県や京都府には各100カ所位ある一方、青森県には候補となる遺跡はかなりありますが、まだ十数カ所です。

　五所川原市に国史跡が二つあるのには理由があります。五所川原市は今年3月に市浦村・金木町と合併して、新しい五所川原市となりました。五所川原須恵器窯跡はその名のとおりもともと五所川原市にありましたが、十三湊遺跡は旧市浦村にありました。津軽の、そして北日本の、古代・中世を代表

する遺跡が合併によりともに五所川原市となったことは、歴史的にもたいへん意義深く、この点でも本日は記念の会といえます。新しい五所川原市にはこのほかにもさまざまな文化財があります。有名な作家太宰治の生家、斜陽館は旧金木町にありますが、この建物は最近重要文化財に指定されました。五所川原の夏祭り、立ちねぶたも誇れる文化財といえます。

　これらの文化財を今後どう保存し、活用していくのかが大きな課題です。本日は、その前提として、十三湊と須恵器窯が列島の歴史や国史跡において、どのような意義をもつのかについて、かんたんに述べたいと思います。

2. 十三湊遺跡──北の中世港湾都市

　十三湊は、中世の海事慣習を記した史料『廻船式目(かいせんしきもく)』に、三津七湊(さんしんしちそう)の一つとして「奥州津軽十三湊」とみえ、中世北日本の重要港湾であったことがうかがえます。津軽の豪族安藤(安東)氏が拠点をおいて栄えたとされながら、南北朝の津波によって壊滅したという伝承があり、長いあいだ幻の港町とされてきました。しかし、平成3年度以降、国立歴史民俗博物館(以下「歴博」と略す)と、市浦村・青森県の教育委員会による組織的な大規模な発掘調査の結果、中世の13世紀から15世紀に営まれた、広大な遺跡の実態がおおよそ把握されました。

(1) わが国の文化財行政上の快挙
半世紀以上にわたる地域・学界の熱い思い

　十三湊遺跡の国指定は、わが国の文化財行政上の快挙といえます。この13年間、発掘調査と指定事務を見ながらともに歩んできた私自身としては、万感迫る思いです。わたしだけではありません。これまで半世紀以上にもわたって、この地域の多くの方々や全国の考古学・中世史研究者が遺跡にまつわる歴史やドラマに心惹かれて、熱い思いを持ち続けてきました。先年亡くなられた石井進先生もその一人です。平成12年(2000)の発掘十周年記念フォーラム(市浦村 2004)において先生が特別講演された際、史跡指定につ

いて、いたく心配されておられました。

　遺跡の本格的な調査は平成3年（1991）、歴博により始められました。その館長をつとめられていたのが石井先生です。歴博の調査を市浦村・青森県教育委員会が引き継ぎ、それぞれに専門職員を配置した特別体制で、10年以上継続されました。調査は地元の方々に多大な協力を得た上で、担当者が日々発見される遺構や陶磁器などの遺物を詳細にかつ多角的に検討して、少しずつ遺跡の具体的な構造と変遷を明らかにしていきます。これを10年以上積み重ねた成果は、この後の榊原滋高さんの報告に結晶していますが、新たな発見が多くてきわめて重要なものです。

中世港湾遺跡として初の国史跡

　港湾、港町に関する遺跡が国史跡に指定されたのは、じつはこれがほとんど初めての事例です。港湾遺跡はかつては各地にありました。『廻船式目』に記された三津七湊は、中世の代表的な港町です（図1）。十三湊以外にも、秋田の土崎、新潟の今町（直江津）などがあったわけですが、中世以降現代まで港湾とそれに伴う町が継続し、ずっと人が住み続けてきました。近代に入ってからは、工場立地などによる大規模開発がなされ、当時のようすを示す遺跡はまったく分からなくなっているのです（坂井 2004b）。

　約1550カ所ある国史跡のうち中世の遺跡は約250カ所。時代別にみると、原始41％、古代22％、中世16％、近世20％です（坂井 2004a）。それぞれの時代の長さにも関係するとはいえ、中世の遺跡は相対的に少ないといえます。さらに、中世の史跡の多

図1　七港とその他の港の位置（市浦村 2004）

くが城館遺跡に占められている実態があります。青森県では、津軽氏発祥の地となった種里城跡(鰺ヶ沢町)、南部氏の根城跡(八戸市)、聖寿寺館跡(南部町)などがこれにあたります。これらの城跡は15世紀から16世紀のもので、中世のなかでは新しい時期にあたります。これだけでは、中世全体の骨格となる部分はとうてい理解できないわけです。十周年フォーラムの際、石井先生は東北地方の国史跡は古代の蝦夷支配に関わる城柵が多くて、国民が過去の歴史を正しく理解できないと懸念されました(市浦村 2004)。その意味において、権力・支配の拠点である城館だけではなく、モノが広域に流通した中世の歴史について生き生きと物語る十三湊遺跡を、正しく評価し、保存することはきわめて大きな意義があります。

このたび指定された範囲は、南北約2km、東西約0.5km、面積約23haにも及びます。広大な遺跡ですのでこれで全てではありませんが、港湾のなかの桟橋や一部の屋敷跡だけが指定されたというものではありません。遺跡全体のかなりの部分を広域によい状態で保存できたのです。このことも大変意義深い点です。なお、指定に際して膨大な数の土地所有者から承諾を得られたことは、地元十三集落をはじめとした住民の方々のご理解と、旧市浦村の担当者の努力によるものであることを銘記しておきます。

(2) 発掘された十三湊遺跡の実像

中世日本の流通圏と十三湊

安藤氏は日本海を基盤にして、海上交通に深く関わっていたと言われています。中世の日本列島には4つの流通圏がありました(図2)。これは中世の焼き物、陶器の大窯業地とその製品の出土分布をもとに考えられており、陶器のほかにもさまざまな文物やひとびとが行き交っていたはずです。

大窯業地はおもに畿内周辺に分布しています。東海地方の瀬戸・美濃や渥美・常滑、北陸の珠洲・越前、近畿西部周辺の東播・備前・丹波などです。これらを中心にして放射状に流通圏が広がっており、京都を中心に東西で分断される特徴があります。近世の九州肥前陶磁器が全国流通するのと好対照です。十三湊が属しているのは、列島の東日本・北日本の日本海側に広がる

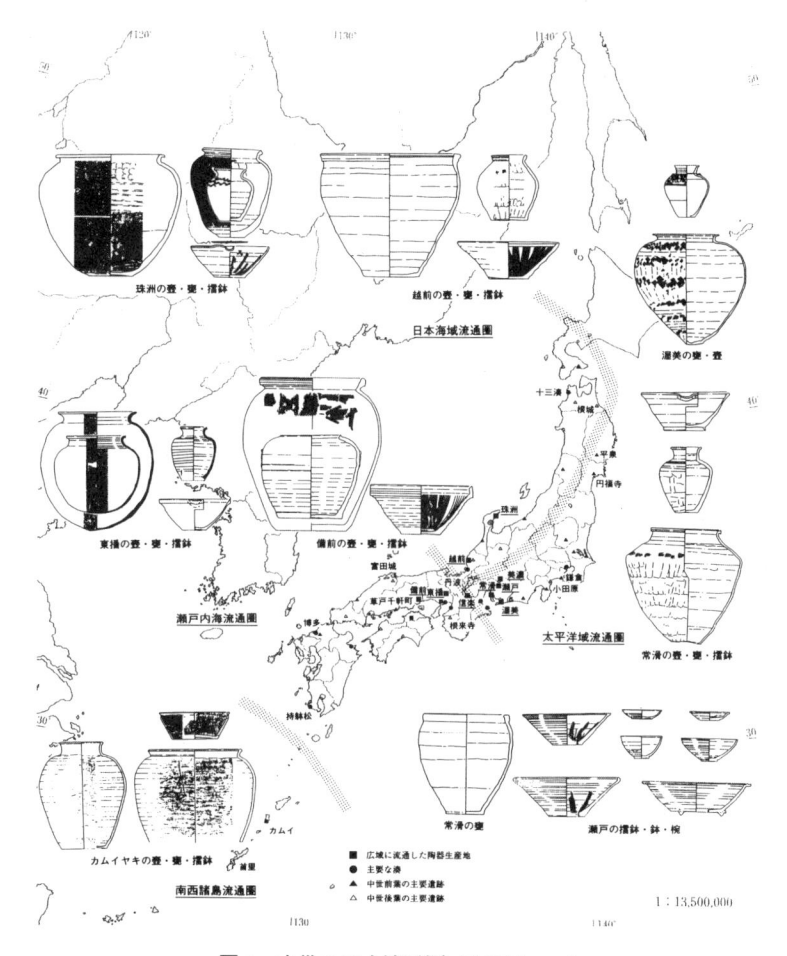

図2 中世の四大流通圏 (小野編 2001)

日本海域流通圏(おもな窯は珠洲・越前)です。その反対側には太平洋域流通圏(おもな窯は瀬戸・美濃、常滑、渥美)があり、そして西日本は瀬戸内海流通圏(おもな窯跡は東播・備前など)、沖縄・奄美地方は南西諸島流通圏(窯はカムイヤキ)となります。

日本海域流通圏は京都の北に位置する若狭から十三湊まで約800kmに及びます。安藤氏は若狭の羽賀寺(遠藤先生の講演参照)を修造したことが知ら

17

I 国史跡指定記念十三湊フォーラム

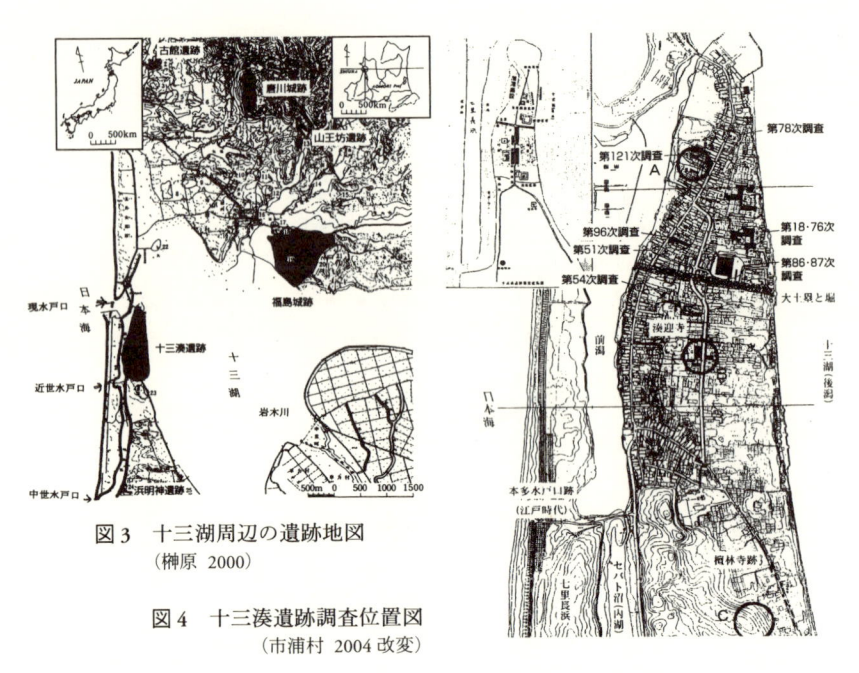

図3 十三湖周辺の遺跡地図
　　　（榊原 2000）

図4 十三湊遺跡調査位置図
　　　（市浦村 2004 改変）

写真1 十三湖・十三湊の風景

れています。津軽と若狭は現代的な感覚ではきわめて遠いのですが、中世においては近かったのです。また、日本海域流通圏の北には大陸にもつらなる北方の世界が広がっています。十三湊はその結節点であり、北とのターミナルになる立地条件もあります。

歴博の復元と異なる発掘成果

遺跡東側に広がる十三湖は、現在、その北西から直接日本海に開口していますが、かつては砂州のあいだの水路、前潟を通じて日本海とつながっていました（図3・4）。遺跡は前潟と十三湖にはさまれた砂州の先端にあります（写真1）。地形は前潟に面した西側が高

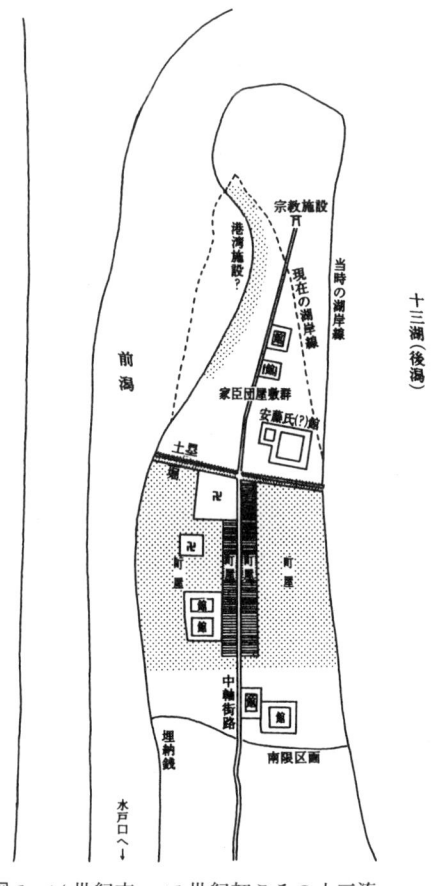

図5　14世紀末〜15世紀初ころの十三湊想定復元図（国立歴史民俗博物館 1994）

く、そこに街村の形態をとる十三集落が南北に立地しています。十三集落の成立は近世初期にさかのぼります。13世紀初頭の成立期の遺跡はこの中央付近で確認されています。集落東側の広大な畑地が遺跡の中心地区で、北西の前潟に面する地区に港湾施設（図4のA）、南端に伝檀林寺跡（図4のC）が位置しています。

遺跡の成立は13世紀の初めころ、鎌倉時代に入ってから、そして終焉を

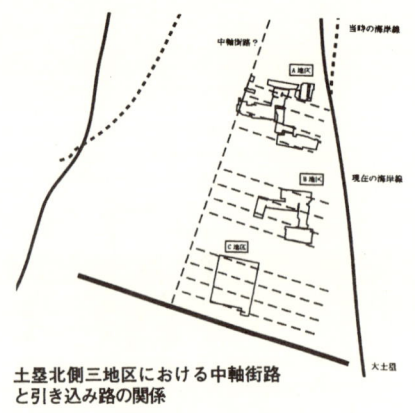

土塁北側三地区における中軸街路
と引き込み路の関係

図6　十三湊・土塁北側の地割模式図
（青森県・市浦村教委 2005）

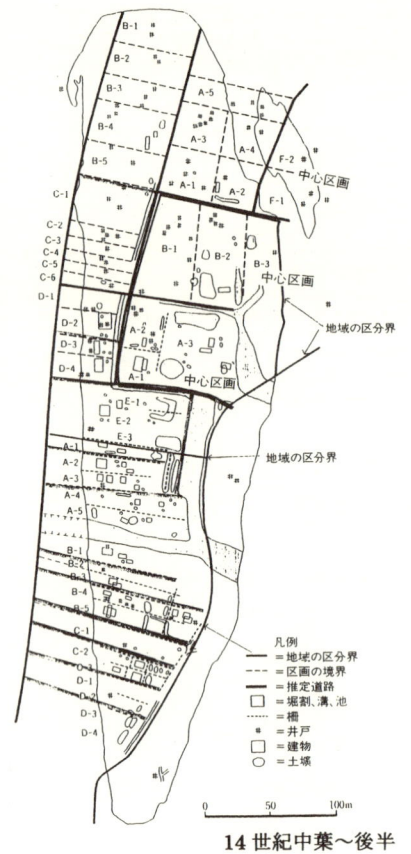

14世紀中葉～後半
Ⅱ期後半の遺構模式図

図7　広島県草戸千軒遺跡
（岩本正二 1996）

　迎えるのが室町時代、15世紀の半ばころです。ちょうど戦国時代に突入する少し前の段階で途絶えています。

　中心地区には空堀を伴う東西方向の大土塁が横たわり、遺跡を南北に二分するようなかたちになっています。平成5年に歴博が作成した想定復元図（図5）（国立歴史民俗博物館1995）では、地割と一部の発掘成果などにより、土塁の北側に領主の居館（安藤氏館）や家臣団屋敷群、土塁の南側に町屋群がそれぞれ展開し、同時に存在したものと考えていました。ところが、後の榊原報告のとおり、発掘で明らかにされた成果によれば、土塁の北側と南側は同時に存在したものではなく、北側が先に成立・展開し、いったん廃絶した後に南側に移って再興されたのです。以前の想定と実像はかなり異なっていました。以下、10

周年フォーラムの記録（市浦村 2004）と、今春、県・村教育委員会から刊行された発掘調査の本報告書（青森県・市浦村教育委員会 2005）にもとづいて成果を概観しましょう。

土塁の北側に遺構が営まれるのは鎌倉時代、14世紀前半にさかのぼります。大土塁の成立は遺跡の最盛期、14世紀後半から15世紀前葉です。その北側は、14世紀後半以降、大土塁とほぼ同方向の柵を伴う東西道路が、15mから20m前後の間隔で規則的に配置されています（図6）。その間に多くの掘立柱建物・井戸、鍛冶・製銅の工房などの竪穴遺構が分布し、都市計画的な屋敷割といえます。かつては、この地区の地割から方形館の存在を想定し、それを領主の居館と考えていましたが、そうした遺構は確認できませんでした。家臣団屋敷と想定していた地区も同様で、方形館はみられず東西道路が並行しています。

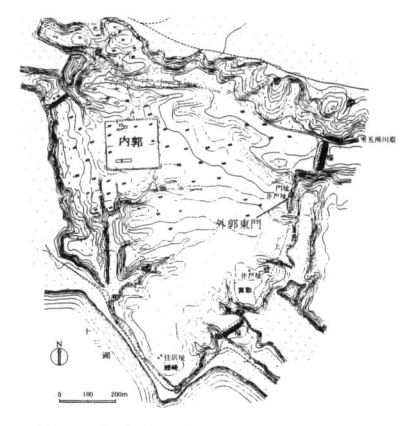

図8　青森県五所川原市・福島城跡
（菊池徹夫ほか編 1989 改変）

たしかにこの地区の出土遺物は量が多く、豪華な陶磁器や東北地方では稀少な京都系のかわらけもまとまっており、この遺跡のなかでは中心的な場であることを示唆しますが、その構造については再検討する必要があります。この地区の道路の配置、屋敷割は、広島県草戸千軒遺跡（図7）と形態や規模が共通し、基本的に大きな短冊形です。時期もほぼ同じです。こうした構造からは、幅広の堀と土塁で囲まれた居館に君臨する、領主の存在は考えにくい感じがします。このことと関連して、後の鈴木和子さんの報告のとおり、今年、県教育委員会により再発掘された福島城跡（図8）が、古代ではなく中世、十三湊の全盛期のものである可能性が高まったことは、たいへん注目されます。福島城跡は安藤氏・安倍氏の城という伝承がありました。十三湊の全盛期、領主安藤氏が拠点を構えていたのは十三湊の港湾の近くではなく、十三湖の対岸の福島城であった可能性が出てきたのです。

灰燼に帰した十三湊とその再興

　大土塁の北側地区でさらに注目されることは、火をうけた瓦礫が多量に棄てられた穴が数多く存在することです。おそらく火事場整理の跡で、大規模な火災によって焼失した家屋敷の残骸を穴に投棄して埋めたものとみられます。したがって、火災後、この場所がそのまま放置されたのではなく復興作業が行われたと考えられます。15世紀前半の火災であることから、永享4年（1432）の南部氏との抗争で敗れた際のものの可能性が考えられます。

　一方、土塁の南側は地割から町屋の存在が推測されています。側溝を備えた南北道路があり、その両側に掘立柱建物と井戸を伴う区画があり、南辺には墓や畑がみられます。これらの遺構は陶磁器の年代からみて15世紀半ばころですので、土塁北側が火災で焼失した後に、計画的に整備されたものと推定されます。ただし、遺構は重複もなく、出土遺物の年代からも、その後短期間のうちに衰退したと考えられます。記録によると、安藤氏は南部氏に敗れていったん北海道に敗走しますが、幕府の調停により復帰します。遺跡全体のあり方からみると、古くからの土塁の北側を廃棄して南側に新たな町を再興したと考えられるのです。北日本においてごくわずかしか残っていない記録と発掘調査の成果が合致することは大きな意味があります。こうした成果も精度の高い発掘調査を行い、多方面から調査・研究を深めたからにほかなりません。

伝檀林寺跡と港湾施設

　十三湊遺跡の大きな魅力は広大なだけではありません。遺跡を構成する多様な施設がそろっていることです。おもなものに伝檀林寺跡と港湾施設があります。

　伝檀林寺跡は土塁南側地区から約300m南にあります。ここは地元では檀林寺だという伝承がありました。土塁や溝などによる一辺百数十mの方形区画が東西に二つ並ぶものと考えられます（図9）。東方の区画は建物や井戸などがあり居住空間とみられ、西方の区画はさらに溝による長方形の区画があり、遺物が少ないことから宗教的な施設と推定されます。人々の暮らしにはどうしても精神的な支えが必要です。だいたいの町や村には寺院や神社が

あります。中世も同じで信仰や宗教にかかわる施設があったと考えられます。このほかに、日本海から前潟への入り口（水戸口）にある浜の明神境内から、幕末に懸け仏などが出土していることも注目されます。

港湾施設は遺跡の北西部、前潟に面したところにあります。船着場に伴う遺構と推測されるものです。汀線付近の砂地には広く礫が敷きつめられており、ちょうど水面と接すると推定される部分に護岸用の横板が杭で押さえられて設置され、水面にあたる部分で桟橋の可能性がある縄が巻付いた杭も出土しています。想定どおり発見された、見事な遺構です。

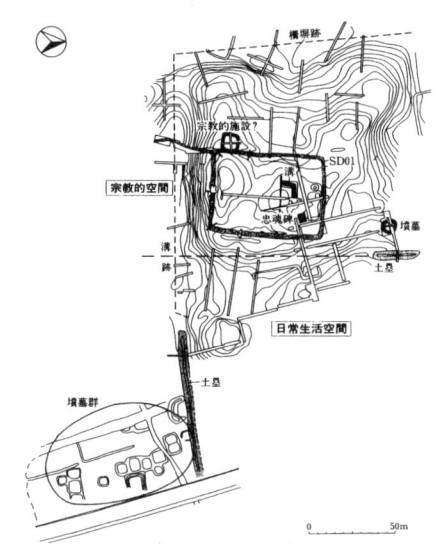

図9　伝檀林寺跡概略図
（市浦村編　2004）

　伝檀林寺跡と港湾施設の時期は出土陶磁器からみてともに15世紀半ばで、土塁南側とほぼ同時期で遺跡の再興期のものです。これらの施設からみると、再興された十三湊は営まれた期間は短いとはいえ、宗教施設や港湾施設をそなえた本格的なものであり、一時的、仮設的なものではなかったといえます。

(3) **周辺の関連遺跡と今後の展望**
　　注目される福島城跡の再発掘
　十三湊遺跡の周辺、とくに北岸にはこれと密接に関連する重要な遺跡がたくさんあります（図3）。先ほどふれた福島城跡、その北約1km山手に、発掘で14・15世紀の神社跡かと思われる礎石建物が見つかっている山王坊遺跡（図10）、その北側さらに高いところに唐川城跡（図11）などがあります。

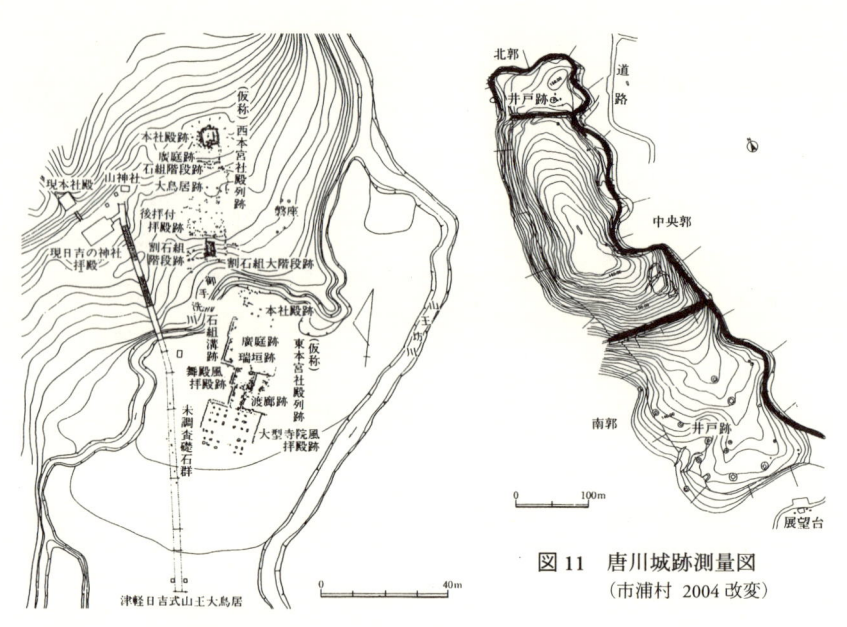

図10　山王坊遺跡の平面図（市浦村 2004）

図11　唐川城跡測量図
（市浦村 2004 改変）

　唐川城跡は中世の城と考えられていましたが、発掘により古代末期のいわゆる防御性集落と判明しました。ただし、中世の遺物も出土しており中世にも使われていたことは確実です。
　福島城跡については今年がぜん注目される成果がありました。この遺跡は台地上に立地し、外郭と内郭の二重構造で、それぞれ大きな土塁と堀により区画され、外郭の一辺は約1kmにも及びます。じつに壮大な規模です。史跡指定されていない数少ない横綱級の遺跡といえるでしょう。
　古く昭和30年に東京大学が発掘し、報告書には中世の安藤氏の時代の城ではないかとされています。その後、平成4年に歴博が十三湊の関連で調査をしました。部分的な発掘の結果、古代の遺構が確認できたことから、この遺跡は中世ではなく古代のものではないかとされ、大きな議論をよびました。これらの成果を踏まえて、青森県教育委員会では、今年から福島城跡の史跡指定をめざして全容解明のための発掘調査を始めました。かつて東大が

調査した外郭東門を再発掘したところ、門跡に伴って幸運にも中世14世紀の後半ぐらいの白磁が出土しました。これは大発見です。城は一転して中世の可能性がきわめて高くなりました。すでに述べたように、十三湊遺跡では安藤氏の居館の存在は明確ではないことから、福島城跡が伝承どおり安藤氏のものの可能性が浮上してきました。今後の調査がじつに楽しみです。

今後の保存・活用にむけて

今後まず必要なことは、これら関連遺跡群の発掘調査を継続して、十三湊遺跡と一体の保護を図ることです。これによりさらに大きな価値が付加されます。このように相互に関連する多様な遺跡がまるごと残されているところは、ほかにほとんどありません。

指定された十三湊遺跡はこれから保存・活用が求められます。しかし、一般的に行われている復元・整備、たとえば八戸市の根城跡で行われているような建物の立体復元などが、ここでふさわしいかどうかについては議論が必要と思われます。この遺跡はこれだけ広く、しかも現在も耕作されている畑により、遺跡が良好に保存されているともいえます。地元でカッチョという防風柵に仕切られた畑地、そして周囲にひろがる十三湖や前潟の水面、さらには日本海・岩木山など、すばらしい景観・環境につつまれており、このたび改正された文化財保護法によりあらたに加えられた分野である「文化的景観」としても、高い評価が与えられております。これがこの遺跡の大きな魅力であることから、こうした景観・環境の維持も重要です。景観のなかに溶けこむような史跡としてたたずまいを維持しつつ、遺跡のようすを伝える整備が肝要かと思います。

そのようなことを実現するには、この地に暮らす住民の方々の役割がもっとも重要です（坂井 2005）。こうした観点からは、文化的景観としての保護の考え方が参考になります。国が選定する重要文化的景観としては今年11月に滋賀県の「近江八幡の水郷」が選定第一号の答申がなされました。すぐれた水郷や棚田・里山などの景観は伝統的な生活・生業によって形づくられてきたものです。それは地域住民がそこで暮らすことによりはじめて成り立ちます。平泉中尊寺の荘園として国史跡に指定されている骨寺村荘園遺跡

（岩手県一関市）では、史跡と文化的景観を組み合わせた保存・活用をめざしていますが、十三湊の場合、こうした取り組みが参考になろうかと思います。

3. 五所川原須恵器窯跡——古代北日本の鍵資料

つぎにもうひとつの重要な遺跡、五所川原須恵器窯跡についてご紹介します。

(1) 須恵器の歴史的意義

政治的な焼き物「須恵器」

須恵器の「すえ」は陶器の「陶」、これも「すえ」ともよみますが、これと同じ意味です。古墳時代、4世紀末から5世紀初めころに朝鮮半島から伝えられた灰色の堅い焼き物で、本格的な窯で焼かれたものです。それまでは野焼きで作る、素焼きの土師器しかありませんでした。土師器は茶色か肌色であり、須恵器は色合いといい、手にしたときの堅い質感といい、見慣れぬ器種といい、すべてにわたり革新的な存在だったのです。

須恵器における器を作る技術、焼き上げる技術は在来のものと根本的にことなる新たなものです。斜面につくられたトンネル状の施設の中で焼くことから、温度は素焼きとはちがい1000度以上に上がります（写真2）。また、窯の口を閉塞することができますので、酸素を入れずに還元状態で灰色に焼きあげることができます。製作にロクロを使うことも新たな技術です。高度な技術を駆使した須恵器生産のはじまりは、その意味で産業革命ともいえます。

須恵器生産は古墳時代の5世紀には近畿から東海の愛知県あたりまで波及し、ごく一部宮城県でも短期間行われますが、定着するのは西日本に限られています。その後、飛鳥時代から奈良時代に入ると一気に東日本に広がり、8世紀前半までには関東、東北地方南部まで本格的な生産が始まります。その波及は律令体制の成立と展開に呼応するもので、須恵器生産は東北地方で

列島における津軽・五所川原の史跡

写真2　須恵器の再現（財団法人　石川県埋蔵文化財センター提供）

は城柵が設置され、中央政府の支配が及ぶ範囲までに限られていました（図12）。律令体制の時代、だいたい8・9世紀において、須恵器という焼き物は、国家の範囲を越えることがなく、その意味で律令国家を象徴する存在だったのです。それを越えたのが五所川原窯です。その時期は9世紀末ころであり、まさに律令体制が大きく変容する時期にあたっています。こうしてみると、須恵器というもの

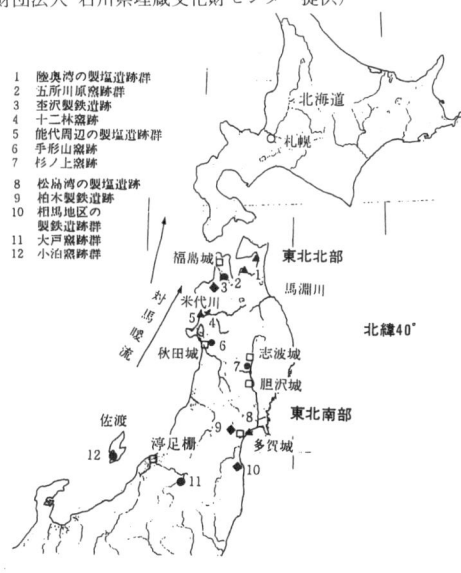

1　陸奥湾の製塩遺跡群
2　五所川原窯跡群
3　杢沢製鉄遺跡
4　十二林窯跡
5　能代周辺の製塩遺跡群
6　手形山窯跡
7　杉ノ上窯跡
8　松島湾の製塩遺跡群
9　柏木製鉄遺跡
10　相馬地区の製鉄遺跡群
11　大戸窯跡群
12　小泊窯跡群

図12　北日本の生産遺跡（坂井　1994）

27

はただたんなる焼き物ではなく、国家体制と密接に関連した重要な産物と位置づける必要があります。

一般的に、須恵器は、歴史資料として、その型式変化を編年研究することにより伴出した遺構・遺物の年代を決定でき、さらにモノの生産と流通の実態を把握することができるなど、大きな価値をもっていますが、それだけではないということです。

国史跡の須恵器窯

須恵器はこのように重要な資料ですが、国史跡に指定されている窯跡は五所川原のほかに3ヵ所のみしかありません。東海を代表する美濃須衛窯（みのすえ）の一画をなし「美濃国」の押印により中央に貢納されたことが判明している岐阜県老洞（おいぼら）・朝倉須恵器窯跡、瀬戸内の代表的な窯で中央に貢納された岡山県寒風（さぶかぜ）古窯跡群、窯の天井までが残ることから戦後直後に指定された山口県陶須恵（すえのすえ）陶窯跡です。いずれも大規模な窯跡群ですが、指定されているのはそのごく一部にとどまります。

五所川原の須恵器窯は東西・南北とも約4kmの丘陵地に合計約40ヵ所が確認されています（五所川原市教委 2003）。そのうち保存状況が良好なもの17ヵ所を指定しています。国史跡の須恵器窯が群として包括的に位置づけられたのは初めてで、しかも各窯の本体だけではなく、製品の捨て場である灰原まで含まれていることから、窯の成立から展開、終末までの動向、形態や製作技術の特徴や変遷などのすべてを把握することができることになります。その意味でも五所川原須恵器窯跡の指定は大変重要な意義をもっています。

(2) 五所川原須恵器窯跡の歴史的意義

五所川原須恵器の概要

北日本の古代には記録・文献史料がほとんどありませんので、他の地域に比して考古資料の重要性は高いといえます。五所川原の須恵器は遺跡の時期だけではなく、物資やひとびとの移動・交流を知る上できわめて重要であり、これなしに北日本の古代史は解けません。

列島における津軽・五所川原の史跡

　ここの須恵器は昭和42年に最初に発見された当時、中世のものという意見もありましたが、最近の調査・研究により、平安時代の9世紀末ころから10世紀後半まで生産されたと考えられます。当初の窯は南部の持子沢地区（狼野長根公園周辺）や西部の原子地区で、後に北東部の前田野目地区に移ることがわかっています。各地点では群をなすことはなく、発掘された窯跡の規模は、幅2m近く、長さ7、8mです（図13）。

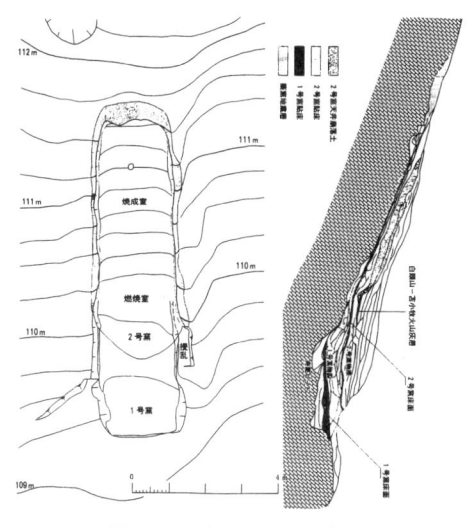

図13　犬走（MD7号）窯跡
（五所川原市教委 1998）

　須恵器生産の終わりに関しては、以前は11世紀とみられていました。しかし、朝鮮半島の白頭山火山灰が窯跡に介在することや、型式変化などを総合的に検討すると10世紀後半には終焉を迎えたものと思われます。古代の

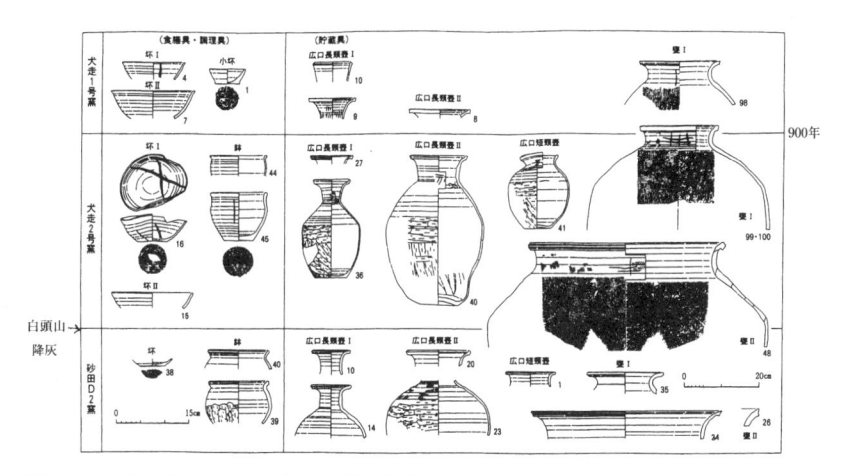

図14　五所川原窯における須恵器編年試案（9世紀末〜10世紀前半）（五所川原市教委 1998）

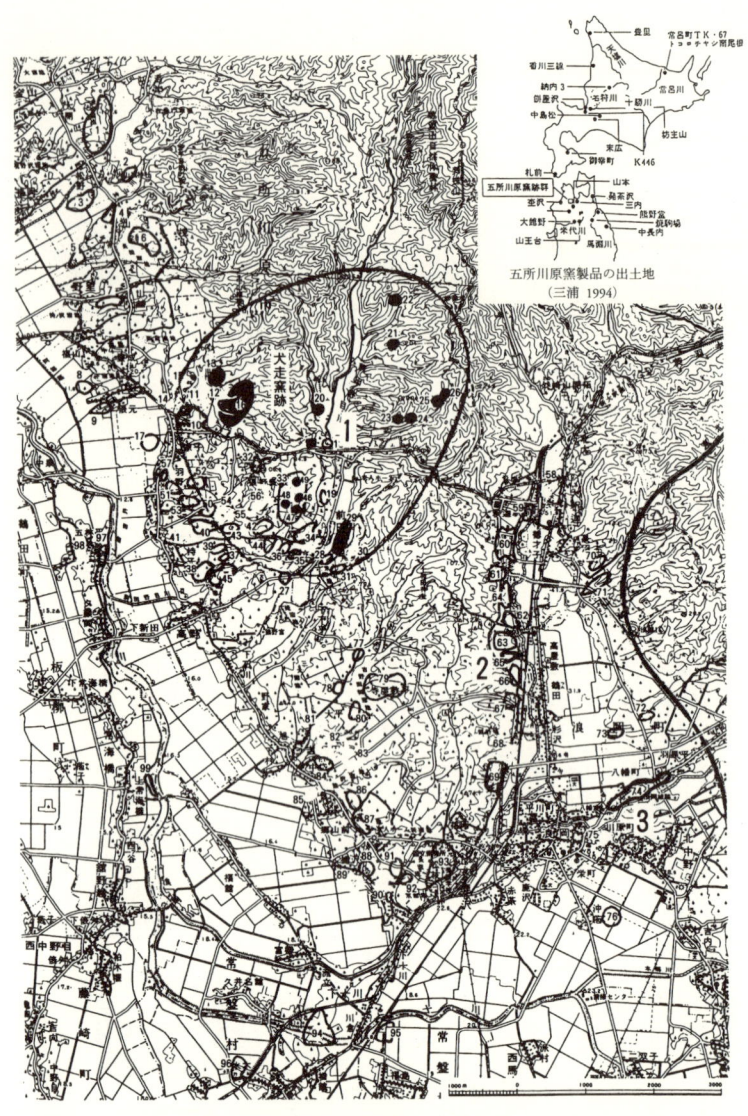

I 国史跡指定記念十三湊フォーラム

図15 五所川原市犬走須恵器窯跡周辺の遺跡地図（五所川原市教委 1998）
（1. 五所川原窯跡　2. 高屋敷館遺跡　3. 浪岡城跡）黒塗り部分：窯跡
※遺跡はすべて平安期のもの。

須恵器生産地は五所川原以外にもいくつかありますが、だいたい10世紀で生産のピークは終わります。たとえば新潟県佐渡の小泊窯、北陸の南加賀窯、関東の南多摩窯などで、そういった点からは五所川原の須恵器は、日本列島のなかで異質なものではなく、共通した動向の中にあると評価できます。

　つくられた器の種類は、皿のようなかたちの杯、首の長い長頸壺、大きな甕、小型の鉢などです（図14）。時期により種類も変化しており、杯は後半段階では作っておりません。用途は定かではないですが、杯はご飯類を盛りつけたのでしょう。長頸壺は中に液体を入れ頸を持って傾けて注ぐのに適しており、いわゆる酒徳利かもしれません。酒は重要な儀式・饗宴の際になくてはならないものです。

　五所川原の須恵器は発掘調査で各地から出土しております。ここの須恵器は表面が濃い青灰色、断面は小豆色で、堅い特徴があります。それにより識別された出土地は津軽を中心にした青森県のほか、秋田県北部と岩手県北部、北海道は全域ですがその大半は道南・石狩平野周辺です。国家側からエミシと位置付けられた地域にあたります。

津軽における集落と生産の展開

　五所川原の須恵器生産の背景を考えるとき重要なことは、ほぼ時を同じくして集落や他の生産が一気に展開することです。津軽では平安時代の集落跡がきわめてたくさんあります（図15）。図の中で大きく丸く線で囲んでいるのが五所川原須恵器窯跡。その周囲や地図上に線で囲んだところが他の平安時代の遺跡で、大半が当時のひとびとが住んだ集落です。津軽でもっとも多い遺跡は平安時代の集落なのです。これまでの調査では8世紀までの遺跡はほとんど確認されていませんので、9世紀とくにその後半から末に入って一気に多くのひとびとが住み始めたような印象を受けます。となると、その多くは他の土地から移住してきたひとびとと考えられます。

　生産活動は須恵器のほかに製鉄が始まります。製鉄遺跡は岩木山麓に集中して確認されており、その代表例である杢沢遺跡（図16）により、具体的な鉄生産のようすがうかがえます。原料は砂鉄で製錬炉に炭とともに入れて溶

Ⅰ　国史跡指定記念十三湊フォーラム

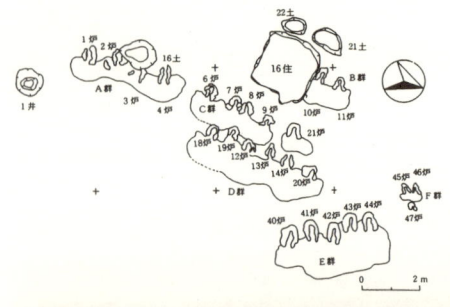

図16　杢沢遺跡
（青森県教育委員会　1990）

写真3　ふいご踏み
（福島県文化センターまほろん提供）

写真4　解　体
（福島県文化センターまほろん提供）

32

かして不純物を除去して鉄をつくります（写真3・4）。鉄は農工具や武具の素材としてきわめて重要な産物で、鉄生産の東日本への波及は、須恵器と同じく律令体制の展開に連動したものでした。鉄生産も律令国家の範囲を越えて、津軽に根をおろしたのです。陸奥湾で行われた塩生産も同様に位置づけられます。これらの生産により水田開発も活発に推進され、津軽地域の生産力は格段に高まったと容易に推察されます。

津軽において種々の生産や集落が一斉に展開した背景として、9世紀終わり頃、878年におこった元慶(がんぎょう)の乱が注目されます（古代城柵官衙遺跡検討会 2005 参照）。日本海側の秋田以北の地域のひとびと（蝦夷）が、秋田城司の苛政に対して蜂起、秋田城を攻撃して地域の自立を求めた戦乱です。政府側はこれを鎮圧するのにだいぶ手こずりましたが、なんとか決着しました。これを機に律令国家側から新たな生産技術が秋田以北の地域に入ったと考えられます。技術の波及には人が伴います。移動したひとびとは須恵器や鉄などの技術

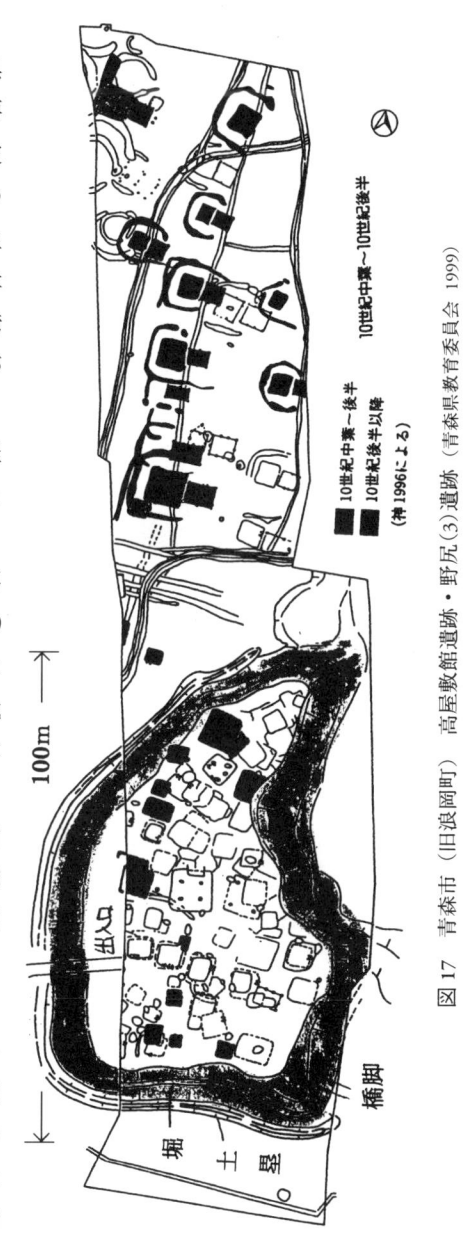

図17　青森市（旧浪岡町）　高屋敷館遺跡・野尻(3)遺跡（青森県教育委員会 1999）

者だけではなく、米や馬（三浦 2005）などの農業生産者も多かったと推定されます。この地域はそれまで人口もいちじるく少なく、開発可能な広大な大地がひろがっていたと思われます。新たな大地に夢を抱く開拓者の姿が想像されます。

(3) 今後の展望

　須恵器生産が終焉を迎えるころ、東北北部の地域は「防御性集落」の時代に入ります。防御性集落は西日本にみられる弥生時代の高地性集落・環濠集落と共通して、高い山や台地の上に立地し、周囲に堀を巡らすなどの構造をもっています（図17）。その性格についてはさまざまな議論がありますが、その時代の前段階に、須恵器や鉄の生産、稲作・馬産などの律令国家側の文物が一気に入り込み、地域社会に大きな変化が生じたことは確実です。須恵器などの生産開始から、防御性集落の成立への時期的な転換には、なんらかの関連した動向があるものと思われます。その意味で東北北部における須恵器や鉄などの手工業生産のあり方とその意義を究明する必要があり、今後の研究の深化が期待されます。

　須恵器窯については、今後、狼野長根公園や周辺の里山・ため池などの環境を生かした整備・活用が望まれます。古代のひとびとが手にした高度な技術をじかに触れるために、窯の再現、須恵器づくり、焼成などの体験も効果的かと思います。こういう場面でも地域のひとびと、こどもたちが参加し、ともに連携することが肝要です。古代北日本の「物づくり」の基地として津軽が発展したのは、製品の運搬・積み出しに岩木川から十三湖に下り十三湊から日本海へ運び出せるという立地条件も大きいと思います。十三湊と須恵器を強く結びつける点はここにもあります。

おわりに

　津軽・五所川原にある十三湊遺跡と須恵器窯跡は、ともに古代、中世の日本列島における重要な歴史の鍵をにぎる遺跡です。これらがともに国史跡に

指定され、折しも合併で同じ市に所在することにより、両者を連携させてよりよい保存・活用を進めることを可能にしたといえます。再三述べてきましたが、この地域の遺跡は、開発の進んだ現在では奇跡ともいえるくらい、すばらしい環境と景観につつまれています。それがゆえに日本を代表する古代、中世の史跡であり、きわめて良質な文化観光資源となるにちがいありません。これだけすばらしい歴史文化遺産であるということを、今日まで伝え守ってきた地域の方々にこそ、知ってもらいたいと思います。そして、多くのひとがこの遺跡にたたずみ、悠久の歴史を肌で感じて、こころ豊かになることを願っています。あらためて地域の方々に深く感謝するとともに、今後の遺跡の保存・活用に対するご理解・ご協力をせつに願うものです。

参考・引用文献

青森県教育委員会　1990　『杢沢遺跡』

青森県教育委員会　1999　『高屋敷館遺跡』

青森県・市浦村教育委員会　2005　『十三湊遺跡発掘調査報告書』

岩本正二　1996　「草戸千軒の発掘成果から」『津泊宿』新人物往来社

小野正敏編　2001　『図解・日本の中世遺跡』

菊池徹夫・福田豊彦編　1989　『北の中世　津軽・北海道』平凡社

国立歴史民俗博物館　1994　『中世都市十三湊と安藤氏』新人物往来社

国立歴史民俗博物館　1995　『国立歴史民俗博物館研究報告第64集―青森県十三湊遺跡・福島城跡の研究』

古代城柵官衙遺跡検討会　2005　「9世紀後半の城柵と地域社会―元慶の乱を考える―」『第31回古代城柵官衙遺跡検討会資料集』

五所川原市教育委員会　1998　『犬走須恵器窯跡発掘調査報告書』

五所川原市教育委員会　2003　『五所川原須恵器窯跡』

坂井秀弥　1994「古代北日本の土器と生産」『北陸古代土器研究』第4号　北陸古代土器研究会

坂井秀弥　2004a「埋蔵文化財行政と史跡の保護」『日本の史跡―保護制度と行政―』名著刊行会

坂井秀弥　2004b「中世の主要港　三津七湊の現状と十三湊」『中世十三湊の世界』

市浦村編　新人物往来社
坂井秀弥　2005　「史跡にとっての地下遺構・景観・住民」『飛鳥文化財論攷―納谷守幸氏追悼論文集―』納谷守幸氏追悼論文集刊行会
市浦村　2004　『中世十三湊の世界』新人物往来社
三浦圭介　1994　「古代東北地方北部の生業にみる地域差」『北日本の考古学』吉川弘文館
三浦圭介　2005　「青森県古代防御集落―最近の研究と北日本古代史上の意義について―」『蝦夷研究会青森大会シンポジウム「北日本古代防御性集落をめぐって」』蝦夷研究会・青森県埋蔵文化財センター・北方島文化研究会

羽賀寺縁起の成立と展開
――奥州十三湊日之本将軍認識の問題を念頭にして――

基調講演

遠　藤　　巖

1　はじめに

　十三湊遺跡がこのたび国指定史跡に認可されたことに、心よりお慶びを申しあげます。十三湊は、湊として機能していた時代から日本中に知られた重要地点であり、その歴史的事実は湊としての機能を衰退せざるをえなくなった以後も人々の意識のなかに連綿として生き続け、殊に現代の英知を注ぎこんだ考古学発掘調査によって地下に眠っていた事実が呼び覚まされてからは更に多くの注目を集めるようになっています。まことに得がたい日本を代表する文化財であり、その当然のあかしとして国重要文化財（国史跡）に指定されたものと心得ます。

　本日のフォーラムは、この機会に皆さんと御一緒にその意義を噛みしめつつ、今後に向けての方策を考えようとして企画されたとお伺いしています。文化財学と考古学からの提言が中心となりますが、文献学の面も必要だということで、本日のような論題のもと、参上しました。論題は、1. 十三湊といい、十三湊遺跡といい、誰でもまず即座に念頭に思い浮べるのが「奥州十三湊日之本将軍」安藤氏と明記する史料であり、現在のような考古学発掘調査研究によって新たな事実が解明されるまでは、この文献史料に刻みこまれた表記でもって日本中で注目されてきたといっても過言でないからですし、2. 本日のテーマが「十三湊遺跡の国史跡指定を記念してのフォーラム」であるだけに、国史跡指定＝つまり日本全体の文化財として指定されたことと、この表記が日本中で注目されてきたこととは、密接に関わりあい、このように表記するような文献史料を扱う者としては、何よりも最初にとりあげなければならない課題であり、3. 御当地の『五所川原市史』『市浦村史』

『弘前市史』等を経て、今年発刊された『青森市史』『青森県史』により、文献史料面の再整理もかなり進んできており、「十三湊日之本将軍安藤氏」の問題についても、皆さんと御一緒に、あらためて考えなおせる段階になった、と受けとめたからにほかなりません。

「奥州十三湊日之本将軍」に関しては、長い間、多くの注目を集めてきただけに、関連論著は膨大です。たとえば、小口雅史さんが最近まとめられた「北方史関係文献目録［稿］」（『法政大学国際日本学研究所研究報告　第4集』2004.3）には、1884年～2003年の間に発表された文献1万6000点余が目録化されています。それでも紙幅上から掲載を割愛した分も少なくないと伺っていますし、その大半が「奥州十三湊日之本将軍」の史料を念頭においているようです。驚くべき状況ですが、それほど「奥州十三湊日之本将軍」に対する関心は高かったし、いまなお高い、というバロメータともいえます。

とくに、地元弘前大学斉藤利男さんの「日の本将軍安藤氏と若狭羽賀寺」（羽賀寺編『若狭羽賀寺』1996.6）、「日の本将軍安藤氏の軌跡と活動」（青森県文化観光立県記念特別展図録『中世国際港湾都市十三湊と安藤氏』青森県立郷土館1998.7）、「躍動する北の世界」（山川新版県史シリーズ『青森県の歴史』第5章　山川出版社2000.2）、「日本・日の本と日の本将軍」（羽下徳彦［編］『中世の地域と宗教』吉川弘文館2005.1）は、大きな重みをもって迫ってきます。

本日は、このような文献学研究の面での諸成果を正視しながらも、「奥州十三湊日之本将軍」表記に関する最も基本的な史料とみなされてきた福井県小浜市羽賀寺に関する羽賀寺縁起に焦点を据えて、多少の事柄を申しあげてみたいと存じます。

羽賀寺縁起は「奥州十三湊日之本将軍」を表記する最も基本的な史料として誰でも利用する周知の史料と言えそうですが、いま進められている青森県史編纂にさいして点検しなおしたところ、文献史料を扱うさいの基本となる史料的性格の吟味も含めて、案外にも殆ど検討されないままに「奥州十三湊日之本将軍」と表記した部分だけをピックアップして論じられていることが判明してきたからです。文献学も文化財学や考古学と共に日進月歩の展開を続けており、そのような新たな方法論に依拠し再点検して漸く見えてきた面

であるともいえます。今回発刊した『青森県史 資料編 中世2』(2005.3) にしても、発刊直後に多分の補綴が必要になっているほどです。本日は、折角の場と思い、気づき次第にノートしたメモを持参し、これを叩き台として少々の事柄をお話させていただきます。

2 羽賀寺縁起の諸本

　羽賀寺縁起は、寺社縁起の一典型として注目され、『続群書類従 第27輯上 釈家部76 巻第791』(続群書類従完成会 1927年) や『日本思想大系20 寺社縁起』(岩波書店 1975年) に採録、群書解題「羽賀寺縁起」(「群書解題　第7」続群書類従完成会、1962年、解題は矢島玄亮) や思想大系本解説校注 (校注は桜井徳太郎) などと相俟って、多方面にわたり利用されている縁起です。
　とくに、正親町天皇の皇太子誠仁親王真筆清書本に後陽成天皇の勅筆奥書した所謂「宸筆縁起」は、希有の重宝として作成当時から注目され続け、少なくない数の写本や転写の対象となってきたし、その中に刻みこまれた15世紀中葉の奥州十三湊日之本将軍安倍康季の事績と16世紀末の出羽国秋田湊城主秋田実季の事績も、当該縁起を繙くたびごとに再認識されることになっています。羽賀寺縁起は、羽賀寺が勅願寺であると明記し、それゆえに宸筆縁起も作成されたことを明示していると共に、津軽十三湊や出羽秋田の領主が復興・修復に携わったと明記し、それゆえに近世期にも国替えにより常陸国宍戸から陸奥国三春へと移封された大名秋田家が大檀那として羽賀寺を支えつづける歴史的淵源ともされています。北日本史の視野から歴史を繙く者にも必見の史料となっています。
　羽賀寺縁起は、羽賀寺本尊十一面観音像その他の什物や安倍康季再興以来の面影を留める羽賀寺本堂と共に国重要文化財に指定されているように、いわば羽賀寺自体を代表するような位置を占めてきたし、それだけの利用もされてきたわけです。
　ただし、今回の青森県史編纂にさいし、羽賀寺や福井県立若狭歴史民俗資料館等の配慮を得て、羽賀寺史料群の悉皆調査をしてみると、羽賀寺縁起に

ついても再考察の必要あるさまを痛感させられます。数多い史料集での扱いをみると、原文書の正確な翻刻に重点をおいても、史料性まで追求した成果は少ないし、まして、各種写本との相互関連や、書写し、仮名縁起化し、略縁起化した、それぞれの過程で、縁起の記事自体の変容するさままで追求した作業は寡聞にして知りません。簡単に誰もが原史料に直に接して点検できない現状のなかで、原史料正文に即し調査したとしても、写真判を併載しつつ翻刻や読みくだし試案を利用者に提示するまでが、現段階の「史料集」編纂でできる事柄にすぎない、というのは多分に物足りなさを感じさせられます。利用者に対しても申しわけないことですが、今回の青森県史資料編でも憾は遺ります。

　青森県史資料編では、羽賀寺史料群1200点余中から、「奥州十三湊日之本将軍」問題に関わる97点を採録しただけです。紙幅に恵まれれば、羽賀寺縁起の一本である延文4年（1359）園城寺霊鷲院僧正房仙羽賀寺法用表白文その他の史料も間接的にかかわるので収録したかったのですが、止むを得ません。このメモで再検討しようとするのも、羽賀寺縁起として誰でも知っている国重要文化財指定の所謂「宸筆縁起」と「永正の羽賀寺本堂上葺勧進状」「大永の伊予法眼筆羽賀寺大縁起」の、縁起3本に焦点を絞ります。と

【羽賀寺縁起諸本】　　　　　　　　＊印『青森県史 資料編 中世2』採録

A　羽賀寺本堂上葺勧進帳	
1　大永5年公助奥書（原本）　羽賀寺史料　＊	14　慶安3年來雄筆写本　秋田家史料
2　元和8年良秀筆写本　秋田家史料	15　明暦頃の來雄筆写本　秋田家史料
3　寛永13年良秀筆写本　秋田家史料	16　來雄筆写本　群書類従本
4　東京大学史料編纂所謄写本　東大史料	17　若州羽賀寺縁起写本　国会図書館
B　仮名本羽賀寺勧進帳	18　若狭国羽賀寺縁起写本
5　うかしくわんしんちやう　秋田家史料	19　東京大学史料編纂所謄写本　東大史料
6　うかしくわんしんちやう　秋田家史料	E　本浄山羽賀寺仮名縁起
C　本浄山羽賀寺大縁起	20　本浄山羽賀寺仮名縁起　羽賀寺史料　＊
7　本浄山羽賀寺縁起　羽賀寺史料　＊	21　本浄山羽賀寺之仮名縁起　秋田家史料
8　本浄山羽賀寺縁起写　羽賀寺史料	22　本浄山羽賀寺之仮名縁起　秋田家史料
9　本浄山羽賀寺縁起　群書類従本	23　享保17年弁実筆写本　秋田家史料
D　宸筆本羽賀寺縁起	F　本浄山略縁起
10　宸筆本羽賀寺縁起（原本）　羽賀寺史料　＊	24　天保4年常蔵筆写本　羽賀寺史料
11　宸筆本羽賀寺縁起写本　羽賀寺史料	25　天保4年某筆写本　羽賀寺史料
12　元和8年良秀筆写本　秋田家史料	26　天保頃某筆写本　羽賀寺史料
13　寛永13年良秀筆写本　秋田家史料	27　天保頃某筆写本　羽賀寺史料
	28　嘉永2年藤田浅吉郎筆写本　羽賀寺史料　＊

りあえず周知の縁起3本の史料的性格を再吟味しておくだけなのです。

　青森県史資料編には、縁起3本の現存状況について再確認した範囲内の事柄を逐一注記しておきましたが、「奥州十三湊日之本将軍」と明記する縁起を分類すると、上記一覧表に掲げたようなA～Fの6種28本となります。内閣文庫本・静嘉堂文庫本・尊経閣文庫本等は群書類従本の写本ですし、羽賀寺史料群に数種現存する近世期作成の縁起断簡も完本でないので、共にこの一覧表には含めていません。ともかく、このなかで、「奥州十三湊日之本将軍」と明記する羽賀寺縁起の成立と展開の様相を再検討してみます。

3　永正勧進状の性格

　まず、永正勧進状です（『青森県史資料編中世2』〔以下「県史」と略記〕1186号、口絵にカラー写真）。この勧進状は、永正11年（1514）4月に羽賀寺本堂上葺を願って勧進沙門の作成した勧進状の本体と、11年後の大永5年（1525）春にしたためた前大僧正の奥書という、二つの部分からなります。奥書の前大僧正は、三條実尚四男に生まれ門跡青蓮院の院家定法寺に入寺し法務大僧正・横河長吏を歴任した公助であり（「尊卑分脉」第1篇、三條氏）、奥書には花押と同墨同筆の公助直筆で「右の勧進帳は青蓮院入道親王の真筆なり」と明記しています。

　この奥書が、永正11年4月の段階で勧進状を作成した勧進沙門を青蓮院入道親王であると意味していたのか、それとも勧進沙門とは別に勧進状を清書した人物を青蓮院入道親王であると指摘していたのか。従来の解釈は二つに分かれます。ふつうに解釈すれば、後者を意味するであろうし、実際に原文書正文をみれば、本文と奥書は11年間の歳月をおかず、ほぼ同時期に、最初から奥書分の紙幅を空けて本文と奥書がしたためられ、保存のための巻子装丁を前提として染筆された観を呈していますが、長い間、前者を意味すると解釈されて議論の対象とされてきました。

　たとえば、いわゆる「大縁起」で、「文安を去ること六十八年、軍国道杜じて轉漕便ならず、安倍の縁絶えること数代にして修造の時至るも挙する人

無し、同じきに本寺（=青蓮院）の尊伝親王願主と作り、化疏（=勧進状）を制して願縁を募りたまう」として、勧進状作成者を尊伝親王であると記し、これに対して、文禄～慶長年間の羽賀寺鳳聚院主の真通や良秀らは尊鎮親王の筆であると主張したらしく、伊勢朝熊蟄居中の秋田実季入道宗実が承応2年（1653）や万治元年（1658）に羽賀寺来雄に宛てた書状では、羽賀寺先代の解釈は誤解であり、古筆に目利を依頼した結果、尊伝親王筆跡と判断できたと強調し（「県史」1262・1271号）、それをうけた来雄も写本［D-16］の奥書で「当寺勧進帳は青蓮院第六代住持尊伝親王の御筆跡、此奥書は定法寺僧正公助の御筆なり」と記した、という類です。現在では、文亀4年（1504）示寂の尊伝法親王でなく、尊鎮法親王であろうとした『日本思想大系』本の頭注が受け入れられていますが、これも多少の斟酌を必要とします。

　すなわち、『本朝皇胤紹運録』（「群書類従第5輯」　系譜部　巻60）や『諸門跡譜』（「群書類従第5輯」　系譜部　巻61）『青蓮院門跡系譜』（「続群書類従第4輯下」　補任部　巻96）等によると、尊伝親王（尊敦、忌日は文亀4年正月26日）は後土御門院の第二皇子に生まれ、尊応（二条持基息、四天王寺別当、第161代天台座主〔治山23年間〕、准三后、？～1516、忌日は永正11年正月4日）から青蓮院門跡を継承したが、尊応より前に早世し、後柏原天皇第三皇子の尊鎮（俗名清彦、尊猷）が青蓮院に入室したと記し、『華頂要略』（巻12、門主伝第23）では、永正9年12月入室、公助僧正灌頂弟子・光什僧正受法弟子で、尊応准后入道から門跡を継承し、第164代天台座主になったと記しています。これによれば、勧進状作成の永正11年4月に、尊伝・尊応の両者ともに示寂しており、尊鎮も11歳の若年でした。また、大縁起では、永正11年勧進の結果として、「時に地頭家武田元信、領家長井雅楽頭、願力を戮せて修造に務め、明年8月18日、堂閣輪奐に復せり、入仏供養導師は定法寺僧正公助なり、勅使は前代に順う」と記しています。地頭・領家とは羽賀寺の存在する官務家領若狭国国富庄に関わる表記でしょうが、武田元信（1445～1521）は若狭守護、長井雅楽頭は国衙目代税所らしく、羽賀寺文書中に現存する永正14年12月4日付けの羽賀寺供僧中宛て武田元信所領安堵状と南部石見守家行奉書は永正勧化に応じた痕跡のあらわれとも解釈できます。守護地頭・領

家まで勧化に応じさせる勧進状であり、永正12年8月に新装なった本堂の入仏供養導師をつとめたのが公助僧正で、法会には文安4年の先例にならって勅使も下ったという。この記事が事実ならば、永正勧化時すでに公助僧正が関与していたとみられます。公助は叔父実助僧正の跡をうけて青蓮院門跡院家定法寺を嗣ぎ、尊鎮が青蓮院門跡となったさい伝法灌頂をつとめ、大永5年に尊鎮清書の勧進状に奥書した人物であり、尊応准后晩年から青蓮院庁の実質的な重鎮でした。勧化に応じた面々まで勘案すると、「勧進沙門」の実質的な担い手として公助僧正の存在が浮かびあがり、若年の尊鎮は名義上の主体であったという解釈もなりたちます。

　ところで、永正11年4月作成の勧進状であることを前提にして本文をみますと、冒頭に記された「當寺の開闢を考うるに、元正天皇御宇霊亀二年行基菩薩の草創なり、今に星霜を歴るは七百卅余季なり」の箇所は、重要です。霊亀2年（716）から730余年後を「今」とするのは文安4年（1447）頃に該当し、まさに安倍康季による羽賀寺復興時にあたるからです。羽賀寺史料中には、永享8年〜文安4年の安倍康季羽賀寺復興に関する同時代文書は遺憾ながら現存しませんが、昭和43年羽賀寺本堂修理工事のさいに厨子屋根木瓦棒鼻に「文安四年」の墨書銘が確認され（「重要文化財羽賀寺本堂修理工事報告書」「県史」1194号）、大きな裏づけとなっています。文安4年の羽賀寺復興は伝説でなく歴史的事実でした。この大事業を記念して作成された羽賀寺縁起が存在し、永正11年勧進状を作成するさいに、永正11年なのに文安4年を「今」と表記したことに明示されるように、文安4年縁起が底本とされていた。それを端なくも表記した記事であることになります。

　しかも、原本（原本は63行812字の漢文体）の改行に即してみると、39〜42行目の箇所、および40行までと41行後の文体の違いに注目できます。
　　　聞説奥州十三湊日之本将軍作檀」契寄巨多之捧関功匠成風之功然」
　　　然文安四季霜月十八日本尊」遷座以來六十余年于此今般」
　当該勧進状を翻刻した資料集の幾つかは「関功匠成風之功然然文安四季」の二つ続く「然」の一つに「衍ヵ」と註記しますが、誤解であり、「功匠成風の功を関ること然り、然るに文安四季」と読みくだすべき文章なのでしょ

う。文安4年から60余年を経た永正11年に本堂上葺きせざるをえなくなったという文章であり、ここから以下の末尾までが永正11年勧進状の主張点であり、勧進状作者の文章であったさまを示します。ただし、31～32行目「所令然耶爰雖可記建久延文之事迹　因不遑縷擧讓縁起者也」の傍線箇所、「縷挙に違あらざるに因って縁起に譲るものなり」と省略したと表記しているので、文安縁起の全文でないのですが、文安4年の羽賀寺復興時にも羽賀寺縁起が作成され、この縁起が永正11年段階でもなお存在していたことを明示します。文安縁起が現存しないから存在していなかった、などとして否定しさることはできません。永正勧進状に見事に存在の痕跡をとどめていた。この事実のもつ意味は小さくないと考えます。

　永正勧進状本文の6割は文安縁起からの転載であり、格調高い文体は文安縁起の文章であり、永正勧進状の作者は文安縁起を咀嚼し且つそれに匹敵ないし凌駕できる文章を綴れる人物であったことになります。「一国の茅屋まで随分の捧加を憑む」といい、「信男信女の針芥の志、銕木の資を募る」というが、念頭においたのは守護地頭・領家らであり、翌年に予定通りの勧募を達成し、勅使の下向まで得て、入仏供養を実施したとすれば、永正勧進状に青蓮院門跡院家定法寺公助僧正あたりが深く関与していた状況を認めてもよいのでないかとみられます。

　新装なった羽賀寺に、大永4年矢継ぎばやに後柏原天皇綸旨が下ります。その中の1通、大永4年7月28日付け綸旨「若州羽賀寺開帳之由被聞食畢、堂舎等令修造、弥可致國家安全御祈祷精誠者、天氣如此、悉之、以状」は現存しますが（「県史」1198号）、永正勧進状奥書では「旧冬励寺堂修造可専國家御祈之由、被成綸旨畢」と記し、大永4年冬の綸旨下付も伝えています。公助は現存の大永4年秋7月綸旨を大永4年冬綸旨と誤記したのではないようです。大永4年9月25日の後土御門院25回聖忌にあわせて、勅願寺の羽賀寺でも同年8月18日から720日間にわたる本尊御開帳と法会を実施したことに関わる羽賀寺の本尊開帳、寺堂修造を命じた綸旨であり、勅願寺での先皇聖忌関連法会等に同種の興行綸旨が相次ぎ重複して下賜されるのは常態であったからです。大永4～5年は、羽賀寺にとって勅願寺たることを前面に

出して興行を大々的に展開する年となっていました。

　このような時期には必ず寺の縁起が強調されます。次節で再点検する大縁起が大永4年に伊予法眼によってしたためられたとするのも、その表れでしょうが、永正勧進状が尊鎮法親王の手で清書され、前大僧正公助の奥書も得て豪華な軸装巻子として保存できるように仕立てられたのも、寺堂修造事業の一環でした。それは羽賀寺と羽賀寺に関わる者たちの一致する願いでもあったのでしょう。現存の勧進状が豪華な鳥子紙に金砂子をまぶした料紙を使い、本文と奥書でぴったりと収まる規格で巻子に軸装されている現状をみると、最初から本文と奥書を同一料紙の同一巻子に収める保存記念として作成されたという感を禁じえません。20歳をすぎた青年門跡尊鎮法親王はおそらく院家定法寺の老師前大僧正公助の勧めもあり、筆先に全精神をこめて清書し、次いで公助も奥書をしたためた。そのさまも彷彿とします。

　羽賀寺本堂内陣南脇間間斗束背面に「寛正六年三月廿六日」の墨書があり（「重要文化財羽賀寺本堂修理工事報告書」「県史」1195号）、『羽賀寺由来記』に「享禄五辰二月十六日、本堂上葺就成就供養仁王講一百座四ヶ法用等執行」と記されたように本堂修理は続けられたし、そのつど大なり小なり勧進状で浄財を募ったことも想定できます。勧進状は永正11年本堂上葺のさいだけでなかったはずですが、大永4年後土御門院25回聖忌の供養を羽賀寺でも催行させられたことを契機にして、青蓮院門跡尊鎮法親王が永正勧進状を清書し巻子化し保存したことで、大切に保存され、永正・大永両年の事績と共に、文安4年本浄山羽賀寺再興時に作成された縁起の存在まで如実に現在まで伝えることになった。ここに永正勧進状の注目すべき最たる史料性が存すると考えます。

　「奥州十三湊日之本将軍」表記を考察するうえでも、永正勧進状のこの史料的性格を念頭におかなければならないことになります。

4　伊予法眼筆大縁起の性格

　次に大縁起です（「県史」1187号、写真）。巻子に軸装された2巻が現存し、

楷書体で本文を綴った巻子本は「大縁起　伊豫法眼筆」［C―7］、草書体で本文を綴った巻子本は「大縁起　伊豫法眼筆写　大永四年」［C―8］と各々題簽されています。前者の題簽が伊予法眼の執筆した正文、後者の題簽が伊予法眼の筆写した写本を意味するかどうか未詳ですが、両本を照合すると、規格・罫線幅・文字配列を少々異にしており、文章的には伊予法眼筆写と題簽した後者が妥当とみられます。『日本思想大系』でも後者を採録しています。上掲一覧表のE仮名縁起とF略縁起で底本としたのも、また、胎乗『羽賀寺由来記』で鴻古の本記から関連事績を「紹補弁備」した縁起なので大縁起と命名されたという解釈つきで冒頭「鳳聚本浄山再真言実記」以下の由来記事の骨格に設定したのも、C大縁起でした。

　この縁起は、『群書解題』『日本思想大系』の矢島玄亮・桜井徳太郎両氏の解説から『国書総目録』（岩波書店）採録に至るまで、縁起末尾の「從開闢八百餘歳、大永四年甲申有勅曰、今年九月五日當　先皇廿五回聖忌、多開惜福之靈場、奉薦　先天之福宜排殿扉令拝尊容、普使衆生結縁利益、依之前月十八日、奉爲先皇　後土御門院、殿戸輿法會開、晨夕法事奉福業、満七百二十日、閇帳前十日、務妙經之千部、開閇有勅樂、勅使依例代人見丹後守來會上雲集近國接踵、誠惟優華宣命、輪王解髻珠、縁佛縁衆生、可畏可貴」とする記事を受けて、大永4年頃に伊予法眼によって作成されたと解釈されています。「作者は詳かでないが、本文の内容からみて当時の勧化に関与した誰かであろう。跋文に大永4年9月5日、先皇後土御門帝の25回の聖忌にあたり勅撰したとあるから、当年か或いはそれから幾ばくも隔たらない時期の作とみてよい」（『日本思想大系』解題）。これが当該縁起を利用するさいの共通認識となっています。上記のように、大永4年に後柏原天皇綸旨まで得て羽賀寺寺堂修造を推進しようとしたことは事実でしょうから、その一環として縁起が作成されたことは十分に有りえます。ただし、当該縁起の史料性について、幾つかの疑問点がないわけでありません。

　第一は、記事の内容に事実誤認が少なからずみられる点です。上記勧進状の奥書に記された青蓮院入道親王を尊伝親王とし、明応9年9月28日崩御の後土御門院聖忌の日付を「九月五日」と記すのは、大永5年に定助奥書まで

そえた永正勧進状の尊鎮法親王清書が完成し、後土御門院25回聖忌にあわせた法要を大永4年綸旨で命ぜられていただけに、大永4年前後なら間違うはずのない記事です。青蓮院門跡が本寺となった経緯を記す段で、応永6年（1399）の将軍を足利義教とし、前年に火災に遭った寺塔を将軍の命令で修復したさい、義教が青蓮院准三宮義円であったことに由るとしており、「将軍義教」の箇所を「将軍義持」の誤記であると訂正したとしても、説得性に乏しいし、現存する羽賀寺史料中にもこれを証する文書等はありません。文中の「国司一色宮内少輔」の奏聞に由るという段も、国司を守護と置き換えたとしても、当時の若狭守護は一色左京大夫詮範入道信将であり、一色宮内少輔は若狭守護代とみられる詮範舎弟の詮光のことです。将軍義持・青蓮院門跡義円の代に青蓮院門跡が本寺となったならば、義円が還俗し将軍義教として権勢を誇っていた永享7年回禄後の青蓮院配下の勅願寺羽賀寺の再興を放置し「国家憾みて挙するに時無し」という事態も領首しにくい記事となります。縁起中で2カ所にわたって割注のように長文の弁解気味の解説を施し、遡る年代の事例を挿入していますが、元弘元年（1331）記事の前に貞和3年（1347）細川清氏記事を挿入したのが羽賀寺に対する領主の田地寄進記事で統一するためであり、延文〜応永間の記事に建武年間の記事を挿入したのも建武末年から始まる南北両朝対立という流れを強調したいためかもしれませんが、気になります。「大縁起　伊豫法眼筆」［C—7］も含めて現存の大縁起3本ともに同じ文章構成で記事をつらねているので、筆写過程での誤写で片付けられる問題ではないことになります。

　第二に、『日本思想大系』では「跋文に……聖忌にあたり勅撰した」と記すが、当該縁起の末尾の文は跋文でないし、勅撰になるとも明記されていない点です。縁起文中に勅願・賜勅・勅使の用語が全編にくりかえし鏤められていることや、末章部分が後土御門帝25回聖忌に関わる羽賀寺での本尊開帳と法会の記事で終わっていることは、当該縁起が勅撰になることと必ずしも同一でありません。末尾記事が縁起作成時期の上限を考えるうえで参考となっても、作成時期そのものとは必ずしも同一でないからです。宸筆縁起は次にみるように天正年間の作成になる縁起ですが、末章部分を15世紀中葉

の宝徳年間の記事で締めくくる。この種の例証は枚挙にいとまないほどです。当該縁起の末章部分で、大永4年の勅にうけて、当年8月18日から9月の聖忌を含めて720日もの間、羽賀寺本尊の開帳を続けた、と記している点も関連します。2年間の開帳の後となれば、縁起作成時期の上限は少なく見積もっても大永5年8月以後になり、「大永4年かその直後頃」ということもありえません。

　第三に、そもそも、当該縁起全体で一貫して主張しているのは、羽賀寺が勅願寺である点と羽賀寺の宗旨と本寺の所在の点です。ここに縁起作成の意図と目的があったと考えるのが筋でしょう。

　勅願寺の強調は、勅願・賜勅・勅使の用語が全編に繰りかえし鏤められていることで判然としますし（「勅」表記だけでも15ヵ所）、宗旨と本寺の所在についても、天暦3年（949）雲居寺浄蔵による再興の後に真言宗となったこと、南北朝内乱期に天台宗が台頭して営興につとめ、延文4年再興時の入仏供養も三井寺霊鷲院僧正坊を導師として実施されて以来、寺門派に属したこと、応永年間の修復事業以来、青蓮院門跡の門下に属すようになったこと、宝徳2年（1450）勅命によって東寺真言密師定乗が住職となっても、本寺は依然として青蓮院門跡であったこと、それをうけて永正11年の復興を期する勧進状も青蓮院門跡の手でしたためられ、翌年の入仏供養の導師も青蓮院門跡から定法寺僧正坊が派遣されて実施されたこと、等々を中核とする記述内容となっています。

　真言宗寺僧を住持とする寺でありながら、天台宗の青蓮院門跡を本寺に仰ぎ、何よりも勅願寺であることを強調する。当該縁起にはその主張が込められています。そのような主張をしなければならなかった時期に作成された縁起であることになりますが、後柏原天皇綸旨が重ねて下賜され、2年間に及ぶ羽賀寺本尊御開帳と多分の堂舎等修造が実施された後の大永5年～6年頃の作成と見做すには、多分に状況証拠に乏しいとみられます。

　この疑問を解く手がかりとなるのが、来雄写本［D―16］の奥書で「秋田城介公梁雲(空.)曰、當寺縁起之下書伊豫法眼之手跡、眞通法印物語也云々、次住良秀法印之時代散失㱂、但此一巻㱂難見知」と記し、後土御門院聖忌日を

「九月五日」と記す点でしょうか。

　来雄は羽賀寺第8代住職であり、伊勢国朝熊蟄居中の秋田城介実季入道梁空と書簡を交わし、このような認識を得たといいます。実際に、羽賀寺文書中に現存する来雄宛て秋田実季書状には、「当寺縁起之事、取前之愚札不詳候ツルヤ、是ハ陽光院之勅筆、後陽成院之御奥書之写ニテ候、是ハ此方にも有之事候、むかし之古キ縁起はよりも細字にて候し、ソレヲ御見せ候へと申事ニ候、此度被差越訓点等、御手前にも御秘蔵之由尤之至候、是ハ此方にも写御座候間、則返進申候、前之住持眞通法印、イヨノ法眼ト申人之筆跡之由被仰候ツル、良秀もさやう之義御失念か、又御口傳も無之候ツルカ御合点無之候し、貴僧も又御合点無之候て御取紛候シヲ、我等申候てから御尋出シ、一度此方へ御見セ候ヲ令返進候し、見たてあしく候故、尋常之物と思召御取紛タルへく候、御尋出候者御見セ可被成候」(「県史」1266号)とか、「イヨノ法眼手跡ノ縁起ノ古本、良秀ソサウニ被思候か、中比貴僧モ無御存由候ツルヲ某シイテ申故御尋出シ、いかにも見たてなく候ツレトモ、サスガ古キ巻物、貴僧ノ御念ニテ被尋出、我等ニ御ミセ候、暫手前ニ留置、先度ノ御見廻之時慥ニ返進仕候、御請取候ヲ各覚申候間、其元ヲ御尋可被成候、内々又是ヲ申請一字不違ウツサセ可指置ト存、便宜候ハ、此方ヨリ可申請ト相存候間、必々無御失念幸便ニ借之可給候、此縁起太平記ニノリタル人ニテ候、年記又ハ被果ラレノ時節、聊不審ノ儀候間、是非トモ今一度披見申度候」(「県史」1271号)という記事があり、羽賀寺6代住職真通法印のとき以来、実季は伊予法眼手跡の縁起を実見し、来雄からも再々度借用して自己の解釈を来雄に伝えていたさまが刻みこまれています。来雄はそれらの解釈を受容して、真通が秋田実季に対して「當寺縁起(＝宸筆本)の下書きが伊予法眼の手跡である」と話していたという説を奥書に記したのでした。

　ここには、伊予法眼手跡の縁起は「細字」で記されたものだという実季の主張と、宸筆縁起の下書きになったという説、および来雄在職中には現存しなくなっているという来雄の思いが記されています。現存の大縁起2本ともに写本であったことになるし、宸筆縁起は次節で再確認するように、羽賀寺と正親町天皇下の朝廷と一体となり、青蓮院門跡を本寺に仰ぐ勅願寺の真言

49

寺院であることを織田信長政権に対して強烈に主張する一環として、天正6年に作成されたのであり、その宸筆縁起作成の素材として伊予法眼手跡の縁起も存在したというのも、大縁起の内容と合致することになります。

　また、後土御門院聖忌日を「九月五日」と記す点も、弘治3年9月5日崩御の後柏原院忌日と混同したのでしょう。すでに『日本思想大系』の頭注でも指摘されている点ですが、正親町天皇は先孝後柏原院聖忌ごとに勅願寺に命じて法要を営み、羽賀寺にも「就來月五日　先皇廿五回聖忌、当寺本尊被開帳、可有衆人結縁之旨、被成綸旨之由被仰下候也、恐々謹言」という羽賀寺衆徒中宛て正親町天皇綸旨を伝達する〔天正9年〕8月27日付け勧修寺晴豊書状が現存します（「県史」1216号）。大縁起写本では天正年間での後柏原院聖忌の印象が強かったために大永4年後土御門院聖忌25回忌まで「九月五日」と記してしまった。その可能性が高いのです。誤記にも理由があったことになります。

　大縁起には、大永4年前後頃というよりも、天正初年頃の情勢が色濃く反映しています。この状況を再確認しておきたいと思います。

　それなのに、何故に「大永四年　伊豫法眼筆」として伝えられたのか。想定されるのは、大永4年の羽賀寺興行時にも、天正初年の羽賀寺領回復運動時にも、共に伊予法眼がそれぞれの縁起を作成したという状況でしょう。

　伊予法眼は、13世紀初期に青蓮院門跡庁で坊官となった伊予法眼高階泰宗を初代として、以来代々「伊予法眼」「伊予法印」を名乗る青蓮院坊官の家系であり、大永4年時の伊予法眼は尊応・尊伝両法親王のもとで青蓮院門跡庁の庁務職までつとめた伊予法印高階泰本の子息伊予法眼高階泰存らしく、その孫の伊予法眼（実名は未詳）も天正年間の青蓮院門跡庁庁務職大蔵卿法印鳥居小路経孝のもとで坊官として存在しています（「尊卑分脈」第4篇、高階氏青蓮院坊官系図、『華頂要略』等）。坊官で庁務職までつとめる家柄であり、その代々の記録は後に『華頂要略』編纂の一素材ともされています。立場上から歴代の名墨も蒐集しやすかったらしく、貞和5年（1349）青蓮院門跡尊円法親王が光厳上皇の命に応じて清書した『風雅和歌集真名序』を一字書き損じたとして墨摺役に与えた名墨も、明徳3年（1392）に伊予法眼泰村

が入手し、後に秋田実季に羽賀寺修造の功として与えたようであり、秋田家史料中に現存します（2003年仙台市博物館特別展図録『国宝「史記」から漱石原稿まで―東北大学附属図書館の名品―』）。

　この伊予法眼の家系と立場から推察すると、大永4年の羽賀寺興行時に伊予法眼泰存が青蓮院門跡庁坊官家の家記ないし羽賀寺にも与えたかもしれないようなかたちでの縁起を作成していた可能性も認められますが、現存するC大縁起は、泰存孫の伊予法眼某が天正初年の羽賀寺領回復運動時に泰存作縁起を底本にして新たに仕立てなおそうとした縁起のおそらく草案であろうと考えられます。当該縁起の史料性については、巻子の題簽と本文記事内容との不一致状況から、このように解釈しておきたいのです。

5　宸筆縁起の成立背景

　宸筆縁起は誠仁親王真筆の本文と後陽成天皇宸筆の奥書からなります（「県史」1188号、口絵にカラー写真）。奥書は慶長庚子（1600）孟冬十月上澣と明記されるが、本文作成年代は記されていません。しかし、胎乗筆『羽賀寺由来記』は、天正6戊寅8月真敬覚書を転載しつつ、天正6年（1578）であったと記しています。この覚書は、天文23年（1554）～天正7年間の羽賀寺住職真敬が青蓮院尊朝法親王から呼び出されて、誠仁親王宸筆当寺縁起を頂戴し、そのさい尊朝法親王から京都六角堂本尊と羽賀寺本尊との関わりについても口伝されたので、以後代々羽賀寺住職に対して「秘口相承」するよう指示したという内容です。蓋然性は高いと考えます。

　これは、8月26日付け羽賀寺衆徒宛て尊朝法親王書状（「県史」1207号）の年代比定とも関わります。当該書状で「親王御方被御筆候畢」という縁起が誠仁親王宸筆縁起なのは間違いないが、叡覧に供したのが親王宸筆縁起か、縁起を叡覧に供した後に親王の縁起宸筆も行われたのか、解釈が分かれ、これまで、天正9年8月27日付けで後奈良院25回聖忌の法要開催を命じる正親町天皇綸旨を伝達した勧修寺晴豊書状にひきつけて天正9年に比定したり、慶長5年10月付け後陽成天皇奥書の事実を重視して、叡覧を後陽成天

皇の所作とみなし、秋田実季による羽賀寺修復開始後の文禄4年～慶長2年の間に比定したりしています。しかし、誠仁親王崩御の天正14年以前で且つ尊朝法親王天台座主就任の天正13年以前のものであり、文禄以降に年代を下げることはできないし、叡覧に供した縁起と親王宸筆縁起を別扱いにするのもしっくりときません。書状中の「頻申入」箇所が「当寺縁起　叡覧之次」に「頻申入」で切るか、「頻申入」た結果として「則彼縁起親王御方被御筆候畢」となるか、その解釈とも関わるが、羽賀寺文書中に一定数まとまって現存する当該期の関連史料や真敬覚書との関連から、前者を妥当であると解釈したいと考えます。

　関連史料は、職事右少弁万里小路充房に対して綸旨発給を指示した正親町天皇女房奉書と、それをうけた万里小路充房が惟住長秀のもとに勅使を立てて正親町天皇勅命を伝えた旨を羽賀寺にも伝達した天正6年11月29日付け正親町天皇綸旨、その綸旨を得て同日にほぼ同内容を羽賀寺に伝達した青蓮院門跡尊朝親王書状、天正6年11月日付けで即座に、職事薄諸光宛てに正親町天皇女房奉書や正親町天皇綸旨を受領したので宜しく奏聞下さるようにという請文案と、羽賀寺衆徒中宛てにも勅願所なので綸旨の旨を遵守すると約束した書下案（『羽賀寺由来記』では2通の案文を差出者惟住長秀の正文とする）、および、権中納言勧修寺晴豊に対して惟住長秀に勅命を伝達するよう命じた正親町天皇女房奉書と、それを重ねて伝達した勧修寺晴豊に対する惟住長秀返書、そして、羽賀寺領について奔走してくれたとして長井雅楽頭入道に宛てた青蓮院門跡尊朝親王書状と、長井雅楽頭からも連絡あるように国富庄内熊野村を羽賀寺領として引き渡すと羽賀寺鳳聚院に約束した丹羽一良書状、等を中心とします。

　この一連の文書は、織田信長（1534～1582）が天正元年8月に当地も支配下におく越前の朝倉義景（1533～1573）を滅ぼし、信長側近の丹羽五郎左衛門長秀（1535～1585）に若狭半国支配を任せたことに始まります。長秀は天正3年に信長の命で丹羽姓を惟住姓に改め、天正10年本能寺変後の清須会議後にも若狭支配を担当し、長秀死後の天正15年に子息丹羽長重に代えて浅野長吉（1547～1611）と交替されるまで若狭支配を続け、丹波・摂津・播

磨・河内などの各地転戦にも若狭衆を動員し、若狭国内各寺院領年貢の兵糧米徴発も強行しました。これに対して、権大納言山科言継（1507～1579）が若狭国内禁裏料所に関してすぐに丹羽長秀と折衝し（『言継卿記』天正元年12月12日条）、青蓮院門跡も庁務職鳥居小路大蔵卿法印経孝が天正3年4月に惟住長秀と京都代官村井貞勝に対して若狭・山城両国内の門跡領返付を求め、同年11月以降に信長から少しずつ門跡領を保証されていました（『華頂要略』）。上記の羽賀寺文書も、この一連の情勢下で読みとるわけです。

　上記の天正6～7年に属す羽賀寺文書はすべて、羽賀寺が「まへまへよりしさいある」「勅願所」であるという主張で貫かれています。羽賀寺の寺領保全を織田政権に認めさせるには、信長自身が天正2年の参議から権大納言→内大臣・右大将をへて天正5年右大臣となり、禁裏料所や青蓮院門跡領を保証しつつあったことと関連して、勅願所であるという論理を前面に押し出し天皇綸旨と天皇女房奉書を突きつけるのが有効な手段である、と考えたことを示すのでしょう。

　しかも、羽賀寺には勅願所である由来はあったが、上記のような文書が天

【宸筆本羽賀寺縁起関係略系図】

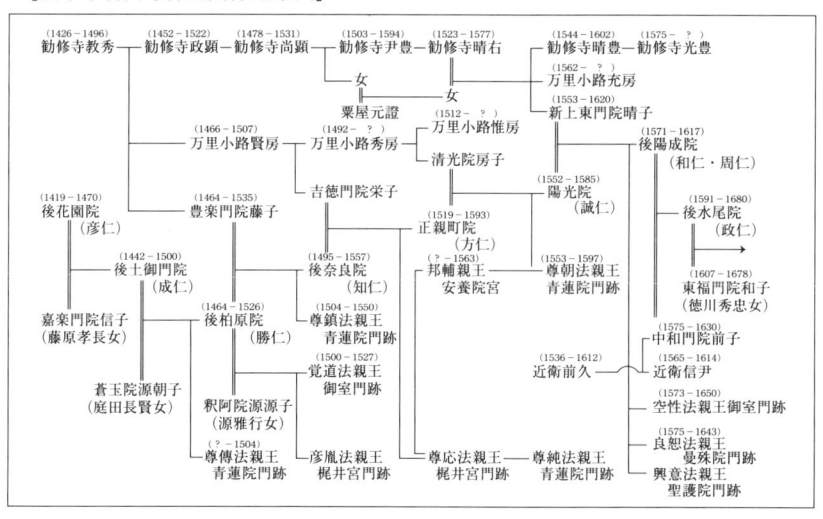

（系図省略：勧修寺教秀—勧修寺政顕—勧修寺尚顕—勧修寺尹豊—勧修寺晴右—勧修寺晴豊—勧修寺光豊、万里小路賢房—万里小路秀房—万里小路惟房—万里小路充房、新上東門院晴子、後陽成院（和仁・周仁）、後水尾院（政仁）、東福門院和子（徳川秀忠女）、後花園院（彦仁）、後土御門院（成仁）、嘉楽門院信子（藤原孝長女）、蒼玉院源朝子（庭田長賢女）、後柏原院（勝仁）、後奈良院（知仁）、正親町院（方仁）、陽光院（誠仁）、邦輔親王 安養院宮、尊鎮法親王 青蓮院門跡、尊朝法親王 青蓮院門跡、中和門院前子、近衛信尹、近衛前久、空性法親王御室門跡、良恕法親王 曼殊院門跡、興意法親王 聖護院門跡、豊楽門院藤子、吉徳門院栄子、清光院房子、釈阿院源源子（源雅行女）、覚道法親王 御室門跡、尊傳法親王 青蓮院門跡、彦胤法親王 梶井宮門跡、尊応法親王 梶井宮門跡、尊純法親王 青蓮院門跡、粟屋元證）

皇や朝廷および青蓮院門跡尊朝法親王側の自発的好意から発給されたのでもないようです。職事万里小路充房や薄諸光宛て文書、勧修寺晴豊や長井雅楽頭宛て文書まで一括して羽賀寺に現存しているのは、青蓮院門跡尊朝法親王と勧修寺晴豊の両者を介して羽賀寺にもたらされたからですが、羽賀寺側自体がこの両者をとりわけ頼りにして寺領保全のために奔走し、政界工作を依頼したからでもありました。両者の死没する慶長初年まで、青蓮院庁務大蔵卿法印烏丸小路経孝以下の坊官や勧修寺家領加賀国井家庄出身の勧修寺家司井家豊家らが、羽賀寺僧と頻りに連絡しつつ、織田・豊臣両政権や秋田家以下の領主たちと交渉していた史料等も現存します（「県史」1218〜1223号、1266・1227・1262号［ただし解読に誤読あり、要訂正］、「秋田家史料」「県史」734・735号等）。特に『華頂要略』の天正11年〜文禄4年の記事に（「県史」1305号）、正月から暮までの季節ごとに羽賀寺から「為年礼両種進上」「八木進上」「栗・梨・柘榴・盆等進上」「一樽両種并筆等進上」したという記事をつらね、編纂素材の制約という点を勘案すれば、天正初年以降も同様であったさまを想定できます。勧修寺家などに対しても同様であったとみてよいでしょう。このような中で政界工作が展開していました。

　なお、勧修寺晴豊や尊朝法親王らの系譜関係も上図に示しておきます。永正勧進状を清書した青蓮院門跡尊鎮法親王と大永4年に後土御門院25回聖忌を命じた後奈良天皇の両者の生母は勧修寺教秀女の豊楽門院藤子であり、勧修寺晴豊の妹晴子は皇太子誠仁親王の妃となって皇孫和仁宮（後陽成天皇）を儲け、尊朝法親王も伏見宮邦輔親王の第六子の生まれながら11歳のときに正親町天皇の猶子となり、誠仁親王の義弟となっていた。正親町天皇の生母も妃も勧修寺家から万里小路家の家督となった賢房の家系であるし、勧修寺尹豊妹が若狭守護武田元信宿老粟屋元證の室となり、その娘が勧修寺晴豊の生母であるという系譜関係にもあった。本浄山羽賀寺は、真言宗寺院とはいえ、大永4年後奈良天皇綸旨と記念保存品として整備した勧進状があるだけでも、青蓮院門跡を介して正親町天皇にまで上奏できる勅願所としての由来があり、保存していた武田家や粟屋家からの所領保証状（羽賀寺文書）などを介して勧修寺晴豊に働きかけることのできる手がかりもあった。具体的

交渉過程まで明示する史料は遺憾ながら現存しませんが、図示した系譜関係も念頭におくと、このようなさまを想定できそうなのです。

　D宸筆縁起をみるかぎり、名文で綴ってはいるが、羽賀寺再興事業のつどごとに時の帝とその諱を記し、末尾の羽賀寺宗派の段も准三宮義円令旨によって青蓮院門跡法流下におかれた東密寺院であるとして擱筆しただけのものであり、内容的にはC大縁起の抄録とさえも見受けられます。羽賀寺と天皇家との関わりをつらねながら勅願寺であると縷々強調した文章であり、羽賀寺を勅願寺とする文脈が全編を貫く。大縁起と同じ主張の縁起です。修復の逼迫性を訴えるような記述でないし、寺史も宝徳年間の由緒までしか記しておらず、執筆者が誠仁親王であると知らないままに筆写本だけ存在したならば15世紀末頃の作成と誤解されるかも知れない内容です。しかし、執筆者は誠仁親王であり、全編を貫くのが羽賀寺を勅願寺とする主張であり、それを叡覧した正親町天皇が羽賀寺寺領回復のために天正6年11月綸旨下賜を命じ、織田信長も、天正7年11月22日の誠仁親王二条新御所移徙、12月16日の摂津国荒木村重の処罰を終えたころに、惟住長秀に勅命に応じて羽賀寺に寺領を返却するよう命じた。この経過のなかで、当節冒頭に引載した尊朝法親王書状とD宸筆縁起および前節の現存するC大縁起を解釈します。書状中の「頻申入」は、羽賀寺について皇太子誠仁親王まで直筆で清書した縁起に記されているような勅願所であるので至急保全のための綸旨下賜を命じてほしいと、尊朝法親王が天皇に頻りに申し入れた、と解釈し、同様に、誠仁親王清書の縁起下書きとして青蓮院門跡庁坊官伊予法眼に命じて大永縁起などを素材にC大縁起として現存するような縁起をまとめさせた、と想定してみたいのです。

　誠仁親王が羽賀寺縁起に真筆を染めた理由は定かでありません。正親町天皇の唯一の皇子であり、幼少より皇儲に定められ、書道・雅楽・和歌・連歌の達人として知られ、妃晴子と典侍冷泉為益女との間に6男8女をもうけたが、譲位を前に35歳で崩じました。三宮生母は未詳ですが、一宮和仁から六宮知仁までの生母は妃晴子であり、妃の兄勧修寺晴豊への信頼は厚かった。実弟がなかっただけに、義弟となった尊朝法親王に対しても同様でし

た。また、織田信長が天皇との交渉を有利に運ぶため、皇太子誠仁親王に接近し、信長嫡男信忠の公卿勤務用に京都に建設した二条城を誠仁親王御所に献上したことも知られています。このような側面を勘案しつつ、天正6年に尊朝法親王と勧修寺晴豊が羽賀寺の要求を妥当とみなし、正親町天皇と織田信長にも認めさせるために、誠仁親王の羽賀寺縁起染筆も実現させたのであろうというさまを憶測してみたいのです。

　ともあれ、誠仁親王筆縁起の効果、波及は大きいものでした。天正9年9月後奈良院25回聖忌を期しての本尊開帳につづき、同12年6月には、縁起に基づいて開山十三湊安倍康季ゆかりの者に羽賀寺を再造させよという正親町天皇綸旨が下賜され（『華頂要略』）、十三湊安倍家子孫を自認する秋田実季が尊朝法親王から誠仁親王筆縁起を見せられ、大納言勧修寺晴豊の奔走による太閤豊臣秀吉からの認可朱印状と幼帝後陽成天皇綸旨も得たうえで（羽賀寺文書、「県史」1226・1227号、書状にしたためた実季花押形と書面の文意から文禄4年に比定したが、もう少し検討を深めてみたい）、羽賀寺再造を成し遂げ、新装落慶供養の前年冬、後陽成天皇みずからが誠仁親王筆縁起に奥書をしたためるに至りました。

　この天皇勅筆奥書には「出羽國秋田安倍實季忽抽懇志、速遂修造之功矣、眞是齋持重宝經過險路之謂乎」と秋田実季の固有名詞が明記されます。実季の後年の言い分によると、このときに、文禄4年（1595）関白豊臣秀次切腹事件に巻き込まれ一時頓挫した実季任官の件が解決し、亡父愛季と同じく侍従任官の勅許を得たといいます（「県史」1262・1268・1270・1271号）。ただし、正式の口宣案は発給されておらず、実季の任官は慶長16年正月、後陽成天皇退位直前に侍従を超える秋田城介任官まで待たなければなりませんでしたが、文禄～慶長初年に羽賀寺再造を引き受けたことが実季の存在を中央でも独特のものとしました。

　実季は、文禄2年18歳のとき、室町幕府最後の管領細川昭元（織田信長からの偏諱により細川信良と改名、1544～1592）と織田信長妹於犬の間に生まれた姫君（円光院、実名未詳）と婚儀を交わし、前関白近衛前久入道龍山・前左大臣近衛信尹・前権中納言中院通勝入道也足軒素然、聖護院道澄ら、京都貴

族界の著名文化人たちとの付き合いも許され、青蓮院門跡や門跡庁から下賜された尊円法親王直筆の「大乗戒戒牒」や「風雅和歌集真名序」、堯恵法印筆の「井蛙抄」等をはじめとして、名墨名筆の蒐集鑑賞という世界にも仲間入りします。尊円筆「大乗戒戒牒」は後に羽賀寺に寄進され、戦前まで羽賀寺に存在したし、その他多くの名墨も秋田家に伝存し、東北大学附属図書館所蔵秋田家史料中に現存します。これらの淵源は十三湊安倍康季や天正8年侍従にまで任官された亡父愛季らの事績に遡りますが、直接的には文禄～慶長初年の羽賀寺再造を担当したことに関わり、その引き金となったのがD宸筆縁起の成立でした。

なお、現存する国重要文化財指定の宸筆縁起の現史料に直接接した立場の一員として、次の再確認した点も強調しておかなければなりません。誠仁親王と後陽成天皇のしたためた料紙は、いずれも上質の鳥子紙ですが、この間に22年の歳月が経過しているので、当然ながら、紙質は異なります。誠仁親王の清書に用いた料紙は7枚を貼り継いでいたが、22年後の後陽成天皇勅筆奥書は本文7枚目の末尾を切断して中間に挿入するように貼り継がれています。問題は、それを巻子に装丁したさいの、紙の継目裏に捺された継目裏印です。本文の7枚に捺された継目裏印は印文「羽賀寺」鼎形印、後に巻子末尾に割り込ませたさいの継目裏印は印文「羽賀寺」方印であり、後者の方印は羽賀寺6代住職真通の用いた寺印です。前者の鼎形印は他書での捺印例で確認していませんが、おそらく天正6年時の住職真敬の用いた寺印とみられます。羽賀寺では宸筆縁起を得たときも、勅筆奥書を得たときも、即座に巻子に装丁し、保存に留意したさまが明示されているのです。

しかも、『冉実上人御一代記』享保11年（1726）条の記事には、勅筆縁起を巻子に装丁したさいの巻子軸・表紙やそれを包んだ服紗、およびそれを納める縁起惣箱等は秋田実季から寄進されたものとして記されています。勅筆縁起は、次節でも再確認するように、後陽成天皇崩御後に各方面から需められたり、羽賀寺側の寺院興隆のために、京都や江戸を含む各地に縁起惣箱に入れた状態で持ち運ばれていますが、この惣箱も巻子装丁も秋田実季の寄進に基づくのだと伝えられていたのです。

羽賀寺側で大納言勧修寺晴豊を介して後陽成天皇勅筆奥書下賜を画策したのは慶長5年春頃からであるらしく、その経過を秋田実季にも逐一知らせています。画策が成功して勅筆奥書が下賜されると、羽賀寺はすぐに実季に対して勧修寺晴豊に秋田家側からも御礼言上するようにという書状もしたためます（「県史」1228・1230号）。いわゆる関ヶ原合戦を挟む激動のさなかですが、実季は慶長5年に丈木3000挺、同6年に丈木700挺という大量の材木を羽賀寺に修築用として輸送しつづけています。そのなかで、天皇の勅筆奥書に実季の名前と功績が明記されたのです。勅筆奥書を宸筆縁起に割り込ませて縁起1軸1巻に装丁したのは羽賀寺ですが、新規装丁のための巻子軸と表紙、そして服紗と縁起惣箱まで秋田実季が寄進していたとすれば、実季も共同企画者だったといえるかもしれません。

　十三湊を明記する史料として名高い『華頂要略』巻13採録の正親町天皇綸旨（「県史」1204号）は、天正6年誠仁親王筆縁起から天正12年正親町天皇綸旨の前後、天正5～15年の間に、天正6年浪岡御所北畠家の滅亡と天正10年織田信長政権の頓挫を含み、「奥州十三湊日之本将軍下国安藤家」系譜に対する認識にも、大きな変化が生じているだけに、当該綸旨についても、その変化相を踏まえて解釈しなければならない研究状況になってきています。文禄2年～慶長7年の間の「奥州十三湊日之本将軍下国安藤家」系譜に対する認識の変化についても、同様ですが、ここでは、宸筆縁起の史料性について以上の諸点を再確認するだけにとどめます。

6　縁起の近世的展開

　書家としても著名な陽光院誠仁親王の肉筆を留める遺品は数少ないし、後陽成天皇勅筆と父子揃って一書に筆跡を留めた遺墨となると更に珍しい。羽賀寺縁起は、羽賀寺信仰の支えであると同時に、宸筆奇観縁起としての名声も馳せることになりました。これが「奥州十三湊日之本将軍下国安藤家」系譜に対する認識の広がりと深まりという点でも注目すべき歴史事象となります。縁起自体が多様に機能するようになるが、さしあたり次の5点だけを再

確認しておきたいと思います。

　第一は、羽賀寺自体が寺の維持発展のために縁起を最大限に活用した点です。幕藩制下の小浜藩主は、慶長5年関ヶ原合戦後の京極家と、寛永11年(1634)から幕末まで酒井家です。慶長5年に入部した京極高次(1563〜1609)の新たに築城した小浜城が幕末までの藩の治府となり、羽賀寺は新小浜城と指呼の間に位置しているだけに、藩主の祈願寺にも指定されますが、その立場は常に安定していたわけではありません。戦国大名武田家のとき以来遠敷郡内真言宗寺院を代表する大名家祈願所としての地位を神宮寺や金屋正照院と競り合ってきたが、慶長7年に金屋正照院が京都大覚寺直末寺の万徳寺として寺号を称する前後には、羽賀寺内の子院まで次々と万徳寺正照院配下に組み込まれる事態さえ生じていたし、何よりも秋田実季の助縁を得て再興した本堂以下の堂院の維持には膨大な費用を要しました。

　慶長末年頃に羽賀寺で寺務を司る鳳聚院の前院主真通上人が小浜城主京極家に提訴したさいの目安案（羽賀寺史料、未翻刻）1点をみただけでも、慶長13年の本堂上葺費用調達のために、貴族勧修寺家の奔走によって成立した勅筆縁起の下賜された寺であることを強調しつつ、常陸国宍戸藩主秋田実季や大坂城の豊臣秀頼のもとまで助縁を依頼したさまが明記されています。

　上記の縁起写本一覧表中に記した秋田家史料中に現存する数多くの写本はいずれも羽賀寺で秋田家に助縁を願う一環として作成したものでしたが、そのうちの元和8年(1622)写本[A—2、D—12]は正文と瓜二つともいえる忠実な複製品でした。

　配布資料中の『冉実上人御一代記』の元禄12年(1999)羽賀寺本堂再興願の条と正徳元年(1711)羽賀寺本尊1000年忌挙行費用捻出願の条ですが、10代鳳聚院主冉実(1650〜1733)がまず京都に上って関白鷹司房輔以下の公卿に面会し、御室御所や東寺を介して江戸往来の通行手形を受け、江戸では、大檀主として仰ぐ大名酒井・秋田両家に参上し、趣旨を訴えて一門家中宛て勧化帳を交付してもらった後、輪番江戸詰めの高野山僧等を介しつつ幕府社寺奉行あての紹介状を得て幕府に提訴し、さらに上野の真言宗護国寺等を介して東照宮輪王寺宮公弁法親王や護持院僧正隆光、さらには尾張大納言

徳川綱誠、水戸宰相徳川吉孚夫人八重姫にも面会を許され、江戸下向の趣旨を説明しつつ、それぞれから勧進に応じてもらっていたこと、そのさいに冉実の持参したのが惣箱に入れた羽賀寺縁起であり、勧進に応じてくれたのも縁起に感激したからであること、幕府寺社奉行本多忠晴に提出した冉実口上書には「後陽成院御宸筆の縁起下しおかれ候程の寺にて候」と強調しつつ、大坂と堺の町で広く浄財を勧募する行為を申請し、認可されたこと等々が明記されています。縁起を見た各家から家司を通じて醵金と共に添えられてきた書状は、後代の伽藍再興時の参考にしなければならないので「縁起箱」に入れおいたとも記し、そのうちの書状 14 通は後に 1 軸の巻子（題簽「諸国主消息集」）に装丁されています。

　第二に、縁起を仲立ちとして羽賀寺の本尊・本堂に結ばれた人的ネット・ワークの点です。宸筆縁起成立期の朝廷を中心とする人的関係は、近世幕藩制下となっても同様でした。

　たとえば、慶長 5 年関ケ原合戦後に若狭大名となった京極高次は、徳川秀忠正室於江（達子：崇源院：1573〜1626）の姉於初（藤子：常高院：1568〜1633）を正室としており、常高院生母於市〔浅井長政正室〕妹於犬〔細川昭元正室〕の娘〔円光院：？〜1608〕が秋田実季（1576〜1659）の正室（文禄 2 年に婚儀成立）という関係にあり、入部早々に治府小浜城を羽賀寺の近くに新たに築城し、そのさい、羽賀寺大修築に多大の援助をしていた秋田実季にも小浜築城の助縁を頼み、出羽から輸送されていた秋田杉他の用材を提供されたりしていますし、その関係は高次死没後の崇源院所生嫡子京極若狭少将忠高（1593〜1637）の代まで引き継がれています。名筆家としても名高い京極忠高の書が秋田家史料として伝存しているのも、その結果です。また、寛永 11 年から小浜藩主に移封となった酒井忠勝（1578〜1662）は秋田実季の実弟安倍英季（1578〜1635）を高禄で召し抱え、忠勝子息酒井忠直の娘［本性院］が実季孫秋田輝季（1649〜1720）の正室となって秋田就季（1671〜1715）を生み、夭折した就季の後に三春藩主となった秋田頼季（1669〜1773）の生母も小浜藩酒井家中安倍英季の孫娘という関係にあり、小浜藩酒井家中安倍家は羽賀寺にとって藩内で最も頼るべき檀主ともなっていました。

これは、16世紀末から18世紀初期までの姻戚関係の一齣にすぎませんが、結び目となっていたのが、本浄山羽賀寺縁起で一大焦点として強調する「奥州十三湊日本将軍安倍康季」でした。

　鳳聚山羽賀寺を真言宗本浄山羽賀寺として再興し、前の山号の鳳聚山を康季の院号に継承することを許し、その位牌を祀る鳳聚院の歴代の院主にとって、戦国期に若狭大名武田家と結託して羽賀寺寺務を握ろうとする多聞院主や豊臣政権から徳川政権初期にかけて万徳寺正照院と結託して独立しようとする乗蔵院主など寺内諸院の画策、または羽賀寺と同じ古さの縁起をもつ小浜城膝下雲浜竹原の松林寺との本末関係をめぐる駆け引きに応対しつつ、鳳聚院こそ羽賀寺代々の寺務を司る正統性をもつと主張するうえでも、安倍康季再興という縁起を繰りかえす必要がありました。それは、「奥州十三湊日本将軍安倍康季」系譜につらなる家系ゆえに文禄〜慶長初期の羽賀寺大修復を担当させられ、それを契機に青蓮院門跡や勧修寺家を介して中央の政界や文化人との交わりを一気に深めた秋田実季以後の秋田家にとっても同様でした。小浜藩主酒井家にとっても、自らの祈願所羽賀寺で所蔵する宸筆縁起は自慢のひとつであったらしく、国入りのさいに閲覧するだけでなく、次述する後西院らの貞享元年（1684）の叡覧は、小浜藩主酒井忠隆が御室門主寛隆法親王に叡覧に備えたいと奏請したことが契機であったといい、忠隆は翌年には縁起の記す「瑞気起」った地点を調査させて、その周辺の土地5丈四方を羽賀寺に寄進したりしています（15代住職胎乗筆『羽賀寺由来記』）。

　この人的ネット・ワークが羽賀寺に関してことごとに機能します。羽賀寺の維持に各者が一致して協力したのも、当然でした。本尊大遠忌や33年ごとの本尊開帳法会、大雪強風など自然災害により破壊した伽藍の修復等々、毎年定額で送金寄進される修理料以外の費用すべてに、羽賀寺から要請されるごとに応対しています。縁起に明記された先祖の事績が天皇家や将軍家から一般の庶民まで広く知られるほどに、その寺と本尊を現実に維持しておくことが何よりも肝要であったからであると解釈します。正徳4年の本尊1000年忌、文化12年（1815）の本尊1100年忌の関連史料と共に、寛政2年（1790）の鳳聚院350回遠忌関連史料が羽賀寺史料中に一定度まとまって保

存され、寄せられた浄財をもとに大々的に挙行された法会を契機として、参会者たちが本尊と鳳聚院殿高山賢機＝「奥州十三湊日之本将軍」安倍康季の事績に対する思いをあらためて噛みしめていた。そのさまも如実に伝えています。

　第三に、上皇や天皇ほか閑院宮家など皇族までが羽賀寺縁起の叡覧を希望した点です。羽賀寺任実宛て御室真乗院孝源書状（「県史」1277号）は、その一例です。羽賀寺9代住職任実も次の住職冉実も御室真乗院を師として挨拶廻りを欠かしませんでしたが、貞享元年小浜藩主酒井忠隆の勧めもあり、宸筆縁起と青蓮院宮筆大永勧進状等を御室寛隆法親王（霊元天皇の二宮）や法皇（「県史」では後西上皇〔良仁：1637〜1685〕と傍注したが、東福門院徳川和子所生嫡女で女性天皇となった明正院〔興子：1623〜1696〕らしい）と霊元天皇（識仁：1654〜1732）の叡覧に供した、という一齣を伝えています（『冉実上人御一代記』『羽賀寺由来記』他に関連記事あり）。右記の江戸輪王寺宮公弁法親王（1669〜1716）は後西院皇子です。

　後西院の生母は櫛笥隆致娘逢春門院隆子（1604〜1685）、霊元天皇から譲位された東山天皇（朝仁：1675〜1716）の皇后も櫛笥隆致子息隆賀の娘新崇賢門院賀子（1675〜1709）であり、賀子所生の直仁親王（1704〜1753）は世襲親王家である閑院宮家の祖となります。後西院先帝の後光明院（紹仁：1633〜1654）も東山院も疱瘡で崩御したほど疱瘡病の怖れられていた時代ですが、羽賀寺住職冉実は羽賀寺本尊1000年忌挙行時に本尊十一面観音の疱瘡守仏という功徳を前面に出し（『冉実上人御一代記』正徳2年3月27日条）、やがて東山院・新崇賢門院の法行を悼む櫛笥隆賀の帰依をうけて新崇賢門院の位牌を建立し、閑院宮家も新たな大檀主の一員となります。

　中世期の後花園院〜後奈良院〜正親町院の代ほどではありませんが、子細ある勅願寺として強調され、陽光院・後陽成院の宸筆縁起をもつ羽賀寺は、近世幕藩制国家社会のなかで、法皇・天皇以下の朝廷貴族界にも依然として知られており、信仰をあつめていたのです。そのなかで、縁起に触れるたびごとに、後花園院の代に勅命を承けて「奥州十三湊日之本将軍安倍康季」の再興した伽藍である、という思いを再確認したであろうとみられます。

第四に、漢文体の名文で綴られた縁起の仮名縁起化の点です。上記の水戸宰相徳川吉孚夫人八重姫や明正院をはじめ、三春藩主の秋田輝季生母安藤氏（正寿院）や秋田頼季生母安倍氏ほか、数多くの女性たちの信仰を集めたのが羽賀寺本尊であり、羽賀寺では彼女たちのために仮名縁起の作成にも力を入れました。羽賀寺で寺院興隆のために宸筆の縁起・勧進状を活用するさいに、その仮名本も必ず携帯したのは、女性からの勧募にも大いに期待したからであったとみられます。

　仮名縁起は、すでに存在し注目されている宸筆縁起を筆写する場合と異なり、時勢の新たな推移まで刻みこめる点が有利でした。現存する寛永2年に羽賀寺7代住職良秀がしたためて宍戸藩主秋田家まで持参した勧進状仮名本（諸本一覧表B—5）や慶安3年（1650）に羽賀寺住職来雄がしたためて三春藩主秋田家まで持参した宸筆縁起仮名本（諸本一覧表E—22）などは、正本の読み下しを主体としていますが、意味の通じにくい読み下し箇所が散見するように、当時でも難解な漢文体の文章とみられていたようです。それに対して、冉実の作成した仮名縁起（諸本一覧表E—20［「県史」1189］）や、11代弁実上人が秋田家に持参した仮名縁起（諸本一覧表E—23）は、宸筆縁起でなく大縁起本を底本として作成しつつも、読み下しよりも文意に重点をおき、本尊の疱瘡守仏という新たな功徳だけでなく、文禄〜慶長期の秋田実季による興行記事や伊勢国朝熊蟄居中の秋田実季入道宗実の記事、および小浜藩主酒井忠勝の興行や正保3年（1646）将軍徳川家光年厄払い祈祷記事などを新たに加え、公武の祈祷に効験ある寺であるとまで主張しています。羽賀寺縁起の広がりと深化という面では、仮名本の果たした役割も大きいものでした。

　第五に、羽賀寺縁起が読み聞かせる縁起でもあった点です。歴代の小浜藩主は国入りすると、羽賀寺住職に宸筆の縁起・勧進状を持参のうえで登城させ、閲覧かたがた読ませ解釈させる場合が多かったようです。しかし、さらに注目されるのは、33年ごとの本尊開帳をはじめとする羽賀寺で挙行される法会の場で縁起が読みあげられる場合でしょう。この場には貴賎僧俗の多くの者たちが参会していただけに、注目させられます。羽賀寺史料中には、この場で読みあげられたとみられる縁起の痕跡が幾つか残されています。諸

本一覧表に「F 本浄山略縁起」として掲げたのは、全文完備した19世紀前半期の分の5本だけですが、断簡を含めるとかなり多くなります。

　現存する分はいずれも、仮名本と同じく大縁起を底本として、真言曼陀羅の絵解き的な内容まで文章化しており、漢文体のかたちをとってはいるが、読みあげやすいように和式漢文体の短文に省略化され、経典と同じように折帳のかたちをとり、中には料紙の両端に箸のような細い木軸を貼りつけて手に持ち読みあげたさままで如実に示す分も含みます。和式漢文体とはいえ漢文体で綴っているのは、読み手が男性だったためでしょう。執筆者または読み手として、天保4年（1833）常蔵や嘉永2年（1849）藤田浅吉郎という名も記されています。常蔵や名前の記されない略縁起の読み手の多くは、羽賀寺の旦那となっていた羽賀村庄屋や小浜湊商人という立場の者でしょうが、名字まで明記した藤田浅吉郎（「県史」1190号）については、天文年間に「奥州十三湊日之本将軍安倍」系譜を継いで蝦夷沙汰に関与していた出羽国檜山城主下国安東舜季・愛季父子らの若狭国小浜湊に配置していた在京代官的な関戸氏の子孫で、小浜藩主酒井家の時代に小浜湊在住者中に、藤田を名字としていた者の存在していたことが、芝田寿朗氏の最近の調査で指摘され（福井県立若狭歴史民俗資料館『羽賀寺―日本海交流と若狭―』）、多分に気になる存在となっています。

　18世紀初頭期の仮名縁起で南北朝期の細川清氏により国民疱瘡の守仏として崇められたとして記されるようになった記事は、19世紀の略縁起では天平8年（736）の疱瘡流行のさい聖武天皇により疱瘡守護仏にされたというように内容をかえています。羽賀寺縁起は、仮名縁起と略縁起を通じ、時勢に応じて変容していたし、それがまた、滅多にお目にかかれない宸筆縁起以上に、広い範囲の貴賤僧俗の間に浸透してゆくものでもありました。

　そして、仮名縁起でも、略縁起でも、本尊を安置する本浄山羽賀寺を現在のような伽藍で再興してくれたのは「奥州十三湊日之本将軍安倍康季」であり、その子孫の秋田家である、と必ず明記し、強調していたのです。一般の庶民は宸筆縁起にお目にかかれなくとも、法会の場で読みあげられる縁起を通じて眼前に鎮座する本尊や本堂の功徳や由来に接することができたし、挙

行された法会の場を荘厳した十三湊日之本将軍ゆかりの檀主たちによって奉納された戸帳など什物の数々も、縁起の歴史的世界を現実化する演出として効果を発揮していた。人々の思いも強められるという仕組みです。

　羽賀寺縁起を通じて、近世幕藩制国家社会のなかでも、「奥州十三湊日之本将軍安倍康季」の認識は、確実に広がり深まっていた。その点を再確認できると考えます。

7　むすびにかえて

　縁起は、縁起を作成した時点での作成せざるをえない事情や、作成した縁起の歴史的事実との関連と共に、縁起の活用され受容された機能という側面を併せ追求することで、その史料性をようやく把握でき、歴史学の素材となります。ここにメモしたのは、そのうちの作成時点の状況と、その後の機能に関する一面にすぎません。

　縁起記事の歴史的事実という側面からいえば、現在確認できる羽賀寺縁起の初見となる延文法用帳には、10世紀初頭期の京都雲居寺浄蔵草創の寺を延文4年に「羽賀寺院主權律師法橋上人位已下一寺諸徳并大檀那沙弥朝阿弥陁佛等」が再興したとして本尊十一面観音の法力を綿々と綴っているが、永正勧進状に刻みこまれたような元正天皇と行基の開山譚や源頼朝ら鎌倉期の記事は一句もみえないし、また、本尊十一面観音像の造立時期自体が、現代の美術史家により、8世紀初頭期（井上正『古仏』）、8世紀後半〜9世紀前半（田中恵「羽賀寺の仏像彫刻」）、9世紀後半（福井県立若狭歴史民俗資料館『羽賀寺』）というような諸見解に分かれます。縁起で強調する村上天皇による羽賀寺再建期に寺領に寄進したという若狭国国富庄も、『壬生家文書』等で、実際は12世紀末に官務小槻隆職が吉原安富の仮名で開発し、建久8年（1197）の太政官符により太政官厨領国富庄として立券され、13世紀中葉には草河上人領となるも、南北朝期まで官務小槻家管轄下にあった庄園であることが証明されているのに、現存する縁起には官務小槻家との関与などは一言も触れられていません。太政官の官務家が開発領主であれば、皇室近侍の

65

存在であるだけに、羽賀寺が勅願寺となった契機等を追求する手がかりもあるが、いずれも今後の検討課題となります。

　何よりも、文安4年に作成された縁起が存在し、それが永正勧進状や大永縁起をへて天正宸筆縁起や慶長勅筆奥書に展開していったさまが判明したとしても、肝心かなめの文安縁起の成立過程については、まったく触れていません。双六でいえば、あがる前にふりだしに戻されたようなものですが、いわば周知のような羽賀寺縁起でさえも上記のように再点検できるのならば、文安縁起についても幾つかの憶測的考察はできそうです。

　第一は、文安縁起の起草者に関してです。上記2節で考察したように、永正勧進状に文安縁起の文章まで抄録されていると解釈できるのならば、その抄録の底本となった縁起の文章は、三井寺霊鷲院房仙僧正の綴った延文法用状よりも名文であり、延文法用状を含む羽賀寺の由来関係文書も参考にできる立場にいた者であることを念頭におき、さらに大永大縁起に文安4年落慶供養が延文4年や応永6年の「故実」に依って挙行されたと記されていることを勘案すると、三井寺か青蓮院、ないし御室か東寺か未確定ながら、後花園朝廷の一翼につらなる寺院の高僧の手によって作成されたと考えざるをえません。しかも、そこには、詔や綸旨の発給如何まで確認できなくとも、後花園院も関わっての再興であることが強調されていたし、それ自体が歴史的事実を反映していたからこそ、永正勧進状の底本縁起とされ、大永以後に勅願寺のひとつとして強調される淵源ともなった、と考えざるをえません。

　第二は、文安4年落慶供養時に再興の最大功績者として強調される十三湊の安倍康季との関わりです。康季は、羽賀寺鳳聚院の位牌では嘉吉元年6月24日死没、近世松前藩松前家中下国家の記録では文安2年津軽引根城病没と記されているが、遺憾ながら、いずれも真偽未確定です。むしろ紀伊国熊野那智社の御師実報院米良家に伝来した「奥州下国殿之代々之名法日記」に、鎌倉末期の安藤又太郎宗季から盛季子息泰季までの系譜を記し、泰季に「今の下国殿也」と説明し、日記奥に「永享十二年ノ比、嘉吉元年」と異筆で書きこまれていた。これを重視すべきでしょうか。この奥書が永享12年泰季（＝康季）までの下国安藤氏系譜書付を受けた御師側で嘉吉元年に書きつけ

たと解釈できるならば、同時代史料となるし、御師家に伝来されていること自体、たとえ熊野に直接参詣し祈願したのが先達であったとしても、「今の下国殿」側の意向を反映するものであり、康季が永享12年時点で生存していた証となり、永享8年から莫大な銭貨を喜捨して羽賀寺再興に協力していた一環としての熊野祈願であったさまも想定させます。津軽十三湊安藤氏嫡家が糠部南部家との角逐に敗れ断絶した直後、一族の中から安藤氏嫡家継承者として台頭した安東師季が、北奥羽から蝦夷島にかけての立場を復活するために、若狭国遠敷郡金屋鋳物師に発注した洪鐘を鹿角郡鎮守大日堂に奉納し、紀伊国熊野那智社に願文を捧げた、という事績と同種の動向です。『満済准后日記』に記されたように、幕府内でも政治決着案件化していた糠部南部家との角逐を津軽安藤家で有利に運ぼうとするほどに、羽賀寺再興にも力を入れざるをえなかったのです。すでに幾つかの論著で指摘しているので、概要だけを記しましたが、重要な事象です。

　第三に、その「今の下国殿」を文安縁起で「奥州十三湊日之本将軍」と明記した点です。ここでは、安倍康季の死没は問題でありません。永享8年以来の再興に尽力した功績を記すにさいして、「日之本将軍」と称し称されていた事実を明記した点に注目します。これは、羽賀寺再興にさいして、現実に安倍康季側からの莫大な浄財が寄進されていたとすれば、寄進に添えた書状や願文も当然伴っていたはずであり、そこに堂々と自分の立場を「奥州十三湊日之本将軍」と明記していたはずであり、この表記は文安縁起起草者の発案した表記でなく、再興中の羽賀寺に寄せられた文書に依拠した文章表現であろうと考えます。

　すでに安倍康季側で称していた「日之本将軍」呼称が、後花園院がらみの羽賀寺再興に参画した京都や若狭の人々にとっても、何の違和感もなく受け入れられる認識となっていたさまを暗示します。「日本＝ひのもと」国の東端に位置する地に存在する「蝦夷＝ひのもと」という二つの用法で使うことに対する認識と、十三湊に拠点をおく安藤氏が後者の「蝦夷＝ひのもと」沙汰に関与する立場を「日之本将軍」と称することに対する認識とが、少なくとも文安年間の京都から津軽までの地では共通認識となっていた。それを見

I 国史跡指定記念十三湊フォーラム

事に示すのが文安縁起であったのです。

　鎌倉幕府の東夷成敗権下に位置づけられた蝦夷のなかに「蝦夷ひのもと」の存在していたことを明記する延文元年（1356）完成の『諏訪大明神絵詞』や、鎌倉中期に蝦夷沙汰に従事した津軽の安藤五郎を「日本将軍」と称したと語る『地蔵菩薩霊験記』、安藤康季の父とみられる安倍盛季を「ひのもと将軍」として記す『津軽郡中名字』等についても、羽賀寺縁起と同様に、その史料的性格を再吟味し、少なくとも15世紀初期には蝦夷沙汰に関与する十三湊安藤氏が「日之本将軍」として共通認識化していたさまを再確認できると考えていますが、文安縁起についても同様に解釈してみたいのです。

　ともあれ、永正勧進状が文安4年に作成された縁起を底本として執筆されて以来、文安4年再興の勅願寺本浄山羽賀寺として注目され、さらに織田信長天下統一期の激動下、禁裏御領回復の一環として勅願寺であると強烈に主張する宸筆縁起まで作成されて以後、書かれているから事実であると強調され、近世期を通じて、まさに天皇家から一般の庶民に至るまで、読み、聞かされ、受容されてきた。宸筆縁起だけを唯一絶対視しないで、時勢とともに内容を少しずつ変容させ、時代の荒波を乗り越え、羽賀寺本尊信仰の支えとなってきた。そのさまを近代まで傍証史料と併せて辿れるところに、羽賀寺縁起の意義があります。羽賀寺縁起が寺社縁起の一典型として注目され、逸早く国重要文化財に指定されたのも宜宜しいことでした。そして、長い間、いわば羽賀寺縁起を媒介として日本中に知られてきた「奥州十三湊日之本将軍」の故郷十三湊も、いま遺跡発掘の成果と相俟って、国重要文化財指定をうけて日本全体での文化的財産となりました。国民的財産をどのように活用してゆくべきか。その思いと期待は募るばかりです。

国史跡・十三湊遺跡の調査成果について

報告 1

榊原　滋高

はじめに

　私は平成3〜5年に国立歴史民俗博物館（以下、「歴博」と略す）が行った十三湊遺跡および福島城跡の調査に学生として参加させていただきました。それ以来、縁あって十三湊遺跡に関わるようになり、15年という長い歳月が経ちました。しかし、その多くは発掘調査に明け暮れる毎日で、あっという間に年月が過ぎてしまったような気がしています。学生時代に調査に携わった頃のことを思い出しますと、本日このような形で史跡指定の喜びを大勢の皆様方と分かち合える機会に恵まれましたことは本当にうれしい限りです。これも温かく見守り、応援してくださった関係者の皆様、特に地元の皆様のお陰です。深くお礼申し上げます。

　さて、十三湊遺跡（以下、「十三湊」と略す）は歴博調査から数えまして、現在までに158地点（次）で発掘調査が行われてきました（平成17年11月現在）。限られた時間内でこれらの成果をすべてお話することは到底かないませんので、要点を絞ってお話ししたいと思います。まず一つ目は、今回は史跡指定を記念するイベントですので、これまでの十三湊研究史を振り返りたいと思います。史跡指定に至るまでの長い間、先学たちが十三湊研究にどれほど情熱を注いできたか、その一端をご紹介します。二つ目は史跡指定の範囲や内容についてお知らせする必要があろうかと思います。行政的な面の少し退屈な話もありますが、十三湊発掘調査の総括だと思ってお付き合いください。三つ目は、十三湊はどんな湊町だったのか？　発掘調査から見えてきた十三湊の実像、画期や変遷について調査事例を紹介しながら考えてみたいと思います。その際、欠かせないものにかつて歴博が提示した「十三湊想定

復元図」があります。実はこの復元図に基づいて今まで発掘調査を行ってきたという経緯があります。この復元図がどこまで修正されてきたかを考える必要があります。さらに十三湊の発掘調査が進んでくる一方で、文献史学の研究でも近年における青森県史や各自治体史の編纂事業を通じて史料の再検討が進んでおります。安藤氏を含めた北方中世史の研究がますます深化している状況にあります。こうしたなかで、十三湊の発掘調査成果と文献史料の成果を突き合わせて見た場合にどこまで整合性があるのか、できれば発掘成果を踏まえた可能な限りの範囲内で歴史叙述を試みてみたいと思います。

十三湊の考古学研究史

　十三湊を支配した津軽安藤氏に関係する研究は、古くから多くの地元郷土史家の関心を集め、研究の蓄積は膨大な量に及んでおります。しかし、同時代史料が極めて少なく、不十分で明確さを欠くため、必ずしも研究が進展してきたとはいえませんでした。しかし、ここ十数年の間、まさに十三湊の発掘調査が進展する時期と重なるように、青森県史や県内各地の自治体史編纂が行われるなかで文献史料の再検討が進み、安藤氏を含む北方中世史の研究が飛躍的に深化してきたと言えます。日本列島のなかで北方世界に君臨した安藤氏の役割や独自性が日本中世社会を解明する上で極めて重要な意味を持っていると考えられるまでになっています。こうした安藤氏に関する膨大な研究史をまとめ、緻密に分析されている小口雅史氏の論考など〔小口1988・1995〕があり、現在までの安藤氏研究の到達点となっています。そのほか、先行する優れた安藤氏研究がありますが、残念ながら私にはこれらを取りまとめる能力がありません。ここでは十三湊に関連した中世遺跡の考古学研究および発掘調査の成果に限って研究史を振り返ってみたいと思います。

　ご存知のように十三湖周辺地域は、十三湊遺跡など安藤文化の遺跡が集中する中世遺跡の宝庫と呼ぶに相応しい場所で、これまで多くの中世考古学の研究が進められてきました。

　十三湊の考古学的研究や学史については、平山久夫氏や福田友之氏、村越

潔氏がそれぞれの論考〔平山 1974、福田 1988、村越 2005〕のなかでまとめられていますので、まずはこれに沿って話しを進めていきます。
　青森県で貿易陶磁が発見された最初の論文は中谷治宇二郎氏が『人類学雑誌』（昭和4年3月刊行）に報告したものとされています〔中谷 1929〕。そのなかには十三の隠居と言われる砂丘から高麗焼が発見されたと記されています。この「十三の隠居」は間違いなく檀林寺跡と思われますが、平山氏は高麗焼ではなく、中国製の青磁ではないかとみています。その他、十三地区から中国製の青磁や白磁、或いは天目茶碗が発見されるということは小山富士夫氏らの調査によって明らかにされ、戦前から広く知られていたようです。旧十三小学校周辺の琴湖岳（きんこがく）（小字名。従来、この一帯が琴湖岳遺跡と呼ばれた）から俗称の山子町（やまこ）に至る古中道（ふるなかみち）（小字名。十三湊の中軸街路と推定される）一帯の畑には、これまで少なくとも二枚の完全な形の中国龍泉窯の青磁大皿が発見され、また無数の陶磁器が出土する場所として知られ、多くの好事家たちによって、陶磁器の表採が続けられてきました。しかし、中世を対象とした考古学研究が全く顧みられることがなかった当時としては、一般には謎の豪族安藤氏とともに歴史ロマンのなかで語られるだけで、それ以上注目されることはありませんでした。
　しかし、忘れてはならないのは太平洋戦争後間もない時期、昭和24年に十三（郷土）史談会（じゅうさんしだんかい）という地元の郷土史家が集まって研究会が再結成されていることです。十三史談会はもともと大正11年（1922）に十三湖を取りまく三村（内潟村（うちがた）・相内村（あいうち）・十三村（じゅうさん））の有志が集まり結成されたものです。しかし、昭和に入って第二次世界大戦の影響によって活動を停止せざるを得なくなってしまったものの、戦後すぐに十三史談会を復活させたのでした。戦後間もない混乱した食糧難の時期にあって、皇国史観を脱却し郷土の真実の歴史を解明しようと十三湊研究に情熱が注がれるようになっていました。そのなかに史談会運営の事務局、中心的人物であった地元十三出身の豊島勝蔵先生がいらっしゃいました。私の手許には豊島先生が当時書かれたガリ版刷りの分厚い冊子が残されておりますが、その内容は中世から近現代までの十三の歴史研究の成果が事細かく記され、まとめられています。これは現在に

おいても十三湊研究に欠かせない一冊となっています。当時の面倒なガリ版刷りという労力を考えますと、十三の歴史研究に情熱を燃やして取り組んでいた様子がひしひしと伝わってくる内容のものです。その後、このガリ版刷りの原稿は昭和57年に『十三村郷土史』という書籍にまとめられ、刊行されています〔豊島 1982〕。その豊島先生は市浦村史編集委員として、旧市浦村の歴史研究に取り組み、市浦村史をこれまで多く刊行されてきましたが、残念ながらすでに御逝去になられています。もしご存命でしたら十三湊の史跡指定を大変喜んでいただけたのではないかと思います。

その後、昭和35年（1960）11月26日に十三湊南西端の前潟に面した俗称「鉄砲街」（鉄砲台のなまり）と呼ばれる小高い砂丘上から、偶然にも埋納銭（備蓄銭）が発見された記録が知られています〔裕光 1962〕。ちなみに「鉄砲台」とは文化年間（1804〜1817）にロシアが樺太・択捉を襲撃して以降、幕命により弘前藩が異国船防備のために台場を設置した場所に由来している高台のことです。銭種調査を担当したのは地元研究者の成田末五郎氏（裕光）です。その記録によると、埋納銭は砂丘のある砂取り場から地下約1.3mのところで偶然発見されたもので、丸太を割り抜いた中から最古銭である五銖銭（後漢・24年）から最新銭では永楽通宝（明・1408年）に至る年代幅の古銭が二万三千枚ほども発見されています。貨幣経済が飛躍的に発達した中世において交易活動の実態を示す十三湊らしい出土遺物といえるでしょう。これは出土銭貨研究の上でも重要な位置づけが与えられています。

その後、考古学研究が本格的に始まったのは昭和40年代に入ってからです。地元の北奥文化研究会の平山久夫氏や半沢紀氏によって、十三湊から表採される陶磁器の分析が行われています。この結果、十三湊の年代観の把握や城館出土の陶磁器との比較研究が進められ、考古学的手法による地道な基礎研究が進められるようになりました。こうした優れた先行研究の上に現在の十三湊研究があることは言うまでもありません。

一方、十三湖を取り巻く十三湊関連の中世遺跡のなかで、初めて本格的な発掘調査が行われたのは十三湊ではなく、十三湖北岸に位置する二ツ沼遺跡と福島城跡でした。

二ツ沼遺跡は昭和28・29年（1953・1954）に早稲田大学の櫻井清彦氏によって発掘調査が行われています。調査では埋まり切らずに残る竪穴状の窪地19箇所を発見し、そのうち9箇所で発掘調査が行われています。その結果、竪穴遺構から青磁碗片のほか、天聖元宝（北宋・1023年初鋳）や永楽通宝（明・1408年初鋳）といった銭貨、鉄製刀子片が出土したことが報告され、安藤氏が活躍した室町時代の遺跡として周知されるようになりました〔櫻井1955〕。これは竪穴遺構から中世遺物が出土するという認識のなかった当時、つまり中世の竪穴遺構の存在が認識されていなかった研究段階では先駆的な調査報告と言えるものでした。

次に福島城跡は昭和30年（1955）に江上波夫氏を始めとする東京大学東洋文化研究所によって発掘調査が行われました。その調査は「東北地方における集落址の調査」を研究目的とするもので、集落のうちでも代表的な館跡の一例として、福島城跡が調査の対象となったのでした。この調査では広範囲に及ぶ福島城跡の精密な測量図が作成され、地表面観察に基づいた遺構確認調査が行われるなど、まさに学術調査と呼ぶに相応しいものでした。なお、福島城跡の詳細については鈴木和子氏の報告で触れられておりますので、以上で省略いたします。

その後、しばらくは調査が行われていませんが、全国的にみられる昭和40年代以降の高度経済成長および好景気による各種開発事業の影響もあって、少なからず寒村であった旧市浦村においても開発に伴う発掘調査が行われる機会が増えていきました。まず、今回のフォーラム実行委員長をなさっていただいた村越潔先生が昭和48年（1973）に十三湊の発掘調査を行っています。これは十三小学校改修工事に伴う緊急調査で小規模な範囲でしたが、珠洲焼とともに鞴の羽口や鉄滓などの職人活動の痕跡を示す資料が発見されています〔村越 1975〕。

その後、十三湊の古中道を拡幅して県道バイパスが敷設されることになり、昭和62・63年（1987・1988）に新谷雄蔵氏を調査担当者に市浦村教育委員会が発掘調査を行いました〔市浦村教委 1988〕。調査の結果、安藤氏時代の遺構・遺物に限って見てみると、道路（中軸街路）に沿って隣接する町屋

的遺構が検出され（写真1）、14・15世紀の陶磁器が伴っていることが判明しています。現在の知見では15世紀中葉に限定された時期の遺物と考えています。

一方で、開発目的とは別に学術目的による発掘調査も行われています。

写真1 町屋地区（旧琴湖岳遺跡）の調査

昭和51年（1976）8月、十三湊の南端に位置する檀林寺跡が早稲田大学の櫻井清彦氏によって調査されています〔櫻井 1995〕。

檀林寺跡は昭和15年の太平洋戦争中に食料増産を目的に、当時、教員であった豊島先生が学生を引率して、当地を開墾した際に礎石が並んで発見されたことで遺跡が周知されるようになりました。その後も十三史談会が調査研究を行っており、これまでに仏具類などの宗教的遺物のほか、陶磁器類が多く出土したことが報告されています〔豊島 1984〕（図1）。また、檀林寺跡は俗に「隠居跡」とも呼ばれておりますが、十三藤原氏を名乗る秀栄という人物が隠居したとする伝承が地元に残され、謎が多く興味関心を持たれる遺跡だったのです。早稲田大学の調査では、14～15世紀頃の寺院跡とみられる遺構や遺物が確認されています。また、先に触れた『前代歴譜』の十三藤原氏系図にみえる檀林寺とはみなしがたく、十三湊を構成する重要な要素として安藤氏に関わりのある寺院跡という結論がすでに出されております。

昭和57～61年（1982～1986）には東北学院大学の加藤孝氏（考古学）、秋田大学新野直吉氏（文献史学）、東北大学の坂田泉氏（建築史学）を中心に山王坊遺跡の発掘調査が行われました。山王坊遺跡の5年に及ぶ調査のきっかけは、初年度に東北学院大学が総合研究「北方日本海文化の形成」をテーマに文部省人文科学研究費補助金を受けたことに始まります。東北学院大学の初代文学部史学科教授であり、『津軽十三湊の研究』を発表された古田良一博士と旧市浦村の関係者には深い繋がりがあったようです。そのため、東北

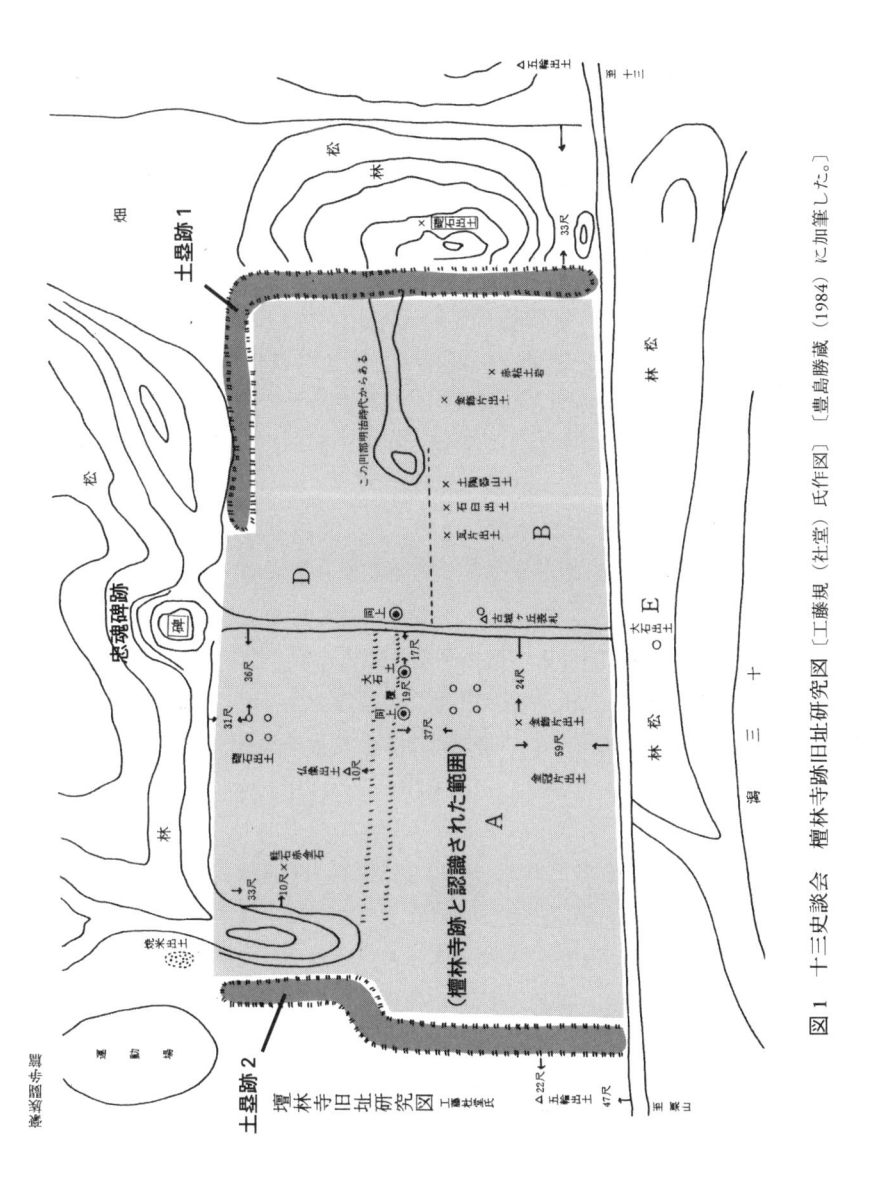

国史跡・十三湊遺跡の調査成果について

図1 十三史談会 檀林寺跡旧址研究図〔工藤規（社堂）氏作図〕〔豊島勝蔵（1984）に加筆した。〕

学院大学では古田博士の十三湊研究を継承し、新たに考古学的手法を加えることによって、十三湊安藤氏の歴史研究に取り組んでいったのです。調査の二年目以降は調査者各人による研究費負担のほか、旧市浦村による補助金を受けて、調査が継続されてきました。それはまさに山王坊遺跡解明に情熱を注ぐ調査担当者の献身的な努力によるところが大きいものだったのです。こうした調査者の努力の結果、神社仏閣の礎石跡が発見されています。それは二列に並んだ日吉神社の社殿跡と考えられるものです〔坂井先生の講演・図10を参照〕。出土遺物では石造物（宝篋印塔）のほか、14〜15世紀前半代の陶磁器類が伴っています。まさに安藤氏時代に勧請された宗教施設であったことが判明しています。この山王坊遺跡による学術調査は地元住民に安藤文化解明の情熱を喚起するのに十分なものでした。その後、平成元年には十三湖の中島に市浦村歴史民俗資料館が建設され、開館を記念して「安倍・安東（藤）氏展」が企画されています。さらに記念共催事業として「安倍・安東（藤）氏シンポジウム」が開かれるまでになっております〔市浦村歴史民俗資料館 1993〕。こうした関係者の努力や取り組みは次に繋がる歴博の十三湊調査の土壌を作り、現在の史跡指定へ繋がる機運を生み出していったのです。

　その他の津軽地域でも、この時期になると安藤氏関連の中世遺跡調査が行われています。特に注目されたのは昭和52〜54年（1977〜1979）に青森県立郷土館が行った青森市後潟にある尻八館跡の調査です。尻八館跡は津軽山地の東縁部に位置し、外ヶ浜を一望できる標高180mほどの高所に大きく二郭を構える山城です。調査のきっかけとなったのは、日本中でも類例の少ない貴重な逸品とされた中国龍泉窯系青磁の浮牡丹文の大型香炉が採集されていたことに始まります。調査の結果、発達した竪堀や横堀が構築され戦闘行為を意識した山城である一方、掘立柱建物のほか、竪穴建物などの遺構のほか、青磁や白磁などの中国産や朝鮮産の貿易陶磁、瀬戸焼・珠洲焼・越前焼などの国内産の陶磁器が多数発見されるなど、日常生活の場としても利用されていたことが判明しています。文献史料には全くあらわれない不明な館跡ですが、出土陶磁器の年代からは15世紀中葉〜後葉に最盛期があったと考えられます。この時期は十三湊から蝦夷島へ退去した安藤氏が津軽の旧領回

復を図ろうと南部氏との間で抗争を繰り返す時期になるだろうとみられています。

　また、十三湖に程近い日本海に突き出た権現崎の北部海岸に面するところに柴崎城跡があります。柴崎城跡はご存知のとおり、松前藩の家記である『新羅之記録』に登場する安藤氏最後の砦跡です。嘉吉三年（1443）、南部氏に追われた安藤氏はこの柴崎城から蝦夷島（北海道）へ退去したとされています。快晴時には遠く北海道を見渡すことができる立地にあり、かつて安藤氏が渡島した情景が目に浮かぶほどの景観です。実はその柴崎城跡の眼下には弁天島遺跡があり、昭和55年（1980）、地元の小泊村の歴史を語る会のメンバーが中心となって発掘調査が行われています〔小泊村教委ほか 1985〕。その結果、青磁や白磁など15世紀前半代の陶磁器のほか、茶臼や古銭が出土しています。弁天島遺跡は柴崎城跡に近接しており、安藤氏に関連する宗教遺跡ではないかとみられています。

　以上、十三湊および安藤氏関連遺跡の考古学研究を取り上げましたが、このように多くの蓄積があることをおわかり頂けると思います。実はこうした県内の中世考古学に対する認識の広がりは、言うまでもなく全国的にみても軌を一にした動向のなかで捉えることができます。

　それは1960年代後半から中世考古学の先駆けともいえる中世港湾の広島県草戸千軒町遺跡の発掘調査が開始されたほか、1980年代以降には京都・鎌倉・博多・堺・平泉といった周知の中世都市遺跡で急速に開発行為が行われ、それに伴う発掘調査によって膨大な量の情報をもった遺構や遺物が検出されるようになりました。こうして文献史料では語られることのなかった中世都市の実態が序々に明らかになり、また、歴史学研究のなかに中世考古学が果たす役割や重要性が認識されるようになっていきました。

　こうしたなかで、平成3〜5年（1991〜1993）にかけて歴博は特定研究「北部日本における文化交流」を掲げ、十三湊と福島城跡の学術調査に着手したのでした。十三湊が中世後期の北日本を代表する港湾だったにもかかわらず、津波伝承もあって遺跡が消滅してしまった、あるいは遺跡としてはほとんど残っていないのではないかとさえ言われていました。しかし、畑を区

画する細かな地割りや現存する土塁跡をみて、ほとんど手付かずの状態で遺跡が残されている可能性が高いことに注目しました。また、中世都市の全体像を描ける唯一の遺跡として注目し、さらに十三湊が日本列島における北方中世史を解明する極めて重要な遺跡と考えていました。調査を主導した千田嘉博氏は、「調査の前後の時期〈広義の考古学〉と称した新しい考古学の研究方法を追求していた。これは発掘の成果を発掘区のなかから得られる情報からだけで考えるのではなく、絵図・地図・航空写真といったさまざまな、そしてより広い範囲を含んだ空間分析資料と重ね合わせていくことで、より深い分析・評価を実現しようというものであった。〈中略〉十三湊遺跡の調査は、まさに〈広義の考古学〉方法論を確立・検証する調査でもあった。」と、このように述べていることからもわかります〔千田 2004〕。こうして行われた歴博の調査は一躍脚光を浴びることとなり、その成果は平成5年10月24日に「遺跡にさぐる北日本─中世都市十三湊と安藤氏 '93市浦シンポジュウム─」として地域住民に公表され、十三湊の実像の一端が明らかになるとともに、あらためて十三湊の歴史的重要性が認識される機会となりました〔歴博 1994〕。また、その際に提示された「十三湊想定復元図」が、これ以降に続く青森県教育委員会や旧市浦村の学術調査の指針を示すものとなっていったのです。この発掘成果の公表を受けて、平成6年には旧市浦村で調査専門職員を採用するなど調査体制の充実がはかられ、国や県の補助事業の採択を頂いて十三湊の発掘調査を進めてきました。また、旧市浦村の単独事業では十三湊解明は難しいとの判断から、翌年には青森県教育委員会が十三湊の調査に乗り出し、それぞれの機関が役割分担しながら発掘調査を進め、十三湊全体の解明に取り組んできました。しかし、こうした学術目的の発掘調査だけでなく、新たな開発行為の波が十三湊にも否応なく押し寄せ、緊急発掘も増えてきました。特に平成8〜9年には十三地区一帯に下水道敷設事業が計画・実施されることになり、これに伴って遺跡を縦断するような形で広くトレンチ調査が行われました。さらに、宅地造成など各種開発行為に伴う緊急調査が行われ、皮肉にも遺跡の解明が進んできたのでした。なお、本日のフォーラムでパネルディスカッションの司会を務めて頂いている前川要

写真2　唐川城跡の竪穴住居　　　　写真3　唐川城跡の精錬炉跡

　先生には、歴博の調査以来、当初は富山大学人文学部考古学研究室として、現在は中央大学文学部日本史学研究室として、こうした大学の研究機関の立場で献身的・犠牲的とも言えるほどの調査協力をいただき、何とかここまで調査を進めることができたことを申し述べておきたいと思います。そこで、大学機関が行った十三湊や関連遺跡の重要な成果について、少しここで触れておきたいと思います。富山大学では平成11～13年（1999～2001）に十三湖北岸の標高140～160mの独立丘陵上に立地する唐川城跡の発掘調査を行っています〔富山大学 2002〕。唐川城跡は中世に「西浜」と呼ばれた地域を一望できるすぐれた景観の上に立地しています。これまでは伝承に従って安藤氏の詰城と理解されてきましたが、発掘調査の結果、築城・主体時期が安藤氏以前の10世紀後半～11世紀代で、いわゆる古代の高地性環濠集落（防御性集落ともいう）であったことが判明しています。山頂部の平坦面には土塁と堀を構築して、大きく3つの曲輪（北郭・中央郭・南郭）が設けられた比較的単純な構造ですが、その規模は南北700m、東西200mをはかる巨大な遺跡で、他の環濠集落を圧倒する規模であることがわかりました（坂井先生の講演・図11を参照）。さらに北郭と南郭には現在でも水を湛える井戸跡が残っており、特に南郭の井戸跡周辺には竪穴住居跡と推される窪地が多数認められています。その一角が調査され、竪穴住居二軒とその間に精錬炉と推される製鉄遺構が発見されています（写真2・3）。精錬炉跡周辺からは鞴羽口のほか、多量の流動滓が出土しています。さらに竪穴住居は底面が焼土で覆われ、金床石や鍛冶関連遺物が出土していることから、生活空間のほかに

鍛冶工房としての性格を兼ね備えていたことが分かってきました。これらの鉄生産活動は単に自給自足を目的としたものだけとは考えられません。なお、唐川城跡が中世に全く利用されなかったわけではなく、発掘調査では中央郭に残された二つの小規模な平坦面から、15世紀前半代の青磁や珠洲焼などの陶磁器が十片ほど出土しています。平坦面は盛土整地による造成が施されていましたが、わずかに柱穴が検出される程度でした。中世には恐らく小規模な掘立柱建物があった程度のものとみられることから、安藤氏時代には拠点的山城になっていなかったものとみられます。逆に古代末期においてこれほどの大規模な環濠集落を生み出した要因や歴史的背景とは何だったのかを考える必要があります。それは古代末期において活発な鉄生産を中心とした手工業生産がこの地で行われ、その生産された手工業製品を北海道へ供給・交易するための前線基地を担っていたのではないかという考え方ができると思います。このように唐川城跡の調査は中世十三湊の前史を考える上で非常に有意義な成果を挙げるものだったのです。

　その他、中央大学で行った十三湊157次調査を挙げることができます〔中央大学 2005〕。詳細は後に触れますが、十三湊初期の鎌倉時代に相当する前浜跡が検出されました。場所はかつて船舶が行きかった前潟中央部付近、湊迎寺の門前にあたるところです。また、ここでは十三湊が最盛期を迎える南北朝・室町時代には港湾機能が移転していることも判明しました。この成果は十三湊初期の様相だけでなく、都市の変遷を考える上で極めて重要な成果となりました。

　このように歴博の調査以降、急ピッチで進められてきた発掘調査によって、十三湊の実像が飛躍的に解明されてきました。こうした成果は歴博フォーラム以降、調査の節目ごとにフォーラムという形で一般の方々に対して公表されてきました。平成10年7月24日には青森県教育委員会が十三湊フォーラム実行委員会を組織し、「十三湊フォーラム―中世国際港湾都市十三湊と安藤氏―」が行われています。さらに関連行事として特別展「中世国際港湾都市　十三湊と安藤氏」が青森県立郷土館で同年7月20日～8月23にかけて行われています〔青森県教委 1998〕。その後、平成12年10月22日に

旧市浦村が実行委員会を組織して、発掘十周年を記念した「十三湊遺跡発掘十周年記念フォーラム」を行ってきました。なお、十周年記念フォーラムの成果は新人物往来社から「中世十三湊の世界—よみがえる北の港湾都市—」として刊行されています〔市浦村 2004〕。

今回は歴博フォーラムから4回目を数え、史跡指定を記念した行事です。まさに十三湊研究の総括・区切りにあたるものと捉えています。

史跡指定の範囲と内容

このように発掘調査によって、十三湊の全体像の解明が進み、史跡指定の要件を得る成果を挙げてくることができました。その一方で文化庁記念物課や青森県文化財保護課、旧市浦村遺跡整備検討委員会の指導と助言を受けながら、平成14年度から実際の史跡指定にむけた取り組みが行われてきました。旧市浦村では史跡指定準備事務として土地所有者の実態調査（戸籍・所在等の確認作業）に正職員1名・嘱託員1名を増員し対応しています。調査の結果、予想以上に土地所有者の死亡が多く、それに係わる相続人が膨大な数に及ぶことがわかりました。実態調査に予想以上の期間を要しましたが、平成16年度には土地所有者の実態調査も終了し、史跡指定の同意依頼文書の発送や十三地区住民に対する説明会を開催しました。その後、史跡指定地内の所有者に対して個別説明・同意依頼の個別訪問を実施してきました。その甲斐がありまして、ようやく平成17年5月20日、国の文化審議会は史跡名勝天然記念物の指定について文部科学大臣に答申し、十三湊が史跡指定を受けることになりました。そして、同年7月14日に十三湊の史跡指定が官報に告示されています。

それでは、次に十三湊が史跡指定を受けた範囲を図2と写真4で説明します。図2は十三湊が所在する五所川原市十三の地籍図を示しています。十三地区全体が遺跡として周知されています。十三地区は十三湖の西岸、南北に細長く発達した砂洲の上に現在の集落があります。集落は前潟と呼ばれるかつて船舶が行き交った水路に沿って形成されていますが、これは江戸時代初

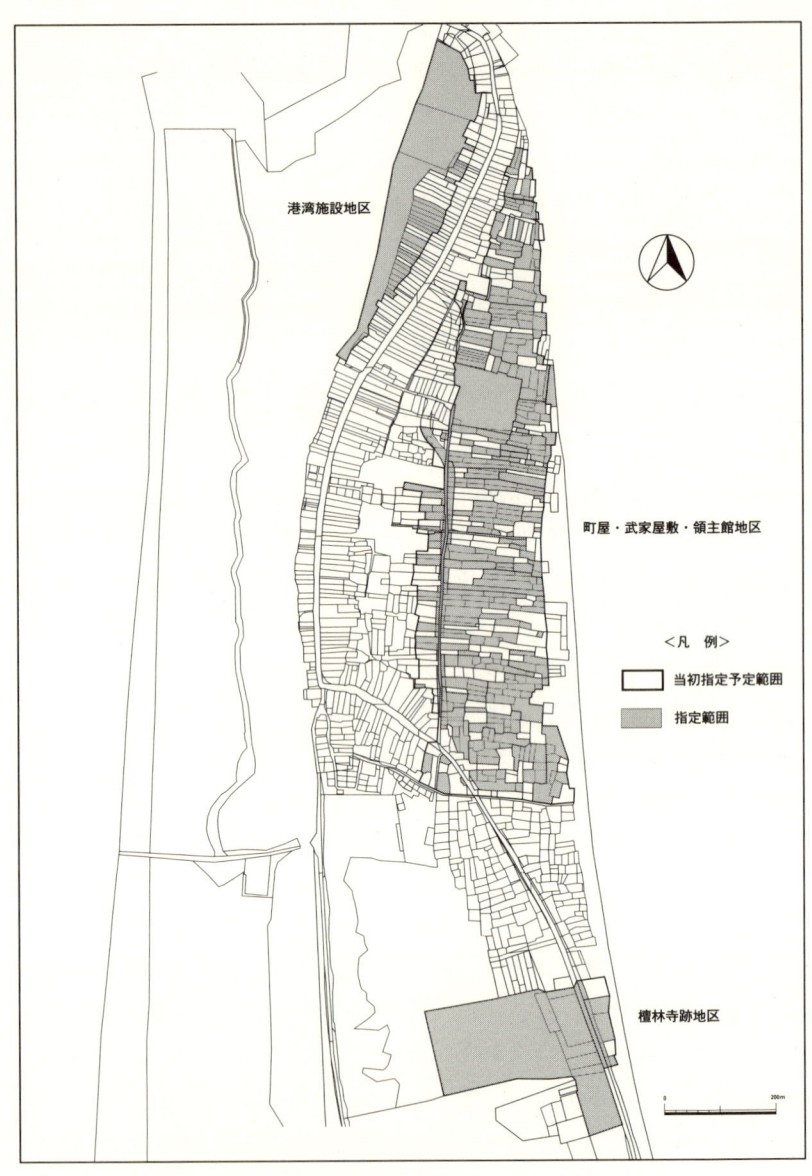

Ⅰ　国史跡指定記念十三湊フォーラム

図2　十三湊遺跡　史跡指定地の範囲と地権者同意済み箇所（平成17年7月現在）

国史跡・十三湊遺跡の調査成果について

写真4　十三湊遺跡全体写真

港湾施設地区

日本海

前潟

十三湖

町屋・武家屋敷・領主館地区

セバト沼

檀林寺跡地区

明神沼

浜明神遺跡

古水戸口跡

83

期の慶安元年（1648）に作成されたとされる十三絵図とほとんど変わることがなく、現在までに培われた景観を保っています。その集落の東側後背地には板塀や畦で細かく仕切られた畑地が広がっています。十三出身ではない私にとって、砂洲上に造られた無数に見える板塀や畦で細かく仕切られた畑地の景観は逆に新鮮さがあって心に残るものでした。これこそが長い年月をかけて生活の中で生み出された歴史的或いは文化的な景観なのだと思えるものです。こうした畑地からは、私が最初に調査に来た10年ほど前には青磁や白磁などの貿易陶磁器、或いは瀬戸焼や珠洲焼といった国内産の陶磁器のかけらが無数に散乱して、畑の耕作に伴って出土した陶磁器が畑の畦の上に山積みになっていたりして、どんなに豊かな港町だったのかと思いを巡らせることができましたが、残念ながらこうした光景も現在ではほとんど見られなくなってしまいました。しかし、砂洲下にはまだまだ無数の陶磁器のかけらが残っていますし、生活跡も発掘調査で明らかになる遺構として地面に深く刻まれ、かつての生活ぶりが遺跡として広く残されているのです。

　では、その地籍図をみましょう。十三地区全体で1,288筆の土地がありますが、わかりやすく言えば、現在の十三集落を外した部分が史跡指定を受けたようなものです。全体で454筆分が史跡指定を受けました。これまでの調査成果を加味して北西部の港湾施設地区、次に遺跡のほぼ東側半分に相当する町屋・武家屋敷・領地館地区、さらに遺跡の南端に位置する檀林寺跡地区という大きく三つの地区に分けて呼んでいます（写真4）。結果的にみれば、歴博が十三湊想定復元図で示した個別名称に大きく依拠したものとなっております。地区名称等については異論のある研究者の方もいますので、その内容については今後とも詳細な検討を踏まえて議論していきたいと考えています。

　次にそれぞれの地区で部分的に色が塗られていない空白箇所がありますが（図2）、これは未だ地権者の方に史跡指定の同意を頂くことができず、虫食い状態になっております。今後とも地権者の方々のご理解とご協力をいただけるよう務めながら、少しずつでも史跡指定範囲の空白部分を埋めていきたいと考えております。ちなみに十三湊は55万m²という広大な面積が周知の

遺跡として登録されていますが、東西の幅は約 500m、南北の長さは先端部の羽黒崎から檀林寺地区まで約 2km に及んでいます。そのうち史跡指定を受けた合計面積が 234,193.63 ㎡で、史跡の同意を頂いた地権者の方が実に 396 人にも及んでいます。

以下では三地区の概要を述べていきます。

港湾施設地区

ここでは 41 筆中 30 筆の同意を頂いています。

十三湊の港湾施設、船着場の実態が解明された地域です。湊町としての港湾機能や構造を考える上で、非常に重要な地域です（写真 5 ～ 8）。ここは入り江のような内湾した地形が特徴で、調査の結果、前潟に面した浜地形を呈していることが明らかとなりました。集落側から前潟に向かって緩やかな緩斜面となる砂浜上に礫を敷き詰めて足場を固めた荷揚げ場跡が確認されました（写真 6）。また、礫層が途切れる水辺付近からは土留めに利用されたとみられる丸太材が見つかっています（写真 7）。さらに、水辺だった場所から桟橋跡とも推される木杭列が見つかり、船をもやった縄（ロープ）が発見されました（写真 8）。このように一連の港湾施設の実態が明らかとなりました。また、広範囲に及ぶトレンチ調査の結果から、少なくとも南北 200m にも渡って礫層を伴う大規模な船着場が存在することが確かめられています。礫層を伴う港湾施設の構築年代は 15 世紀前半代とみられています。

これは全国的に見ても極めて注目すべきもので、中世の大規模な港湾施設・船着場の様子が明らかにされた最初の事例でもあります。調査後は埋め戻され、現状は保安林に囲まれた畑地となっていますが、船着場の様子をイメージできるような景観が現在も残されています。

町屋・武家屋敷・領地館地区

ここでは 561 筆中 408 筆の地権者の方から同意を頂いております。

この地区は十三湊において遺構の保存状態が最も良好な場所であり、中世の地割や景観を今に残す貴重な場所となっています。遺構としては十三湊の

Ⅰ　国史跡指定記念十三湊フォーラム

写真5　港湾施設地区の調査（121次調査）

写真6　港湾施設地区　礫敷遺構の検出（92次調査）

写真7　港湾施設地区　丸太材（土留め用）の検出（121次調査）

写真8　港湾施設地区　もやい杭の検出（121次調査）

写真9　領主館地区・旧十三小学校グランドの調査（86・87次調査）

ほぼ中央付近に東西方向に渡って大土塁と堀跡が残っており、遺跡を南北に分断した形になっています。この土塁北側を武家屋敷・領主館地区と呼称しています（写真9～11）。土塁北側地区は十三湊の最盛期に土地利用された場所で、家臣団の屋敷や支配者層の居住域が推定されているほか、さまざまな階層の人々が居住していたと考えられています。一方、土塁南側地区では柵塀で囲まれた屋敷跡が広範囲に渡って広がっていることが確認されているとともに、一部は中軸街路に沿って整然と配置されていることも確認されてお

Ⅰ　国史跡指定記念十三湊フォーラム

写真 10　領主館地区・旧十三小学校周辺の
　　　　調査（18・76 次調査）

写真 11　家臣団屋敷地区・十三神明宮周辺の
　　　　調査（15・16 次調査）

国史跡・十三湊遺跡の調査成果について

写真12　土塁南側（町屋・檀林寺）地区の景観

写真13　町屋地区・バイパス道周辺の調査
（17次調査）

り、町屋地区と呼称しております（写真12・13）。この地区はこれまでほとんど宅地化されることなく、中世の地割を多く残した畑地が広がっており、中世後期の湊町の実像を明らかにすることができる全国的に見ても貴重な歴史的景観が残っています。

檀林寺地区

　ここでは20筆中16筆の同意を頂いております。
　十三湊遺跡の南端、県道に面した場所一帯には檀林寺跡、俗に「隠居跡」と伝えられる中世寺院跡があります。先に触れましたが昭和51年に早稲田

I 国史跡指定記念十三湊フォーラム

写真14　檀林寺地区・方形区画溝の調査
（151次調査）

写真15　檀林寺地区・墳墓跡の調査（151次調査）

大学が発掘調査を行っています。また、平成12年度には県道の拡幅工事に伴って、青森県教育委員会が発掘調査を行っています〔青森県教委 2002〕。その結果、屋敷割りを示す溝・柵塀跡が見つかっています。また、遺物では茶臼や瀬戸花瓶・青磁盤などの奢侈品・宗教用具が多く見つかっており、寺院に伴う屋敷跡の存在を強く裏付けるものとなりました。

　平成14・15年には青森県・旧市浦村教育委員会によって、檀林寺跡の範囲確認調査が実施されています〔市浦村教委 2005〕（坂井先生の講演・図9を参照）。調査の結果、従来認識されていた土塁跡のほかに東西55m、南北65mの区画溝や墳墓などが新たに発見されており、檀林寺跡の全体像がほぼ明ら

かとなっています（写真14・15）。また、平成15年の中央大学の調査では、檀林寺跡に隣接して中世の墓域も確認されています。このように檀林寺跡の調査によって、十三湊南端の様相が明らかとなり、史跡指定の条件の一つであった史跡範囲が確定されることになりました。

　以上、三地区の概要を説明しましたが、中世港湾都市遺跡として、極めて広い範囲が史跡指定地となりました。このように同意を頂いた地権者の方々や多くの地域住民の方々からご理解とご協力を頂いたということの意味は極めて大きいものだと思います。本当に心から感謝申し上げます。十三湊が史跡指定を頂いたことで、五所川原市の文化財だったものが国民共有の文化的財産になったわけですけれども、今後、遺跡の保存や整備活用に取り組む立場として重責を感じないわけにはいきませんが、これからは地元の皆様方の意見に耳を傾けて保存と整備活用に取り組んで行きたいと考えています。

中世十三湊の地形と土地利用について

　それでは、いよいよ発掘調査の成果についてお話します。

　これまで十三湊全域に及ぶ調査が行われた結果、中世十三湊の景観には湊成立当初から前潟に面した地区の背後に南北砂丘列（浜堤状砂丘）が展開し、土地利用に際して大きく地形的な制約を受けていたことが分かりました。ここでは、先に触れた史跡指定の範囲とも関わってきますが、中世十三湊の景観を捉えるために十三湊の地形と土地利用について触れていきます。

　まずは、口絵をご覧ください。これはGISという地理情報システムを利用した十三湊遺跡の地形測量図写真です。中央大学の山口欧志さんが作成してくれました。十三湊は一見、平坦な砂洲の上に出来たのっぺりとした地形と思われがちですが、これを見ていただきますと、十三湊全体に広がる緑色の箇所は、標高2.5mほどの低地となっていますが、茶色〜焦げ茶色になった場所は標高4〜6mほどで、高い所では10m近くにも達しています。実はこの茶色〜焦げ茶色の砂丘上で中世の遺構・遺物が発見されたことから、中世の段階で既に砂丘の高まりがあったことが判明したのです（73次調査）（写真

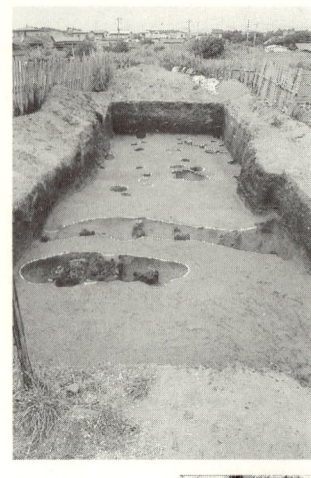

I 国史跡指定記念十三湊フォーラム

写真17 73次調査 溝跡出土の中世遺物

写真16 73次調査 砂丘上の中世遺構

写真18 十三湊大土塁の調査（3次調査）

16・17）。さらに中世十三湊が廃絶したのち、近世十三湊が始まる生活面との間にも飛砂の堆積層が確認されました。この南北砂丘列の存在が十三湊の都市景観を形作る上で大きな制約となっていたと考えられます。

　次に十三湊の景観を規定する上で重要な遺構としては、十三湊のほぼ中央付近に東西方向に渡って残存する大土塁と堀跡です。近世の十三絵図には「古土居」と記されているものですが、歴博による第3次調査によって、14世紀後半代に構築されたものであることが明らかになりました（写真18）。結果的に遺跡を大きく南北に分断する形で残されています。

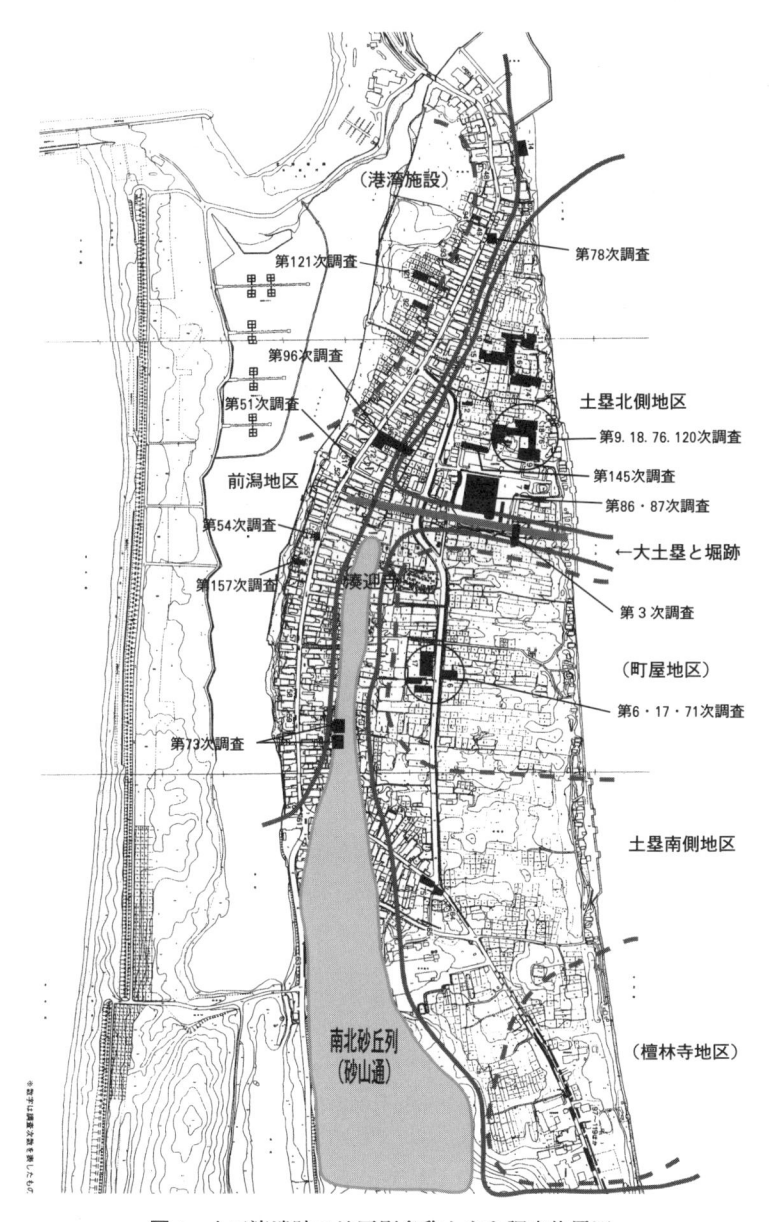

国史跡・十三湊遺跡の調査成果について

図3 十三湊遺跡の地区別名称と主な調査位置図

以上の点を踏まえて考えると、中世十三湊の景観が大きく三地区にわけて考える必要があるのではないかと思っています（図3）。

「前潟地区」＝港湾施設地区で、日本海へ通じる水路に面し、港湾業務に従事する商業地域とみなされる。

「土塁北側地区」＝武家屋敷・領主館地区を含む十三湊の中心地域。

「土塁南側地区」＝町屋地区・檀林寺跡地区を含む十三湊南半の空間。

考古学からみた中世十三湊の年代観

これまで何度となく十三湊の年代観が示されてきました。しかし、遺構の変遷や画期の問題を含め、細かな年代観の問題においてこれまで十分に整理されていませんでした。研究者・調査担当者の認識の違いもありますが、調査の進展に伴って、序々に年代観の修正が行われてきたと言えます。ここでは次節での十三湊の画期を踏まえた上で、現在、私がどのように十三湊の年代観を捉えているかお話したいと思います。

結論から言いますと、中世十三湊は鎌倉時代初め～南北朝・室町時代、13世紀初め～15世紀中葉（1450年代には廃絶）の約250年間にわたって繁栄した湊町だったと考えています。戦国時代をむかえる前に十三湊は完全に廃絶したとみています。どうして考古学によって細かな年代観までわかるかと言いますと、十三湊の発掘調査ではたくさんの陶磁器が出土します。陶磁器といっても俗に言う茶碗のカケラですが、陶磁器には製作された場所（生産地）や製作された年代、生産地から十三湊まで運ばれてくる流通の過程、さらには十三湊でそれがどのような場所で使用され、どういった形で廃棄されたかといったさまざまな情報を私たちに教えてくれる貴重な資料となっています。具体的に言いますと、十三湊において考古学的な年代決定の重要な指標となっているのは、愛知県産の瀬戸焼と石川県能登半島産の珠洲焼です。先ほど坂井秀弥先生が示された中世の四大流通圏（坂井先生の講演・図2を参照）にもありましたように、本州の中央付近で生産された瀬戸焼が四大流通圏の一つである北東日本海域を通じて十三湊に大量に運ばれてきています。

瀬戸焼は中世において国内唯一の施釉陶器の産地であり、中国陶磁を真似た製品を多く作り出しています。十三湊が最盛期を迎える14世紀後半〜15世紀前葉は、瀬戸焼の生産地において碗や皿、盤類など日常雑器を中心にしかも大量に製作する時期です（古瀬戸後期様式の段階にあたる）。この時期の瀬戸製品が十三湊で大量に出土するだけでなく、瀬戸窯で生産される施釉陶器のほとんどの器種が十三湊で認められます。その中で、碗・皿・盤類は食卓に並ぶ食膳具、或いは供膳具と呼ばれるもので、使用頻度が高く、壊れやすい特性を持っているため、比較的短期間での使用期間が想定され、十三湊の年代を押さえる基準資料になっています。一方の珠洲焼は石川県能登半島の先端にある中世の須恵器生産地です。十三湊から千kmほど離れた距離にあります。そこでは中世の焼き物の基本三種と呼ばれる壺・甕・擂鉢といった貯蔵具および調理具を主に生産し、やはり十三湊まで大量に運ばれてきます。そのなかでも擂鉢は使用頻度が高くて壊れやすいため、これも年代決定の指標にしています。というわけで、瀬戸焼の碗・皿・盤類と珠洲焼の擂鉢を中心に年代決定を行いますが、その際に青磁や白磁といった貿易陶磁やその他の国内産陶磁器がどういった組み合わせで使用されていたのかも年代決定の参考になりますし、また生活様式を知る手がかりを与えてくれます。

　これらを踏まえた上で作成したのが図4の十三湊の地区・時期別の消長概念図です。先ほど触れたように前潟地区、土塁北側地区、土塁南側地区に分けて、細かい年代観が示されている藤澤良祐氏の古瀬戸編年〔藤澤1996〕を基に消長概念図を作成してみました。古瀬戸編年では前期・中期・後期様式に分けられ、さらにそれぞれが四段階に細分されて型式変化を遂げております。図中に示した古瀬戸編年は暦年代を10等分した枠組みの中に機械的に押し込めた部分もあって、不都合なところがあるかもしれません。捉え方に問題があるとすればすべて私の方に責任があります。そして、特記事項に十三湊関連の文献史料を中心に掲載しております。そこで古瀬戸編年の年代観を基に地区ごとの消長を概観してみましょう。

　前潟地区の中央部（54次調査）では古瀬戸前期前半（前I・II期）の資料、十三湊のなかで瀬戸焼の最も古い時期の資料がまとまって出土しています。

I 国史跡指定記念十三湊フォーラム

図4 十三湊遺跡 地区・時期別の消長概念図

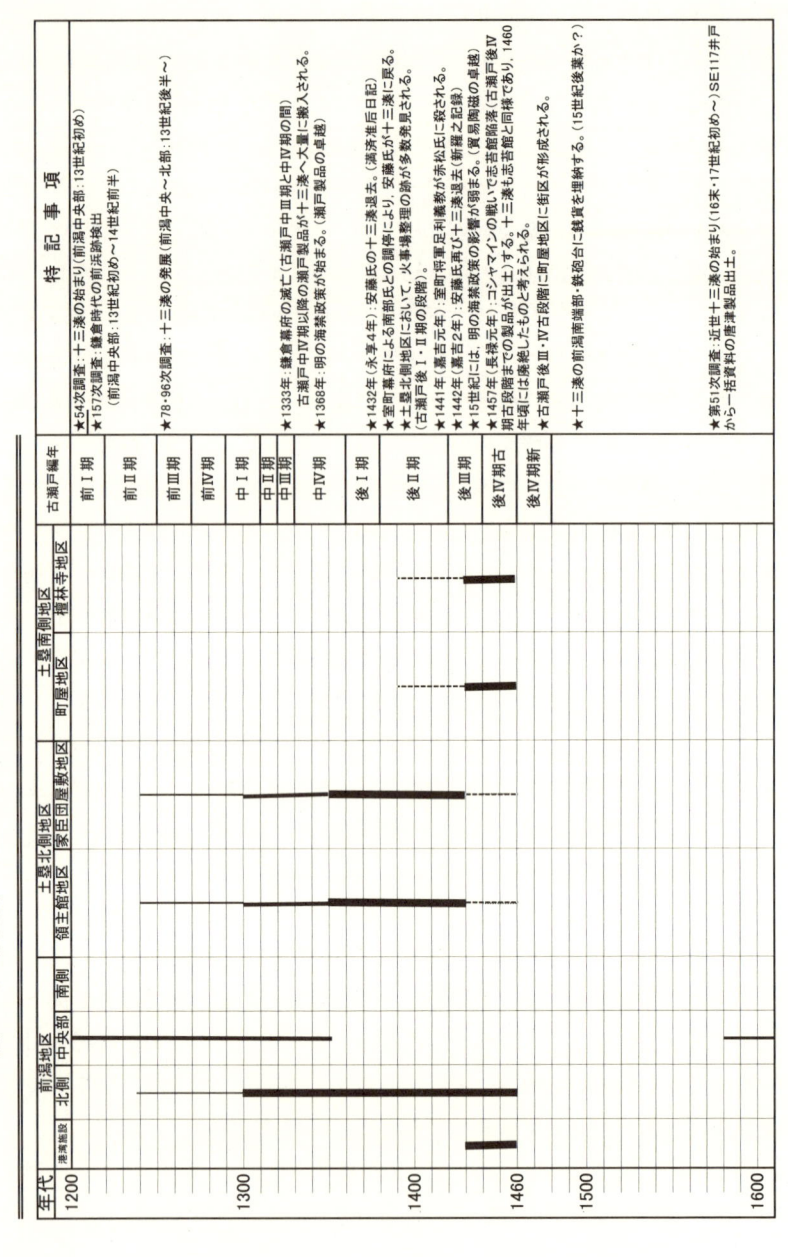

年代	前潟地区 北側/中央部/南側	領主居館地区 領主館地区/家臣団屋敷地区	土塁北側地区	土塁南側地区 町屋地区/檀林寺地区	古瀬戸編年	特 記 事 項
1200					前I期	★54次調査：十三湊の始まり（前潟中央部：13世紀初め） ★157次調査：鎌倉時代の前浜跡検出（前潟中央部：13世紀初め〜14世紀前半）
					前II期	
1300					前III期	★78・96次調査：十三湊の発展（前潟中央〜北部：13世紀後半〜）
					前IV期	
					中I期	★1333年：鎌倉幕府の滅亡（古瀬戸前III期と中IV期の間）
					中II期	
					中III期	古瀬戸中IV期以降の瀬戸製品が十三湊へ大量に搬入される。
					中IV期	★1368年：明の海禁政策が始まる。（瀬戸製品の卓越）
1400					後I期	★1432年（永享4年）：安藤氏との調停により、安藤氏が十三湊に戻る。（満済准后日記）
					後II期	室町幕府による南部氏の調停において、火事場整理の跡が多数発見される。 土塁北側地区において、火事場整理の跡が多数発見される。（古瀬戸後I・II期の段階）
						★1441年（嘉吉元年）：室町将軍足利義教が赤松氏に殺される。
					後III期	★1442年（嘉吉2年）：安藤氏再び十三湊退去。（新羅之記録）
1460						★15世紀には、明の海禁政策の影響が弱まる。（貿易陶磁の卓越）
					後IV期古	★1457年（長禄元年）：コシャマインの戦いで志苔館陥落。十三湊と志苔館とは同様であり、1460年頃には途絶したものと考えられる。 ★古瀬戸後III・IV古段階に町屋地区に街区が形成される。
1500					後IV期新	
						★十三湊の前潟南端部に近世十三湊の始まり（16末・17世紀初め〜）SE117井戸から一括資料の唐津製品出土。
1600						★第51次調査：近世十三湊の始まり（15世紀後葉か？）

96

壺瓶類が中心ですが、この時期のまとまった資料は今のところ54次調査しか認められません。また、珠洲編年〔吉岡 1994〕でⅡ期初頭（13世紀前半代）のまとまった珠洲擂鉢も共伴しており、これらは伝世資料ではなく、同時代資料とみなしてよさそうです〔市浦村教委 2001〕。このように陶磁器の年代観から前潟地区中央部において13世紀前半代に集落が発生したものと判断しました。

次に十三湊が最も繁栄を極めるのが土塁北側地区になります。時期は古瀬戸中期後半（中Ⅲ・Ⅳ期）に始まり、後期前半（後Ⅰ・Ⅱ期）にピークをむかえます。この時期に大量の瀬戸焼が十三湊へ入り、しかも土塁北側地区で集中して出土しています。列島規模の動向をみてみますと、1333年に中世都市鎌倉の崩壊、鎌倉幕府が滅亡する大事件が起こっています。政治の中心地であった鎌倉には古瀬戸前期から中期前半までの瀬戸製品が大量に供給されていましたが、鎌倉幕府の滅亡によって瀬戸製品の需要が極端に少なくなってしまいます〔藤澤 1995・2002〕。これ以降、瀬戸窯は鎌倉という大口の供給先を失ってしまいますが、その替わりなのでしょうか、今度は十三湊に大量の瀬戸製品が入ってくるという現象が起こっています。十三湊では鎌倉幕府の滅亡以降に大量の瀬戸製品が入ってきて、消費都市として発展していることがわかってきました。

しかし、古瀬戸後Ⅲ期以降になりますと土塁北側地区では瀬戸製品が激減し、逆に土塁南側地区で瀬戸製品が増えていくことがわかりました。これによって土塁南側地区へ居住域の中心が移行していったことが確かめられました。なお、十三湊全体で出土する瀬戸製品は古瀬戸の後Ⅳ期古段階までであることが明らかになっています。それ以降の瀬戸製品は全く出土していません。ここに十三湊の大きな画期と終末があることがおわかりいただけるかと思います。しかし、どうしてこのような変化が起こったのか、十三湊が崩壊してしまったのかは後に詳しく述べたいと思います。

その他、ここで触れて置きたいことは、歴博の調査段階では十三湊の始まりを12世紀後半代に求めていたことです。しかし、12世紀後半代の根拠となっていた中世前期のカワラケ（中世土師器皿）も現在では13～14世紀代に

Ⅰ　国史跡指定記念十三湊フォーラム

写真19　山王坊遺跡出土の古瀬戸草創期の四耳壺（火葬蔵骨器）

下方修正されています〔榊原 2003〕。また、山王坊遺跡から出土した古瀬戸草創期（12世紀後半代）に生産年代をもつ瀬戸四耳壺は蔵骨器として特殊な用途であり、伝世品の可能性が高いものとなっています（写真19）。さらに12世紀代の遺跡で通有にみられる白磁の玉縁状口縁碗も十三湊では極くわずかに出土していますが、15世紀代の遺構に伴っている事例がありました。このように12世紀後半代に十三湊の成立を求める見解はますます低い状況と言えます。12世紀後半代は北奥においても奥州藤原氏の政治的影響が強い段階であることは言うまでもありませんが、奥州藤原氏が十三湊を北方交易の拠点湊としたとする従来の見解には現時点で同調することはできません。なお、近年では陸奥湾西岸の「外ヶ浜」を奥州藤原氏と密接な関係がある地域と位置付けている研究者の方が多くなっています〔八重樫 2002・斉藤 2002〕。奥州藤原氏は幹線道路であった奥大道の終着点である外ヶ浜に北方交易の玄関湊を置いた可能性が高いのです。

十三湊の画期

　次に、もう少し具体的な調査事例に即して、十三湊の画期やそこから窺える歴史的背景について述べてみたいと思います。先ほど少し触れましたように、中世十三湊が機能した約250年間のなかで、出土遺物の年代観や遺構の変遷からみて、十三湊の都市構造や景観が大きく変化する二つの画期を想定し、Ⅰ～Ⅲ期に分けて捉えてみました。次にそれをご紹介します。

Ⅰ期：十三湊の発生と展開期（13世紀初め〜14世紀前半）

①「前潟地区」中央部における集落の発生（13世紀初め〜14世紀前半）

　十三湊の広範囲におよぶ発掘調査の結果によって、中世十三湊が前潟中央付近、現在の土佐山湊迎寺(そうごうじ)の門前に当たる場所で始まったことがわかりました。調査例としては54次と157次調査の二例があります。きっかけは54次調査で行った下水道管敷設に伴う確認調査でした。県道下に下水管を敷設するため、幅1m×長さ6mの狭いトレンチ調査を行いました。下水道管は地中深く埋設されるため、矢板を用いた重機掘削による大掛かりな調査となっています。その結果、地表面から約2.3m下がったところで、鎌倉時代に相当する遺構・遺物が発見されました（写真20）〔市浦村教委 2001〕。まさかこんな地中深くから生活面が見つかるとは思いも寄りませんでしたし、これまで十三湊では全くみることができなかった13世紀前半代に相当する珠洲焼の擂鉢（吉岡編年〔吉岡 1994〕の珠洲Ⅱ期初頭）と古瀬戸前期前半の瀬戸製品がまとまって出土し、年代決定の指標とすることができました（写真21）。これは当初予想もしなかったことで、十三湊の成立を考える上で非常に画期的な成果となりました。前潟の中央部、十三湊の扇の要に当たる場所で初期の湊町が生まれたということがわかってきたのです。この調査でさらに驚かされたことは、上層で確認された近世面と下層で確認された中世面の間に約1.2〜1.4mにも及ぶ黄褐色の飛砂堆積層が確認されたことです（写真22）。つまり、中世十三湊が廃絶してから、近世十三湊が始まる16世紀末までの間に大きな自然環境の変化によって前潟中央付近に飛砂が堆積したことが層位的に明らかになったのです。このように十三湊では中世から近世にかけて大きな断絶があったことが考古学的にも確実となりました。

　こうした成果を受け、中央大学が隣接地において157次調査を実施しました〔中央大学文学部 2005〕。調査は矢板を用いた大がかりなものとなりましたが、調査の結果、鎌倉時代の前浜跡を広く確認することができました（写真23）。前浜の砂利層や黒色土層中からは13世紀初め〜14世紀前半、まさに鎌倉時代のまとまった陶磁器が出土しています。鎌倉期の前浜跡は前潟へむかって緩斜面の砂利層があるだけでした。特に「港湾施設地区」で確認され

I 国史跡指定記念十三湊フォーラム

写真20 前潟地区中央 中世遺構面の検出（54次調査）

写真21 鎌倉時代の陶磁器（54次調査）

写真22 前潟地区中央 飛砂層の堆積状況（54次調査）

写真23 157次調査 鎌倉時代の前浜跡と飛砂層の断面

写真24 157次調査 前浜跡の中世遺構

たような人工的に敷き詰めた礫層による護岸施設等は見当たりませんでした。遺構としては集落側（東側）に接する場所から柱穴や溝跡、土壙墓1基が確認されただけでしたが、鎌倉期の集落の主体はより東側に存在するものと推測されました（写真24）。

その他、特筆すべきことは、この場所からは十三湊最盛期（14世紀後半～15世紀前葉）の遺物が全く出土しませんでした。最盛期には土地利用されていないことが判明し、港湾施設の中心部が前潟の北側に移行していったものと推測されました。逆に前潟の中心部、十三湊の扇の要にあたるような場所が最盛期になぜ利用されなくなったのかが大きな疑問として浮かび挙がってきました。なお、この調査でも中世の生活面上に1.2mほどの分厚い飛砂層が堆積していることがわかりました。

このように鎌倉時代初期（13世紀初め）にはすでに前潟中央部で十三湊が成立していることが考古学的にも明らかになりましたが、このことが意味するものはアイヌ（蝦夷地）－安藤氏（十三湊）－京都を結ぶ環日本海交易ルートの存在がこの時期にはすでに成立していたものとみなすことができます。本州北端に位置する十三湊は「西浜」と呼ばれ、陸奥湾西岸一帯の「外ヶ浜」と同様、国家の東限とされた境界の地にあたり、津軽海峡を介してアイヌ社会と接触・交流・交易活動を行っていたのです。また、この時期にはすでに和人が津軽海峡を渡って進出していった状況が北海道余市町大川遺跡の発掘成果からも明らかになっており、十三湊を根拠地に蝦夷島（北海道）へ新たな交易拠点を求めて和人が進出していった様子が明らかとなってきました。

一方、14世紀中頃の画期、十三湊の初期港湾施設が移動した理由については安藤氏の政治的動向が影響していたのではないかと考えられます。いわゆる「津軽の大乱」と呼ばれる安藤氏一族の争いです。これは鎌倉時代末に起こった元応二年～元亨二年（1320～1322）の蝦夷蜂起の影響によって、安藤氏一族の内紛が起こり、惣領の地位と蝦夷沙汰代官職を巡って、従兄弟同士であった惣領家の又太郎季長と庶子家の五郎三郎季久（のちに「宗季」と改名）が、それぞれ西浜折曽関（深浦町関、津軽西海岸）と外浜内末部（青森

市内真部、陸奥湾西岸)に城郭を構えて争う事件が起きています。こうした安藤氏一族を二分する事件に驚いた鎌倉幕府は、又太郎季長の蝦夷沙汰代官職を解任、新たに五郎三郎季久(宗季)を任命し、季久(宗季)側に味方して関東から2度にわたって津軽に大軍を送り込んだものの決着が付かず、嘉暦三年(1328)にようやく季長派と和睦を結び、騒乱を収束させたとされるものです〔斎藤 2002〕。この津軽大乱前後の動向によって明らかとなった安藤氏一族の所領をみてみると、季長派の所領は折曽関を中心とした西浜一帯(津軽西海岸)とみられています。一方の季久(宗季)派の所領は城郭を構えて戦った外ヶ浜一帯(陸奥湾西岸)のほか、季久(宗季)が残した二つの譲状にみられるように、津軽大乱の最中に記した正中二年(1325)の譲状(「新渡戸文書」所収)には、津軽鼻和郡の一部(絹家島・尻引郷・片野辺郷=津軽平野内陸部)や糠部宇曾利郷(下北半島)のほか、中浜御牧・湊(所在地不明)を領有していたことが明らかとなっています。そして、津軽大乱を治めた直後に記した元徳二年(1330)の譲状(「新渡戸文書」所収)には、季久(宗季)が新たに拝領した津軽西浜(関・阿曾米は除く)を子息高季に譲っており、季久(宗季)は津軽大乱後に津軽西浜の拠点である十三湊を領有したのではないかとみられています〔石井 2002〕。津軽大乱直前の季久(宗季)の所領は、津軽地域の主要な幹線道路であった奥大道〜外浜ルート上にあり、このルートは古代末から中世前期にかけて交通・交流・交易の主要なルートでした。

一方、鎌倉時代以降、日本海交易の飛躍的な発展によって、津軽西浜が日本海交易における重要な地位を占めるようになっていったと考えられます。そのため、津軽西浜を領有していた又太郎季長は経済的にも優位に立ち、安藤氏一族の中でも地位が向上していったのではないでしょうか。津軽大乱の直前に蝦夷沙汰代官職を担っていた人物が又太郎季長であったことも理解できるのです。津軽大乱は単に惣領の地位や蝦夷沙汰代官職を巡る安藤氏一族の争いというよりも、実質的には津軽西浜の拠点である十三湊の領有権争い、日本海交易の利権争いとみた方が良いのではないでしょうか。日本海交易による発展によって、奥大道〜外浜ルートよりも相対的に日本海ルートの方に交通・交易上の比重が高くなっていったのです。季久(宗季)はどうし

ても津軽西浜の拠点・十三湊を領有し、日本海交易の利権を手に入れたかったのでしょう。結果的に津軽大乱に勝利した季久（宗季）が鎌倉末期以降、安藤氏の嫡流となり十三湊に入部し、次節で述べるように十三湊において新たに大土塁と堀の建設を行い、「土塁北側地区」の都市整備を行うなかで初期港湾施設の機能もそのなかに集約されていったものと考えられるのです。

② 「前潟地区」北側における集落の展開（14 世紀代）

さて、話を元に戻して調査事例を紹介します。「前潟地区」は江戸時代以来の十三街道に沿った両側町があり、軒先を並べる密集した状態で

写真 25　前潟地区北側　96 次調査全景

なかなか調査する機会に恵まれませんでしたが、これまでに 78 次と 96 次調査が行われています。ここでは 96 次調査の事例を紹介します。96 次調査では面積約 450 ㎡のなかに中世の井戸跡が 15 基も検出されました（写真 25）。人々が活発に入れ替わり居住した空間であったことが想定され、まさに都市的なあり方を示すものとみられます。年代は 14 世紀代が中心であり、この時期に「前潟地区」、特にその北側一帯に集落が展開する様子が明らかとなってきました。前潟一帯はかつての船着場であり、海運や水運など港湾関係の業務に携わる人々が活動する要衝として、古くから湊町が栄えていたのでした。

③ 「土塁北側地区」における鎌倉期の方形居館の成立（14 世紀前半）

一方、前潟の奥まった場所、現在の旧十三小学校グランド内において 86・87 次調査が実施されています（写真 9）。これは約 3080 ㎡に及ぶかつて

Ⅰ　国史跡指定記念十三湊フォーラム

区画溝・方形居館（SD03）

86・87次調査
方形の区画溝・方形居館（14世紀前半代）

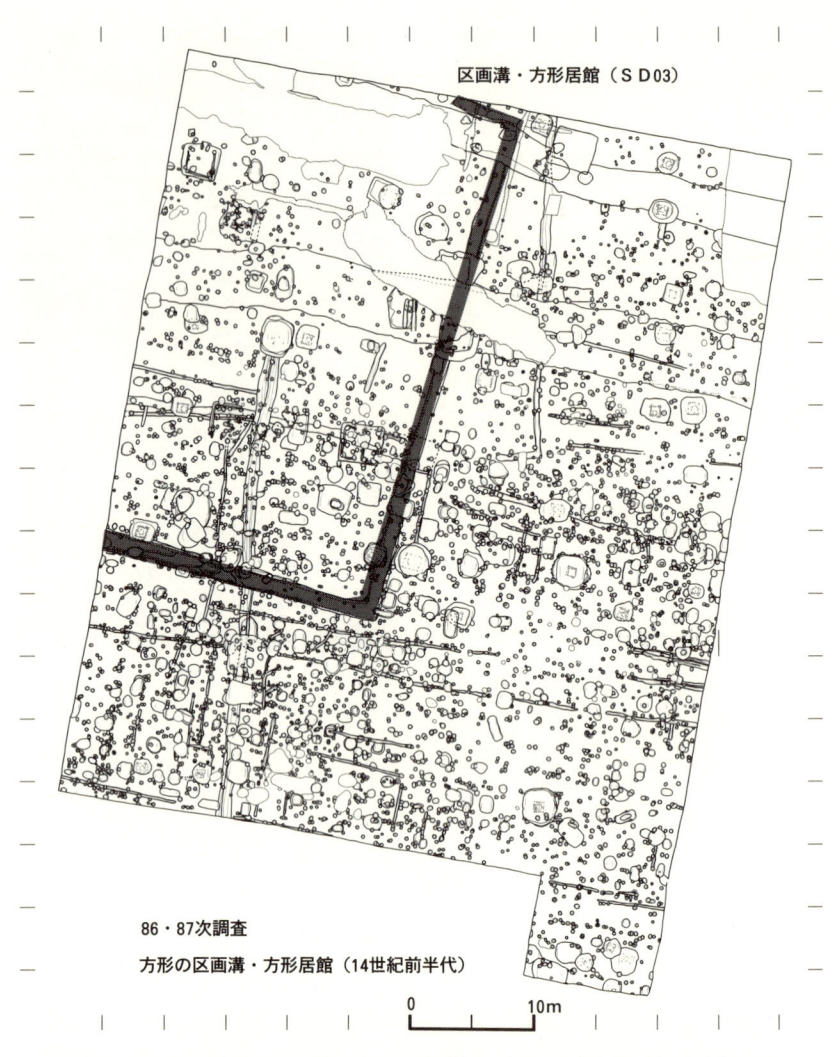

0　　　　10m

図5　86・87次調査　十三湊の発生と展開期、方形の区画溝・方形居館の図

ない広い範囲を青森県・旧市浦村・富山大学で調査を行っています。調査の結果、14世紀前半代とみられる「コの字」形の区画溝（SD03）が検出されています（図5）。その規模は溝の幅1m・深さ50cm、南北の一辺が約40mを測るものです。本来は矩形に溝が巡る方形居館跡と考えております。しかし、西側半分は調査区外となっており、その様相は明らかではありませんが、この時期に十三湊で方形居館が出現する意味は非常に重要な問題だと考えています。鎌倉後期にはすでに十三湊を支配した領主権力、つまり安藤氏の存在を抜きにしては考えられません。14世紀前半頃は前潟中央から北側を中心に湊町が展開し、後背地に領主権力の象徴である方形居館が成立していたものと考えられます。しかし、先ほど触れましたように、時期的には「津軽の大乱」以前の状況であり、季長派の安藤氏が津軽西浜（十三湊を含む）を支配していた段階ですので、これは季長派安藤氏の居館跡だったのではないかと考えています。

Ⅱ期：十三湊の最盛期（14世紀中頃～15世紀前葉）
①大土塁と堀の建設（14世紀中頃）

この時期に十三湊の砂洲中央付近に、東西方向に渡って大土塁と堀が築かれることが歴博の3次調査によって明らかになっています（写真18）。これは「津軽大乱」以降に構築されたものです。その大土塁は前期と後期に分かれ、後期の方がより拡張され構築されていることがわかっています。前期土塁は基底部幅10m・高さ1.6mで砂とシルト土を交互に重ねた版築状に丁寧に積み上げられていました。なお、余談ですが、十三湊の大土塁は鈴木和子氏の報告にありますように福島城跡外郭東門に隣接した土塁と全く同じ積み方をしていたので大変驚きました。また、それぞれの土塁が年代的にもほぼ同時期に築造された可能性が高いことがわかってきました。一方、十三湊の後期土塁は基底部幅13m、高さ1.9mです。後期土塁はより拡張されていますが、砂を積み上げただけの簡易な造りに変化していました。なお、隣接する堀跡は畑一筆分の幅10mほどと考えられています。従来、この十三湊の大土塁は最盛期に南北の両地区（領主館・家臣団屋敷地区と町屋地区）に分ける役目

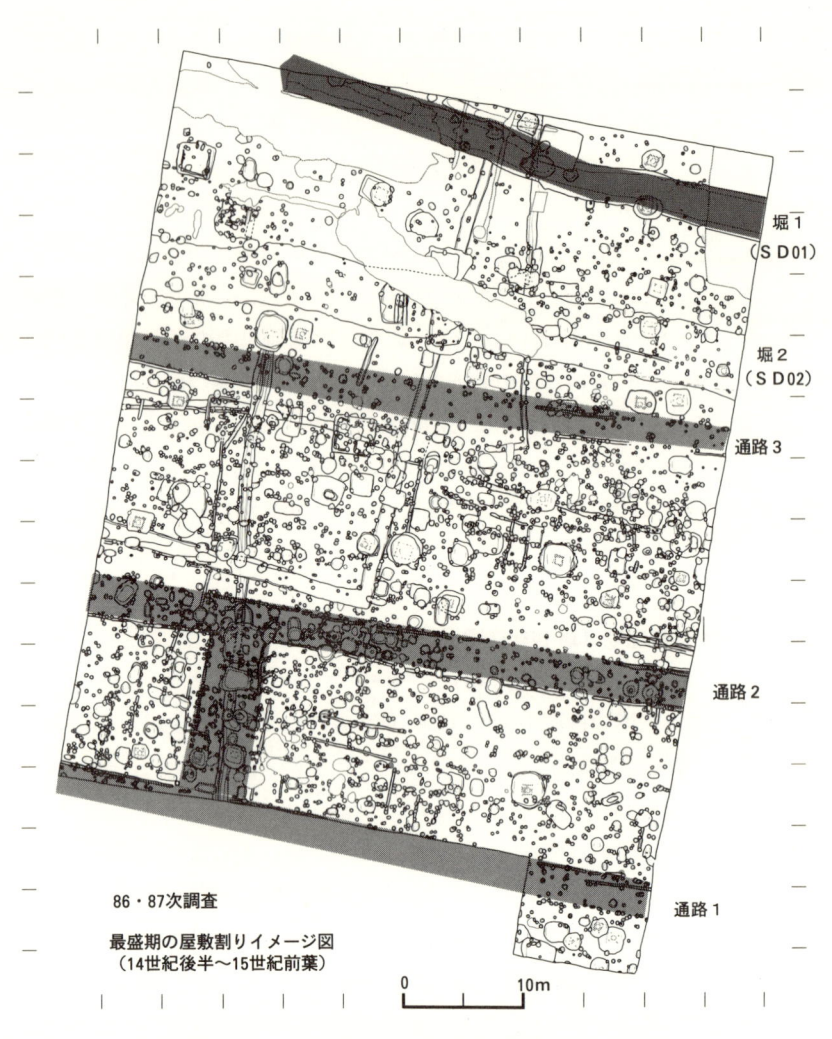

Ⅰ 国史跡指定記念十三湊フォーラム

図6 86・87次調査 最盛期の屋敷割りイメージ図

を果たすものだと理解されてきましたが〔歴博1995〕、現在では十三湊最盛期における南限の境界線であったことが判明しています〔榊原2004〕。

②「土塁北側地区」の都市化、最盛期には方形居館はなかったのか？（14世紀中頃～15世紀前葉）

　ここでも86・87次調査をみてみましょう。この時期、先に触れたⅠ期の方形居館が埋め立てられ、新たに大土塁と堀を基準線とした大規模な屋敷割りが実施されたことが判明しています。本格的に都市整備が実施される段階で、都市計画的な遺構配置がみられる最も繁栄した時期とみています。大土塁と堀に平行するように東西に伸びる堀跡（SD01）や幅3m弱の柵囲い道路3条が検出されています（図6）。柵囲い道路に挟まれた空間は連続した屋敷割りが認められ、掘立柱建物に井戸を配置する居住空間として活発に利用されていたことが判明しています。恐らく現存する大土塁と堀跡は、発見された屋敷割りと一体的な関係にあり、領主権力が計画的に配置したものと推定することができます。まさに「津軽大乱」以降の十三湊に入部した季久（宗季）側による十三湊の都市建設とみることができるのではないでしょうか。

　一方で、歴博の調査以来、「土塁北側地区」の旧十三小学校周辺に十三湊の領主、安藤氏の館跡である方形居館跡を想定してきましたが、いわゆる溝や堀、或いは土塁によって矩形に巡らす典型的な方形居館跡は未だ見つかっていません。先に触れた幅5mのSD01は居館の南面に相当する遺構とみていますが、周辺の調査では同規模の堀が矩形に巡っている事実は確認されていません。従って、柵塀で区画された領主屋敷と表現した方が良いのかもしれません。一方で、旧十三小学校周辺は他の地区に比べて、付加価値の高い奢侈品の陶磁器が多く出土しています（写真26）。また、東北北部ではきわめて珍しいカワラケ（中世土師器皿）が集中して出土する地域で、井戸跡（18・76次調査SE02）から大量の白木の箸とともにまとまった量のカワラケが出土したこともあります（写真27）〔市浦村教委2000〕。カワラケは手づくね成形のもので、京都系カワラケと呼ばれています。京都の製作技術をまねて作られたもので、日本海を通じて運ばれてきたものとみられています。年代的には15世紀前葉に比定していますが、青森県内では今のところ十三湊だ

I 国史跡指定記念十三湊フォーラム

写真26 領主館地区・旧十三小学校周辺の中世陶磁器（18・76次調査）

写真27 領主館地区・旧十三小学校周辺出土のカワラケ（18・76次調査）

けしか確認されていません。これは日常的な飲酒に用いられた酒器ではなく、京都のカワラケ文化を真似た宴会儀礼を行っていたものとみられます。ハレの場の宴会儀礼を通じて権威を誇示するために用いられたのでしょう。こうした遺物の面からも、この地域が十三湊の政治的中心部だったことが読み取れます。

　なお、最盛期とした年代の根拠は、先ほども触れたように大量に出土する瀬戸製品を指標としています。「土塁北側地区」では藤澤編年の古瀬戸中期後半（中IV期）～後期前半（後I・II期）までの遺物が多く、最盛期は14世

紀中頃〜15世紀前様とみています。また、この年代観は次節でも大きく関わってきますので、後に詳しく紹介します。

Ⅲ期：十三湊の再編期から廃絶まで（15世紀中葉）
①「土塁北側地区」の衰退
　この時期、「土塁北側地区」の最新時期の遺構には焼失竪穴遺構など大規模な火災を受けた痕跡が認められるようになります。また、最盛期（Ⅱ期）の都市計画的な屋敷割りを破壊するような遺構群（集石土坑・竪穴遺構など）が多く認められています。86・87次調査でも火事場整理のためと思われる集石土坑や都市計画的な屋敷割りを破壊するように竪穴遺構が散在する状況に変化していることがわかってきました。さらに調査区の南西部には土壙墓と思われる楕円形プランの遺構群がまとまって検出されています（図7）。このようにかつて屋敷跡だったところに墓域が形成されるなど前段階と比べて大きく景観が変化し、衰退していったことが明らかとなりました。こうした状況は「土塁北側地区」の広い範囲で確認されています。例えば、120・145次調査では火事場整理による集石土坑から陶磁器の一括資料（120次調査SK06・145次調査SK08・22・36・47・SE09）が多数得られています（写真28・29）〔市浦村教委2003・2005〕。そのほとんどは15世紀前葉（古瀬戸後Ⅰ・Ⅱ期が中心）を下限とする一括資料と判断されるものです。こうした「土塁北側地区」における火事場整理の集石土坑の一括資料の検討から、文献史料で自明となっている永享4（1432）年の南部氏との抗争による安藤氏の蝦夷島への退去の事件後（『満済准后日記』所収）、室町幕府の調停によって一端、十三湊へ帰還することができた安藤氏や都市住民による復興の様子を示唆しているものと考えられるようになりました。

②「土塁南側地区」へ移動、檀林寺地区を中心とした再編
　しかし、「土塁北側地区」が衰退していく一方で、「土塁南側地区」に居住域の中心が移行・都市の再編が行われていったことが明らかになってきました。この時期、「土塁南側地区」では、道路に沿った街区の形成（図8）や十三湊の南端に中世寺院の檀林寺跡（坂井先生の講演・図9を参照）が形成され

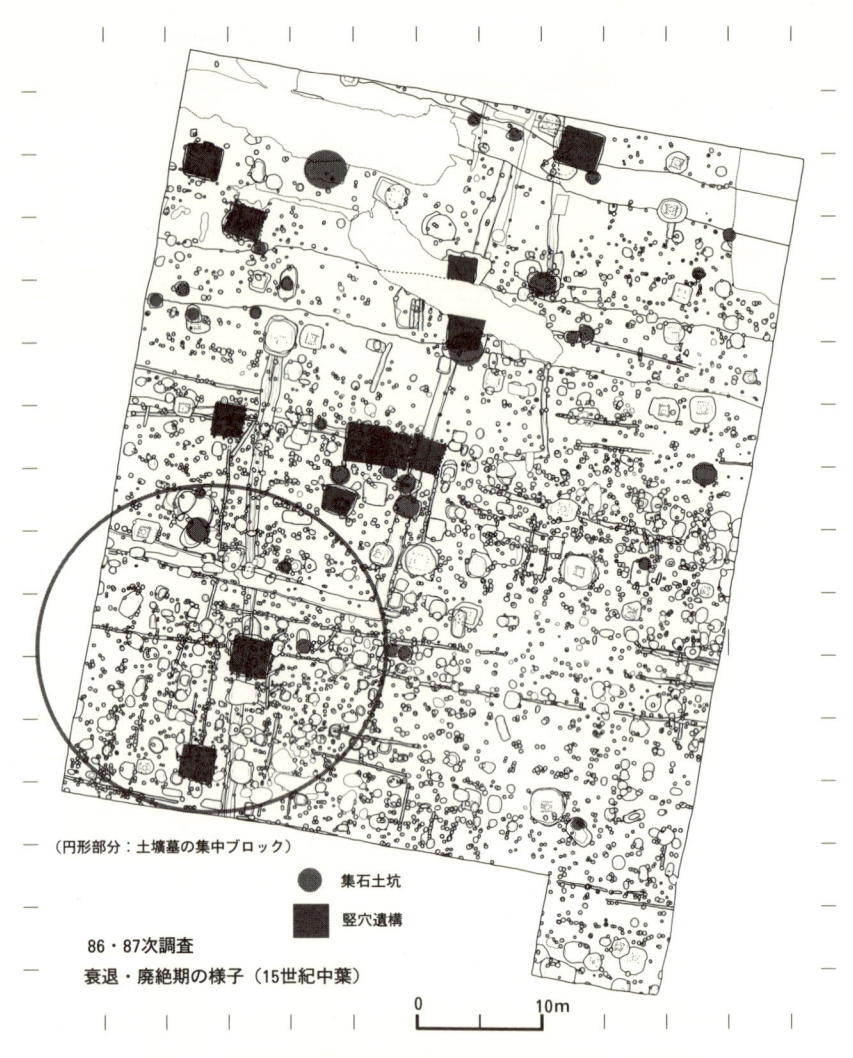

Ⅰ　国史跡指定記念十三湊フォーラム

図7　86・87次調査　再編期から廃絶までのイメージ図

国史跡・十三湊遺跡の調査成果について

写真28　火事場整理の集石土坑（120次調査SK06）

写真29　土坑に一括廃棄された陶磁器類
（120次調査SK06）

るようになります。この時期に檀林寺地区を中心に町屋地区を含めて十三湊が再編されたと考えています。どうしてこのように前潟からみて奥まった場所に十三湊の中心域が移動するのか、実のところよくわかっていません。しかし、一つの仮説を提示することはできます。例えば、石川県犀川河口に位置する普正寺遺跡は十三湊と同じく14〜15世紀中頃までの港湾遺跡ですが、飛砂による被覆で遺跡が廃絶したと考えられており、嘉吉元年（1441）の「砂山成」の記録に比定されています〔石川県埋文センター　1984〕。

　また、秋田県の後城遺跡も最盛期が十三湊と重なり、また十三湊安藤氏の分家である湊安東氏が拠点に置いた土崎湊の隣接地にあたります。この遺

111

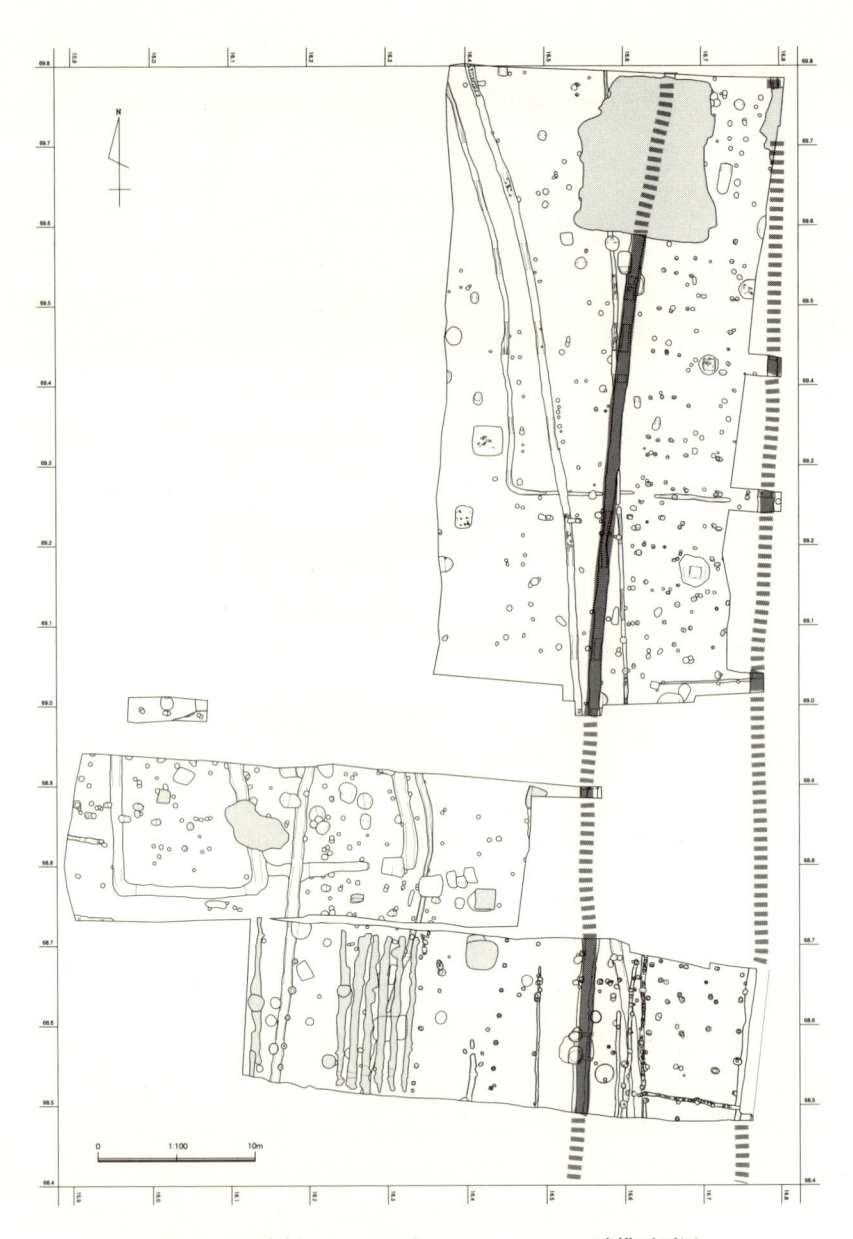

Ⅰ 国史跡指定記念十三湊フォーラム

図8 土塁南側（町屋）地区（17・71次調査）の遺構平面図

跡も飛砂によって遺跡が覆われていることがわかっています〔秋田市教委1978〕。このように同時期の港湾に関わる遺跡が消滅するほどの飛砂が汎日本海的現象としてあったのではないかと考えられます。こうしてみますと、十三湊のⅡ期からⅢ期にかけて見られる中心域の移動の理由の一つに、先ほど触れたように前潟に沿って残る南北砂丘列がちょうど飛砂活動の障壁となって、比較的飛砂の影響が受けにくい町屋、あるいは檀林寺跡といった土塁南側地区に移動していったと考えられます。このように飛砂の影響によって、土地利用が制限された可能性が十分に考えられます。

　従来、私は飛砂による砂丘活動を十三湊が廃絶する15世紀中頃以降と考えてきましたが〔榊原2002〕、このように十三湊の再編期にはすでに飛砂現象があった可能性の方が高く、飛砂の影響を受けにくい場所に檀林寺を中心とした都市再編を行ったとする意見に修正しています。また、先ほども触れましたが、「土塁北側地区」と「土塁南側地区」において、陶磁器による時期差が確実にあり、前者は古瀬戸後Ⅰ・Ⅱ期が中心、後者は古瀬戸後Ⅲ期・後Ⅳ期古段階が中心で、1～2型式の時期差があることがわかっています。

　③中世十三湊の廃絶

　さて、十三湊全体の中で瀬戸製品の搬入期間が古瀬戸後Ⅳ期古段階（15世紀中葉）で終了することが分かりました。これが中世十三湊の下限年代を意味し、15世紀中葉に十三湊は完全に廃絶とみることができます。これからすると、檀林寺を中心とした「土塁南側地区」の再編期は非常に短期間だったものとみられます。一方、文献史料によれば、安藤氏二回目の十三湊退去記録である松前藩の家記『新羅之記録』によると、嘉吉二年（1442）、再び安藤氏は南部氏に攻められ、翌年、小泊の柴崎館から蝦夷島へ渡海したとされています。この事件の背景には前年の嘉吉元年（1441）六月に起きた「嘉吉の乱」の影響が大きいと考えられます。「嘉吉の乱」は室町幕府第6代将軍足利義教が有力守護の赤松満祐によって殺害される事件です。遠く京都で起こった出来事ですが、安藤氏にとっても極めて重要な事件だったのです。この事件によって、安藤氏が室町幕府の後ろ盾を一時失い、南部氏に再度攻められる要因が生まれたのではないかと考えることができます。室町幕府の

政治的動向が北奥の安藤氏や南部氏に強い影響を与えたとみられます。これ以降、十三湊は急速に衰退し、まもなく廃絶したのでした。なお、十三湊廃絶に関して参考となる考古資料は、北海道函館市志苔館跡の発掘調査成果です〔函館市教委 1986〕。14〜15世紀、十三湊安藤氏の支配領域であった道南地域（北海道渡島半島）に所在する志苔館は、安藤氏の被官が支配するいわゆる「道南十二館」の一つに数えられています。この一帯は室町期の『庭訓往来』に登場する北方特産物、宇賀昆布の産地としても知られています。志苔館跡の出土遺物は15世紀前半代、館廃絶直前の良好な一括資料であり、『新羅之記録』が示す長禄元年（1457）のコシャマインの戦いによる同館跡の滅亡時期と符号していると考えられています〔松崎 1990〕。志苔館跡の資料をみると、瀬戸製品はやはり古瀬戸後Ⅳ期古段階の資料が下限となっており、出土陶磁器からみて十三湊の廃絶とほぼ同時期と考えています。現在のところ、十三湊が完全に廃絶する時期は志苔館跡の例を参考として、1450年代と捉えています。このように嘉吉二〜三年（1442〜1443）、安藤氏の再度に及ぶ十三湊退去後、間もなくして領主権力を失った十三湊は廃絶したのです。

今後の課題と取り組み

　以上、十三湊の景観と変遷を念頭におきながら、個別の調査成果を遺跡全体の中でどのように捉えるか、また、これまでの文献史料の成果を咀嚼した上で考えをまとめたつもりです。従来、こうした点は十分に整理されてきませんでした。今ようやくこうした大枠の年代観や遺構変遷を含めて、個別の調査成果を遺跡全体の中で捉えられるまでになってきました。今後の研究課題としては、ミクロな視点でみた場合、遺構の新旧関係を踏まえたより細別された遺構変遷や景観の復元作業が必要であり、もう一つに十三湊に暮らした人々の日常生活史の復元であろうと思います。一方、マクロな視点では岩木川水系で結ばれた津軽平野内陸部に所在する城館との比較研究、特に藤崎城との関係は重要であろうかと思います。また、日本海交流で結ばれた北は

北海道、サハリン、アムール川流域の北東アジア、南は若狭・京都までの視野を広めた歴史研究が必要となってくるでしょう。考古学に携わるものとして、発掘の調査成果からいかに歴史叙述ができるか常に考えるようにしていますが、十三湊の発掘成果からどんな北方史、或いは列島史を描きだすことが出来るかこれからも可能な限り取り組んでみたいと思います。そういうわけで今回は考古学の範囲をかなり越えた内容を述べましたが、大方のご批判をいただければ幸いです。

なお、史跡指定を受けた十三湊ですが、今後の行政的な取り組みとしてはまず史跡等の保存に関わる保存管理計画の策定を行っていく予定です。その後は史跡等の整備事業に進んでいくものと思われますが、そのためには地域の皆様のご協力が欠かせません。地域住民を巻き込んだ連携や交流が必要であり、住民参加型の地域づくりの取り組みがなければ到底実現することはかないません。十三湖周辺には十三湊を含めた安藤文化の遺跡が数多く残されています。この歴史的・文化的景観は先人たちが育み、守り伝えてくれたものです。我々は後世にもこの魅力ある地域を守り、伝えていく責任があります。史跡整備を通した地域づくりには時間と費用がかかるかもしれませんが、地域住民の皆様のますますのご協力をお願いしまして、終わりとします。本日はありがとうございました。

参考文献

青森県教育委員会　1998　「中世国際港湾都市　十三湊と安藤氏」
青森県教育委員会　2002　「十三湊遺跡　―県道鰺ヶ沢蟹田線道路拡幅事業に伴う遺跡発掘調査報告―」青森県埋蔵文化財調査報告書第330集
青森県立郷土館　1981　『尻八館調査報告書』青森県立郷土館調査報告第9集
秋田市教育委員会　1978　『後城遺跡』
石井　進　2000　『鎌倉びとの声を聞く』日本放送出版協会
石井　進　2002　『中世のかたち』中央公論新社
石川県埋蔵文化財調査センター　1984　「普正寺遺跡」
江上波夫・関野　雄・櫻井清彦　1958　『館址』東京大学東洋文化研究所

I　国史跡指定記念十三湊フォーラム

小口雅史　1988　「津軽安藤氏の虚像と実像―安藤氏研究の現状と課題―」『総合研究　津軽十三湖』佐々木孝二編　北方新社

小口雅史　1995　「津軽安藤氏の歴史とその研究―基調報告にかえて―」『津軽安藤氏と北方世界』河出書房新社

国立歴史民俗博物館　1994　「中世都市十三湊と安藤氏」新人物往来社

国立歴史民俗博物館　1995　「青森県十三湊遺跡・福島城跡の研究」『国立歴史民俗博物館研究報告』第64集

小泊村教育委員会・小泊村の歴史を語る会　1985　『弁天島遺跡発掘調査報告書』小泊村文化財調査報告第1集

斉藤利男　2002a　「安藤氏の乱と西浜折曾関・外浜内末部の城郭遺跡」『北の環日本海世界―書きかえられる津軽安藤氏―』

斉藤利男　2002b　「北の中世・書きかえられる十三湊と安藤氏」『東北学』VOL7

榊原滋高　2002　「中世港湾都市　十三湊遺跡の発掘調査」『北の環日本海世界―書きかえられる津軽安藤氏―』

榊原滋高　2003　「陸奥北部2・道南地域―青森県・北海道―」『中世奥羽の土器・陶磁器』東北中世考古学会編　高志書院

榊原滋高　2004　「十三湊の都市構造と変遷―発掘調査10年の成果から―」『中世十三湊の世界』新人物往来社

櫻井清彦　1955　「青森県相内村二ツ沼遺跡について」『史観』早稲田大学史学会編　第45冊

櫻井清彦・海津正倫・榊原滋高　1995　「十三湊遺跡隠居地点（いわゆる伝檀林寺跡）の調査」『国立歴史民俗博物館研究報告　青森県十三湊遺跡・福島城跡の研究』第64集

市浦村教育委員会　1988　『琴湖岳遺跡～十三小学校線道路改良工事に係わる事前発掘調査～』

市浦村教育委員会　2000　『十三湊遺跡～第18・76次発掘調査概報　遺構・遺物図版編～』市浦村埋蔵文化財調査報告書第10集

市浦村教育委員会　2001　『十三湊遺跡～1999・2000年度　第90・120次調査概報ほか～』市浦村埋蔵文化財調査報告書第13集

市浦村教育委員会　2003　『十三湊遺跡～平成13年度　第145次発掘調査報告書

　　　　　　～』市浦村埋蔵文化財調査報告書第15集
市浦村教育委員会　2005　『十三湊遺跡―第90・120・151・155次発掘調査報告書
　　　　　　本文編―（第Ⅱ分冊）』市浦村埋蔵文化財調査報告書第17集
市浦村歴史民俗資料館　1993　『安倍・安東氏シンポジュウム記録』
千田嘉博　2004　「新たな十三湊像の出現」『中世十三湊の世界―よみがえる北の港
　　　　　湾都市―』新人物往来社
裕　光　1962　「市浦村十三出土古銭調査」『東奥文化』第21号　青森県文化財保
　　　　　護協会
豊島勝蔵　1982　『十三村郷土史』
豊島勝蔵　1984　「檀林寺遺跡」『市浦村史』第壱巻
富山大学人文学部考古学研究室　2002　『津軽唐川城跡―古代環濠集落の調査―』
中央大学文学部　2005　『北東日本海域における中世前期港湾都市の基礎的研究―
　　　　　青森県十三湊遺跡を中心として―』平成14年度～平成16年度科学
　　　　　研究費助成金基盤研究(B)(2)研究成果報告書
中谷治宇二郎　1929　「東北地方石器時代遺跡調査予報」『人類学雑誌』第四四巻第
　　　　　3号
函館市教育委員会　1986　『史跡志苔館跡―昭和58～60年度環境整備事業に伴う
　　　　　発掘調査報告書―』
半沢　紀　1974　「琴湖岳遺跡採集の陶磁器」『津軽平野』第三号
平山久夫　1974　「青森県の中世陶磁について」『北奥古代文化』第6号　北奥古代
　　　　　文化研究会
福田友之　1988　「十三湖周辺地域の考古学研究の現状と課題」『総合研究　津軽十
　　　　　三湖』佐々木孝二編　北方新社
藤澤良祐　1995　「京・鎌倉における古瀬戸の流通」『京・鎌倉出土の瀬戸焼』（財）
　　　　　瀬戸市埋蔵文化財センター
藤澤良祐　1996　「中世瀬戸窯の動態」『古瀬戸をめぐる中世陶器の世界～その生産
　　　　　と流通～』（財）瀬戸市埋蔵文化財センター設立5周年記念シンポジュウ
　　　　　ム
藤澤良祐　2002　「中世都市鎌倉における古瀬戸と輸入陶磁」『陶磁器が語るアジア
　　　　　と日本』国立歴史民俗博物館研究報告第94集

Ⅰ　国史跡指定記念十三湊フォーラム

松崎水穂　1990　「中世道南の様相」『列島の文化史』第7号
村越　潔　1975　「十三琴湖岳遺跡」『日本考古学年報』26
村越　潔　2005　「十三湊と周辺遺跡の調査―遺跡の発見と学史―」『十三湊遺跡（第Ⅰ分冊)』青森県埋蔵文化財調査報告書第398集
八重樫忠郎　2002　「平泉藤原氏の支配領域」『平泉の世界』高志書院
吉岡康暢　1994　『中世須恵器の研究』吉川弘文館

福島城跡の調査成果について

報告 2

鈴木　和子

はじめに

　青森県教育委員会の鈴木と申します。今日は「福島城跡の調査成果について」と題しまして、報告をさせていただきます。どうぞよろしくお願いいたします。

　津軽平野を貫流した岩木川水系が流れ込む十三湖周辺は、古くから文化・交易・流通の場であり、中世の港湾遺跡である十三湊遺跡をはじめとする多くの遺跡が所在しています。その中の一つとして福島城跡があります。福島城跡はこれまでに2回の発掘調査が実施されており、その調査成果などから、古代から中世にかけての大規模な城郭遺跡であると考えられてきましたが、遺跡の主体となる時期や性格については十分に明らかにされておらず、謎の多い遺跡です。

　このため、青森県教育委員会では、遺跡の実態解明を目指して5年計画で発掘調査を実施することとしました。調査は平成17年度から実施しております。私の方からは、まず、福島城跡の立地環境や遺跡の構造といった遺跡の概要、それから過去の発掘調査成果などについてお話をさせていただき、その後、今年度実施した発掘調査の成果について、ご報告をさせていただきたいと考えています。

福島城跡の概要

遺跡の立地環境

　福島城跡は青森県五所川原市相内実取地内に所在しています（図1）。平成

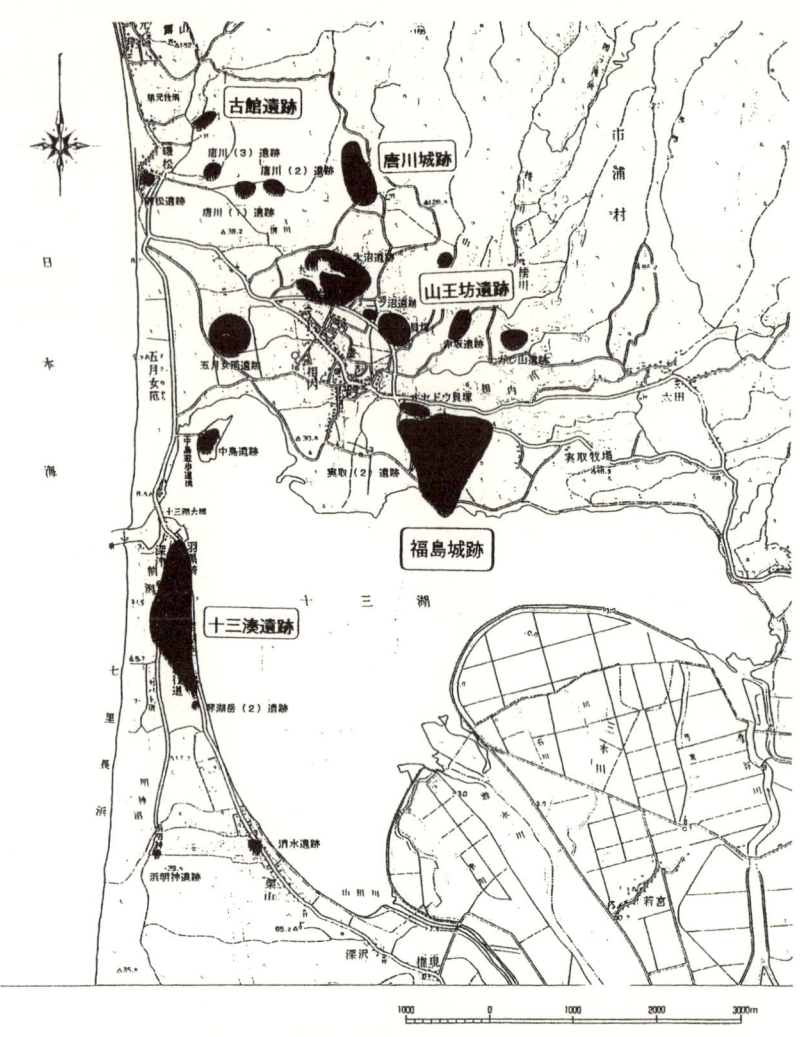

I 国史跡指定記念十三湊フォーラム

図1 十三湖周辺の遺跡位置図
榊原滋高 2005「第3節 周辺の遺跡 〜遺跡の立地と環境〜」
『十三湊遺跡』青森県埋蔵文化財調査報告書 第398集を複写

17年3月28日に市町村合併が行われて「五所川原市」となりましたが、旧行政区分では十三湊遺跡と同じく北津軽郡市浦村に所在していた遺跡です。

　写真1をご覧ください。福島城跡を東側上空からみた写真です。遺跡は十三湖北岸の台地上に立地しています。標高は約20～30mです。十三湖西側に位置する十三湊遺跡（写真2）との距離は、直線でおよそ3kmです。十三湊遺跡のさらに西側には日本海が広がっています。岩木川の河口に位置する十三湖は日本海と内陸を結ぶ交通の結節点であり、水上交通の要衝となっている場所です。このような水上交通の要衝に立地して中世に環日本海交易で繁栄を誇った十三湊遺跡と同じように、十三湖を見下ろす場所に立地する福島城跡も、おそらく岩木川や日本海水運に何らかの役割を果たした遺跡ではないかと考えることができます。

　一方、陸上に目を向けてみますと、津軽平野内陸部の藤崎町から五所川原市、中里町を通り、津軽半島北端の旧小泊村へと続く中世以来の陸路である「下之切道」が福島城跡を通っています。内陸部から延びる陸路を進み福島城跡を通り抜けると、この道沿いには山王坊遺跡、唐川城跡、古館遺跡などの十三湊遺跡に関連すると考えられる中世遺跡が多く分布しています（図1）。さらに北上し中泊町（旧小泊村）へ入ると、嘉吉2年（1442）に南部氏との抗争に敗れた安藤氏が北海道へ渡る際の最後の拠点としたとされる柴崎城跡が位置しています。

　このように見ていきますと、福島城跡は、十三湊遺跡をはじめとする十三湖周辺遺跡群への陸路の最前線に位置しているということが分かります。福島城跡は陸上交通の上でも非常に重要な場所に位置する遺跡であり、中世における福島城跡の役割の一つは、陸路の押さえであったと考えることができます。

遺跡の構造

　次に、福島城跡の構造について見ていきます。福島城跡の構造の特徴は大きく2つあります。一つは、一辺約1kmの三角形をした広大な外郭域をもち、その内部のやや北西寄りの場所に土塁と外堀で区画される1辺180～

Ⅰ　国史跡指定記念十三湊フォーラム

写真1　福島城跡全景

写真2　福島城跡・十三湊遺跡空中写真

200mの内郭域があり、外郭域と内郭域の二重構造の遺跡であるということです（写真1・図2）。もう一つは、全体の面積が約62.5万m²で、非常に大きな遺跡であるということです。

外郭部分は自然地形を利用したり、あるいは土塁や堀などを構築したりして防御を固めています。特に東辺については、自然地形を利用しながら大きな土塁と堀を構築しており、台地を南北に切断している様子が明らかです。外郭東辺土塁の規模は、基底部の幅が約15m、高さ3～4mで、堀は上端幅約12mと非常に大規模です。

このような大規模で平坦な外郭域をもつこと、面積が広大であること、そして外郭と内郭の二重構造であることなどの特徴から、中世城館というよりはむしろ古代の城柵官衙の構造に類似するのではないかという指摘もあります。また、外郭東辺にみられる大規模な土塁と堀といった構造は城柵官衙には見られないこと、これまで出土している遺物の年代が文献で確認できる城柵官衙以降の年代観を示していることなどから、10世紀後半以降にこの地域に広く展開するようになる防御性集落の中の拠点的な遺跡ではないかとの指摘もあります。あるいは、中国大陸北部に起源をもつ北の方形土城の系譜の中に位置づけられる遺跡ではないかという指摘もあります。

過去の発掘調査成果

遺跡の概要として立地環境や構造をみてきましたが、次に、福島城跡ではこれまでに2回の発掘調査が実施されていますので、それぞれの調査成果について、ここで簡単に紹介をさせていただきます（図2）。

東京大学東洋文化研究所の調査

古くは、昭和30年に東京大学東洋文化研究所が外郭域を対象とした発掘調査を実施しています。

写真3をご覧ください。昭和30年に外郭東辺土塁を北側から撮影した写真です。周辺の樹木の大きさと比較することで土塁の大きさがよく分かりま

Ⅰ　国史跡指定記念十三湊フォーラム

【福島城跡の概要】
立地：十三湖北岸の標高20〜30mの丘陵端部
構造：内郭（一辺200m四方）と外郭の二重構造
性格：古代〜中世の複合遺跡
面積：62万5千㎡

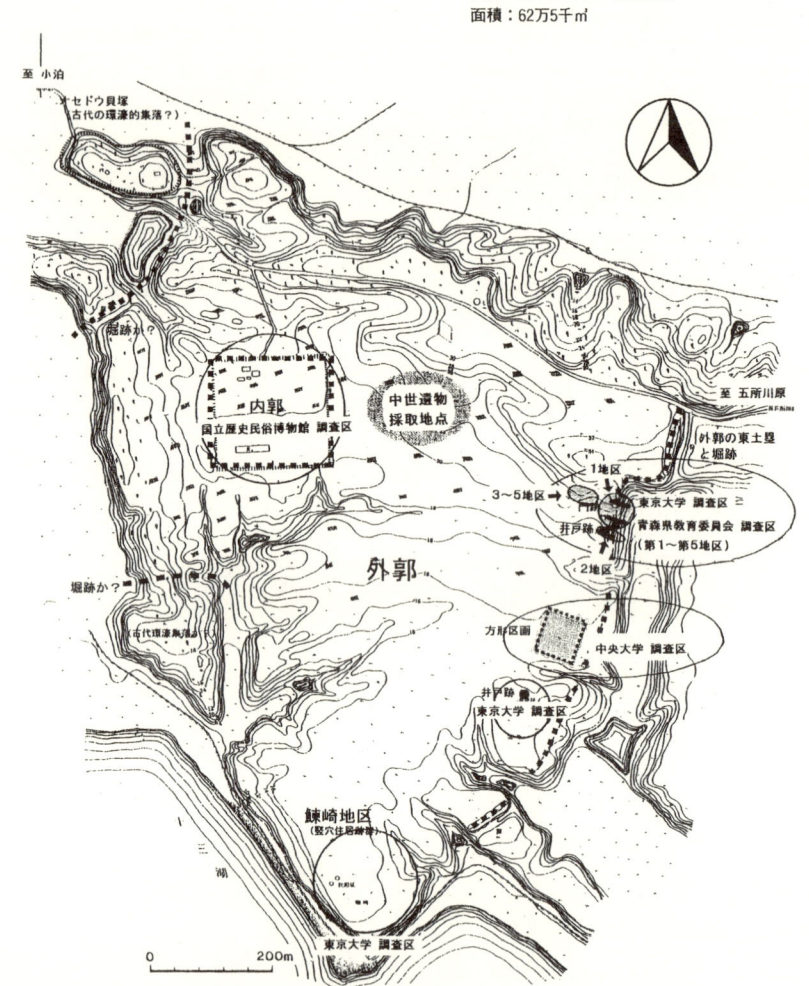

図2　福島城跡の地形測量図と概要
　　　榊原滋高 2005「第3節　周辺の遺跡　〜遺跡の立地と環境〜」
　　　『十三湊遺跡』青森県埋蔵文化財調査報告書　第398集に加筆

福島城跡の調査成果について

写真 3　外郭東辺土塁（江上波夫ほか 1958）

写真 4　外郭東辺の土塁開口部（江上波夫ほか 1958）

写真 5　外郭土塁断面（江上波夫ほか 1958）

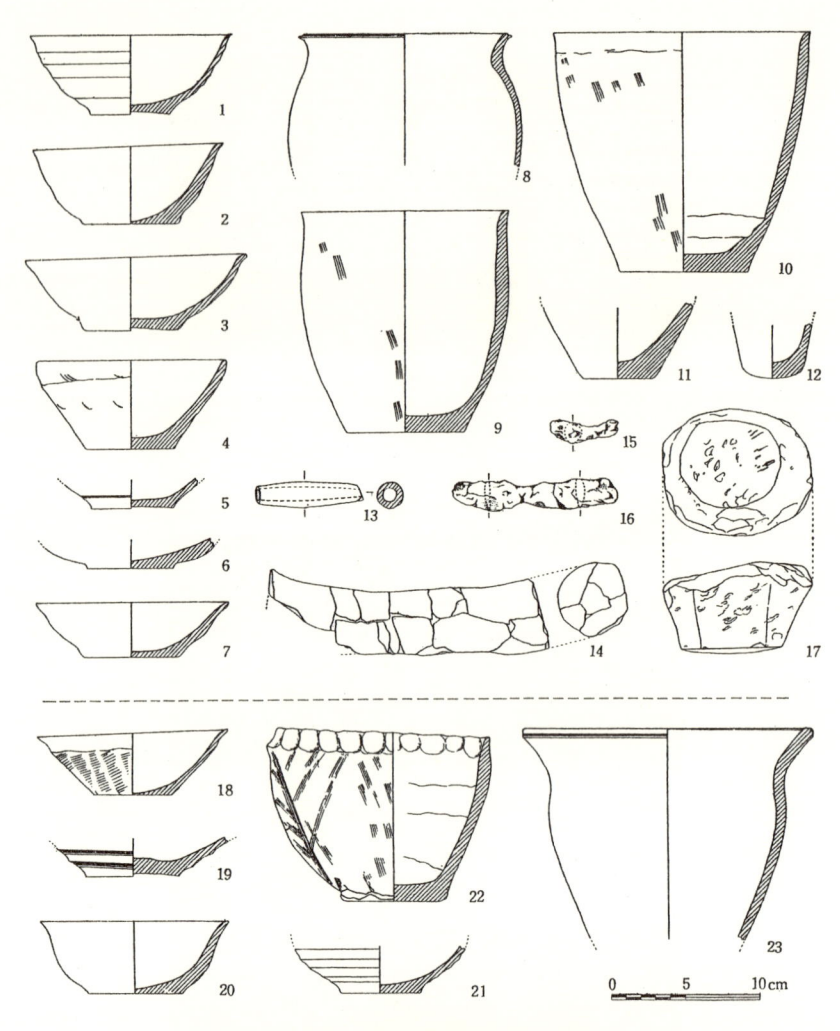

Ⅰ　国史跡指定記念十三湊フォーラム

第二五圖　福島城址鍊崎出土遺物實測圖
1～17　第一住居址出土：　1～7 坏形土器　8～11 甕形土器　12 小形土器
　　　　　　　　　　　　13 土錘　14 土製支脚　15 不明鐵器　16 鐵製
　　　　　　　　　　　　刀子　17 浮石製土器型
18～23　第二住居址出土：　18～21 坏形土器　22・23 甕形土器

図3　昭和30年　東京大学東洋文化研究所発掘調査
　　　出土遺物実測図（江上波夫他 1958）

126

す。また、現在は福島城跡内の多くの場所は、植林された松や杉、あるいは雑木などに覆われているため眺望がよくありませんが、この写真を見ますと、福島城跡からは十三湖がはっきりと見渡せるのだということが改めて確認できます。

写真4は、同じく昭和30年に外郭東辺の土塁を遺跡の内側から撮影した写真になります。南北に延びる土塁がこの部分だけ途切れて開口している様子がよく分かります。当時の調査報告書(江上波夫ほか1958)の中に「南北に走る土壁が、この部分だけはっきり歓けているので、容易に門址であることがわかる」という記述が見られます。この土塁の開口部分については、昭和30年に発掘調査が実施されています。その結果、木柱を伴った溝跡などの遺構が検出されており、この場所に、両脇を柵列で囲った出入り口[1]の施設があったということが既に明らかにされています。

写真5をご覧下さい。出入り口が確認された場所から南へ約30mの地点で、同じく昭和30年に東京大学東洋文化研究所が土塁の断ち割り調査を実施した時の写真です。後ほどご報告させていただきますが、この土塁を断ち割った場所と出入り口が確認された場所の2箇所については、青森県教育委員会が今年度再調査を実施しております。

昭和30年の調査では、この他、遺跡南端の鰊崎（にしんざき）と呼ばれる場所でも調査が実施されています。鰊崎地区では当時の地表面観察で32箇所の落ち込みが確認されていまして、その中の4箇所を調査しています。調査の結果、そのうち2箇所は、古代の土師器を伴った竪穴住居であり、1箇所は井戸跡であることが確認されています（図3）。

昭和30年の調査の結果としては、土塁や柵列などの出入り口施設については、年代を決定すべき確実な手がかりは得られていないことを補足していますが、南北朝から室町時代頃までのものであると捉えています。また鰊崎の住居群については平安時代後期頃の遺構として捉えています。ただし、福島城跡の年代や性格については、広範な調査と、十三湖周辺の遺跡との関連の中で検討していく必要があることを説いています。

I 国史跡指定記念十三湊フォーラム

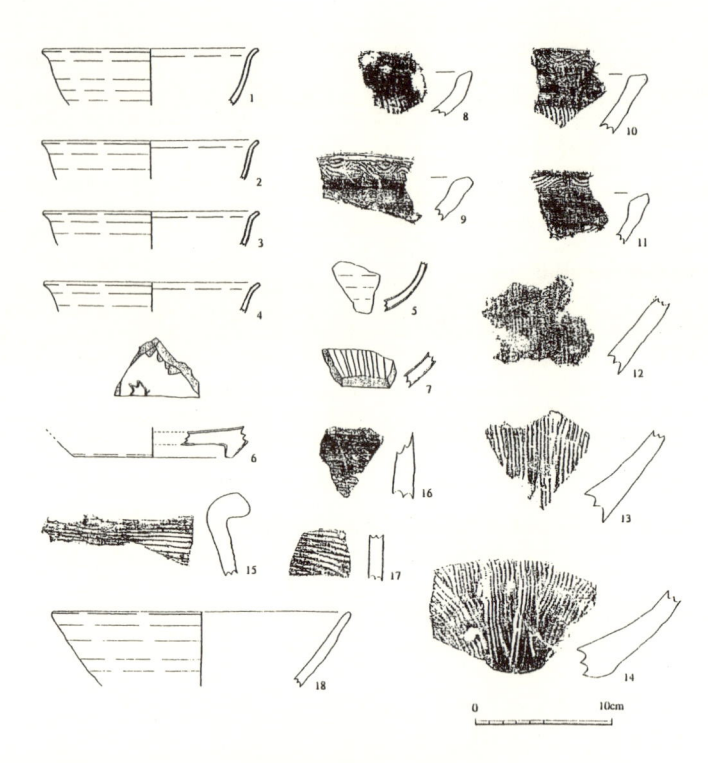

No.	種 類	器 種	備　　　　　　　考
1	青 磁	碗	龍泉窯系D1類、端反無文、(口径16cm)
2	青 磁	碗	龍泉窯系D1類、端反無文、(口径16cm)
3	青 磁	碗	龍泉窯系D1類、端反無文、(口径16cm)
4	青 磁	碗	龍泉窯系D1類、端反無文、(口径16cm)
5	青 磁	碗	龍泉窯系D1類、体部破片
6	青 磁	盤	龍泉窯系、内底－印花文、外底－蛇の目状の釉剥ぎ
7	青 磁	盤	龍泉窯系、内面－櫛描き文
8	珠 州	擂 鉢	口縁－内傾面取りで無文、片口付近、内面－卸目あり、珠州Ⅴ期
9	珠 州	擂 鉢	口縁－内傾面取りで櫛目波状文　　　　　　　　　珠州Ⅴ期
10	珠 州	擂 鉢	口縁－水平面取りで櫛目波状文　　　　　　　　　珠州Ⅴ期
11	珠 州	擂 鉢	口縁－内傾面取りで櫛目波状文　　　　　　　　　珠州Ⅴ期
12	珠 州	擂 鉢	内面－卸目あり＋摩滅
13	珠 州	擂 鉢	内面－全面に卸目あり
14	珠 州	擂 鉢	内面－全面に卸目あり
15	珠 州	甕	口縁－肥厚、珠州Ⅴ期
16	珠 州	壷 甕	外面－平行叩き
17	珠 州	壷 甕	外面－平行叩き
18	瀬 戸	碗型鉢	後Ⅰ・Ⅱ期、(口径22cm)

図4　福島城跡外郭域表採の中世陶磁器
　　　榊原滋高 2005「第3節　周辺の遺跡　〜遺跡の立地と環境〜」『十
　　　三湊遺跡』青森県埋蔵文化財調査報告書　第398集よりコピー

国立歴史民俗博物館の調査

　その後、平成3年に国立歴史民俗博物館が遺跡全体を対象とした分布調査を実施しました。その結果、外郭域では古代と中世の遺物が採取され、内郭域では古代の遺物のみが採取されています。また、外郭域の中でも特に内郭のすぐ東側で、中世遺物が比較的まとまって散布している場所があることが確認されています（図2）。この場所では平成3年の調査以後も、青磁や珠洲、瀬戸などの中世遺物が採取されていますが、これらの遺物の年代は、ほぼ全てが14世紀後半から15世紀前半におさまるものであり、注目されます（図4）。また、内郭域では、平成3年の調査以後これまでも中世遺物は1点も採取されていません。

　続く平成4年には、同じく国立歴史民俗博物館による内郭域を対象とした調査が行われました（図5）。写真6をご覧ください。内郭東辺の土塁部分の調査写真です。土塁は調査時には既に削平されて残存していませんでしたが、土塁の内側部分から溝跡が検出されています。溝は一部掘り残して土橋状となっています。このことから、内郭東辺に出入り口があったということが明らかになりました。また、この出入り口に伴う門の柱穴と考えられる遺構も確認されています。平成4年の調査では、この他に数箇所のトレンチを設定して調査を実施しています。調査では10世紀後半から11世紀頃の土師器の破片が数点出土していますが、中世の遺物は出土していません。

　この時の調査では、遺跡の構造も踏まえた上で、福島城跡は、10世紀後半から11世紀にかけて築かれた大規模な城郭施設ではないかと捉えています。

　以上見てきましたように、福島城跡における過去の発掘調査では、それぞれの調査で詳細な地形測量図が作成され、外郭と内郭の土塁や出入り口施設などの主要な遺構の調査が実施され、遺跡の構造の一部が明らかにされてきております。しかし、広大な遺跡の面積に対して調査面積はわずかであり、遺跡の主体となる時期や、時期ごとの遺構変遷は明らかになっておらず、遺跡の性格や意義について考えるための十分な情報が得られているとはいえない状況であります。

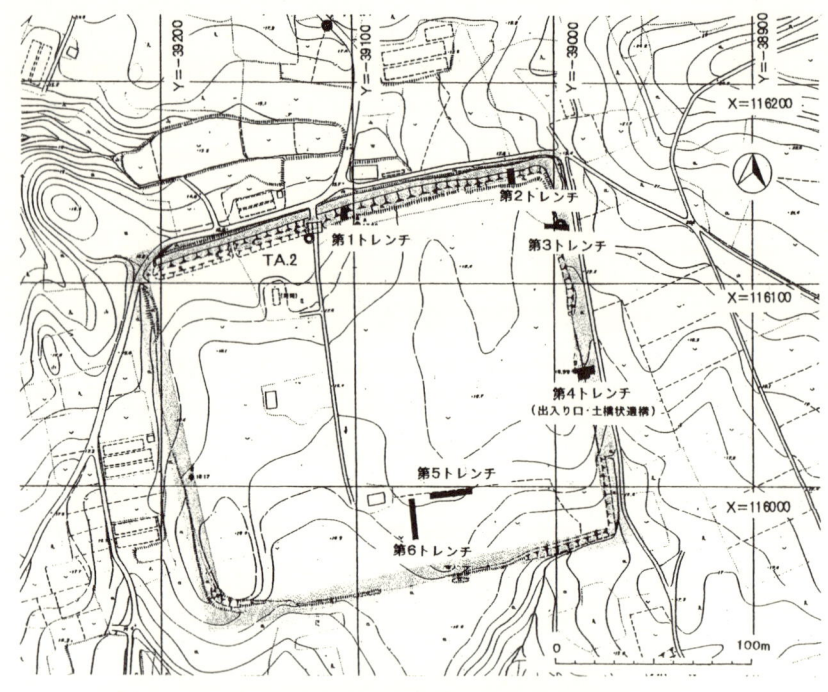

I 国史跡指定記念十三湊フォーラム

図5 平成4年 国立歴史民俗博物館内郭調査区配置図
　　　国立歴史民俗博物館 1995『青森県十三湊遺跡・福島城跡の研究』
　　　国立歴史民俗博物館研究報告書第64集を一部修正

写真6　内郭東辺の土橋状遺構（国立歴史民俗博物館）

このようなことから、過去2回の調査においても今後の大きな課題とされていたように、遺跡の実体解明のための継続的な調査が待たれていたのです。

平成17年度の調査成果

今年度は、昭和30年に東京大学東洋文化研究所によって発掘調査が実施された外郭東辺の出入り口施設について、その年代や周辺の遺構状況を確認することを目的として、土塁開口部とその周辺に5つの調査区（第1地区～第5地区）を設定して調査を実施しました（図2）。調査の結果、土塁の構造や城内への出入り口施設の様相を改めて明らかにすることができました（図6）。

土　　塁

写真7をご覧ください。第1地区で確認した土塁の断面写真です。黒色土と黄色い地山の土を交互に版築状に積み重ね、非常に強固な土塁を造っている様子がはっきりと分かります。十三湊遺跡の中央部にも東西方向に延びる大土塁が造られていますが、同じように版築状に造られておりまして、非常に良く似た造り方をしています。調査区内で確認された土塁の規模は、基底部の幅が約10m、高さは約1.5mです。

写真8は、第1地区から南へ30mの地点に設定した第2地区の調査写真です。先にお話ししましたように、既に昭和30年に東京大学東洋文化研究所によって土塁の断ち割り調査が実施されていますが、土塁の構造を再度確認するため、第1地区で確認した土塁の延長部分を断ち割って調査を実施しました。調査の結果、この場所の土塁は版築状ではなく、土を大きく積み上げた単純な構造で造られていました。第1地区とは造り方が異なっています。出入り口部分の土塁は、特に強固に仕上げるために版築状の構造としたのでしょう。ただし、第2地区の土塁でも、基底部や裾部などの崩れやすい部分については版築状の構造で造っている部分があることも確認しています。

I 国史跡指定記念十三湊フォーラム

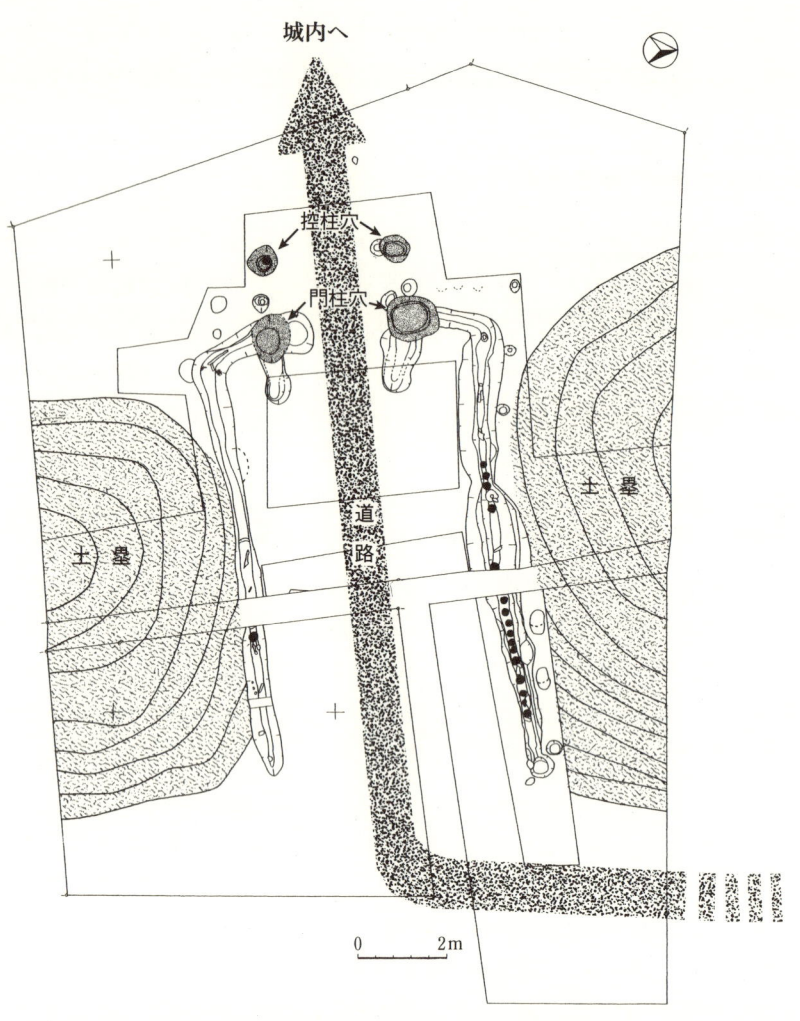

図6 平成17年度 第1地区 検出遺構概略図

福島城跡の調査成果について

写真7　外郭東辺の土塁断面〔第1地区〕

写真8　外郭東辺の土塁断面〔第2地区〕

写真9　土塁開口部の布掘り柵跡検出状況

写真12　門跡

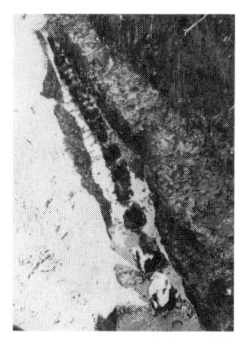

写真10　木柱出土状況〔昭和30年度調査〕
　　　　（江上波夫ほか 1958）

写真11　木柱出土状況〔平成17年度調査〕

出入り口の施設

　写真9をご覧ください。第1地区の写真です。調査を進めていきますと、土塁開口部分で、土塁に直交して東西に延びる溝跡が確認できました。溝を掘っていきますと、溝の中から直径約15～18cmほどの太さの木柱が並んで見つかりました。これらの木柱は、昭和30年の調査でも既に確認されています（写真10）が、今回の調査で再度確認し、写真や図面などの記録をとっています。

　写真11が溝内から出土した木柱の写真です。この溝内から出土した木柱は、構造を確認するため、そして遺構の年代を明らかにするための自然科学分析を行うため、2本を抜き取っています。また、全ての木柱からサンプルを採取して、現在分析を進めているところです。抜き取った木柱を見てみると、先端は加工が施されて杭状となっており、溝底面に打ち込まれていたことが確認できました。溝は深いところで85cmほどの深さがあり、木柱が上部に高く伸びていたと考えることができます。溝から上部に延びた木柱が、柵列状に出入り口の通路両側に巡らされていた様子が明らかになりました。

　写真12をご覧ください。土塁開口部に延びた柵列は城内へ入った場所で内側に大きく折れ曲がり、出入り口をぐっと狭めています。そして、もっとも狭まった部分で、柵列の溝に取り付くように造られた大きな柱穴を検出しました。柱穴の直径は約80～100cmほどの規模です。昭和30年の調査で既に完掘されていましたので柱根はなく、柱も残存していなかったため当時どれぐらいの柱が埋められていたかは分かりませんが、柱穴の大きさから、この場所に大きな柱が建っていたと考えることができました。門の柱です。門の内側の場所では、控柱と考えられる柱穴も確認できました。南側の控柱からは木柱が出土しています（写真13）。この柱についても、年代などの必要な資料を得るために取り上げを行い、現在分析を進めているところです。

　検出された柵列と柵列の間隔は約5.0～5.5mです。この間は土を削ったり盛ったりして整地を行い、道路状の遺構を造っていることが確認できました。

　今回の調査では、柵列の使用後間もない段階で埋まったと考えられる土の中から遺物が出土しています（写真14・15）。出土した遺物は白磁と呼ばれる

福島城跡の調査成果について

写真13　門の控柱

写真14　遺物出土状況

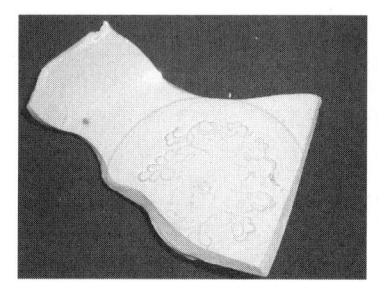

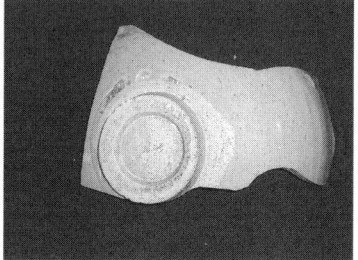

写真15　出土遺物（白磁）写真　（左）表、（右）裏

写真16　平成17年度発掘調査　第1地区空中写真

中国で焼かれた焼き物で、年代的には14世紀後半頃の製品であると考えられます。この遺物が出土していることから、第1地区で確認されている土塁や柵列、門跡などの一連の出入り口施設については、中世に造られた可能性が非常に高いと考えることができました。

道

門を通った後、城内へ入ってからの道についてはまだ明らかになっていません。今年度の発掘調査では外郭と内郭東辺の出入り口を結ぶライン上にトレンチを3箇所（第3地区〜第5地区）設定して調査を実施しましたが、道路跡と考えられる遺構などは確認できませんでした。どうも内郭東門へ向けて真っ直ぐに道が延びるということはないようです。

一方、第2地区の調査の結果、土塁内側部分で大規模な盛土整地による造成を行っている様子が確認できました。周辺には昭和30年に調査が行われた井戸跡の他、井戸跡と考えられる落ち込みも数箇所確認しています。このことから、第2地区周辺には居住域が広がっている可能性が高いと考えることができ、出入り口に関連する何らかの施設が第2地区周辺に存在する可能性も指摘できます。このことから、門を通過して城内へ入った道が、第2地区の方へ向かうことも十分に考えられ、今後の検討が必要です。

方形区画の調査

第2地区から南へ約150mの場所では、今年度から中央大学が発掘調査を実施しています（図2）。中央大学の調査は、文部科学省特定領域研究における北方中世史解明の一環として実施されました。この場所では、現況で幅2〜3mの溝状の落ち込みが方形に巡り、溝の内側では北辺と西辺で土塁状の高まりを部分的に確認することができました。昭和30年の東京大学東洋文化研究所の調査時に作成された遺跡の測量図には、既にこの方形区画が図化されています。調査の結果、一辺約69〜75mの方形状に溝が巡り、その内側に土塁が造られていたことが確認されています。また、方形区画の内部では、井戸跡と考えられる落ち込みも確認されています。土塁の盛土直上から

は、14世紀後半頃と考えられる瀬戸平碗の破片が2点出土しています。この方形区画については、宗教施設や屋敷地などの性格が推測されますが、使用年代や内部構造については今後の調査の課題です。

おわりに

　今回の発掘調査の結果、外郭東辺の土塁の構造や柵列、門跡などの出入口施設の様相が改めて明らかになりました。また、それらの遺構が中世に造られたものである可能性が非常に高くなりました。このことは、中世段階における福島城跡の使われ方や性格を考えていく上での大きな成果であると考えています。
　今回出土した白磁は14世紀後半代のものであり、これまで福島城跡で採取されている中世遺物と同じ年代観を示しています。そして、この14世紀後半から15世紀前半という年代は、十三湊遺跡に大土塁が造られ、新たに計画的な町割りが進められた最盛期と一致しています。十三湊遺跡の発展と福島城跡の大規模な土塁構築は一連の動きの中で捉えられるものであると考えています。このように考えていきますと、中世における福島城跡の性格や歴史的な意義付けなどは、十三湊遺跡との繋がり、そしてさらには、周辺に位置する山王坊遺跡や唐川城跡などの十三湊関連遺跡群との関わりの中で考えていく必要が出てきたのではないかと考えます。
　また、先にお話しましたように、遺跡南端の鰊崎では古代の遺物を伴う住居が確認されています。周辺には住居と考えられる落ち込みがまだ多くあることも確認されています。詳細はまだ不明ですが、この場所に古代の集落が広がっていることは間違いないと考えられます。また、平成4年に実施された内郭の調査では古代の遺物が出土していますので、内郭部分あるいはその周辺部分が古代において使用された可能性は非常に高いと考えています。どの時代においても、人々や物資が行き交う十三湖は非常に重要な場所となっています。福島城跡が古代でもこの地域において重要な役割を果した遺跡であることは間違いないと考えられますので、古代における福島城跡の使われ

方を検討することも、今後の大きな調査課題であると考えています。

　福島城跡は広大な遺跡であり、これまでに発掘調査が実施された場所は遺跡全体の面積から見ればごくわずかでしかありません。しかし、過去の調査を含め、今年度の発掘調査によって得られた成果など、これまでに得られた情報は遺跡を理解するために欠かせない非常に重要な情報です。今後も計画的に調査を実施し、個々の遺構の年代を正確に把握し、時代ごとの遺構の様子を面的に捉えられる情報を集めていくことで、遺跡の実態が徐々に明らかになっていくものと考えています。また、それにより十三湊遺跡を含めた関連遺跡群の様相、そして古代から中世にかけてのこの地域の歴史も、より一層明らかになっていくと考えています。

注

(1)　昭和30年の東京大学東洋文化研究所の調査では、土塁開口部およびそこで確認された木柱を伴う溝（柵列）を総称して「門址」として取り扱っています。しかし、今回、青森県教育委員会が調査を実施し、遺構の再精査と遺構配置状況の最検討を行った結果、門柱穴と控柱穴を新たに確認し、柵列に取り付く「門」があったことが明らかになりました。

　このことから、今回の報告では、平成17年度の調査で新たに確認した門柱穴と控柱穴で構成される遺構を「門跡」と表現し、従来「門址」として取り扱われてきた土塁開口部や柵列については「出入り口施設」として表現しています。今回新たに確認した「門跡」も「出入り口施設」の一部であるという考え方です。

参考文献

榊原滋高　2005　「周辺の遺跡〜遺跡の立地と環境〜」『十三湊遺跡』（第Ⅰ分冊）
　　　　　　青森県埋蔵文化財調査報告書第398集　青森県教育委員会
江上波夫他　1958　『館址』東京大学出版会
国立歴史民俗博物館　1995　「青森県十三湊遺跡・福島城跡の研究」『国立歴史民俗
　　　　　　博物館研究報告』第64集
国立歴史民俗博物館　1994　『中世都市十三湊と安藤氏』新人物往来社
入間田宣夫他　1999『北の内海世界　北奥羽・蝦夷ヶ島と地域諸集団』山川出版社

付　　記
　本稿は、平成17年度青森県教育委員会が発掘調査を実施した福島城跡の速報として「十三湊フォーラム」で発表させていただいた内容に、一部加筆修正した内容となっています。現段階での最新情報として発表させていただいたものであり、今後の整理作業や発掘調査を通して、発表内容に変更が生じる点も出てくるかもしれません。

津軽地方の激動の時代
──古代から中世へ──

報告 3

三浦　圭介

はじめに

　ただいまご紹介にあずかりました三浦と申します。私の発表は、十三湊そのもの、あるいは安藤氏ということではなくて、中世に安藤氏が十三湊に進出して活躍していますが、それ以前の津軽地方というのは、北方世界の中でどういう役割を果たした地域なのか、また、なぜ中世において安藤氏が十三湊を拠点として大活躍できたのか。そのような中世の前段階について、三つの問題を通してお話したいと思います。

　一つ目は津軽蝦夷と古代国家と「有間浜」についてです。二つ目は、津軽の古代の産業と五所川原須恵器窯跡群についてです。それと三つ目には、激動の平安時代後期の津軽社会についてです。三つ目については基本的には防御性集落の時代の話で、青森県の歴史の中でこれまで「空白の時代」と言われている津軽の11世紀の世界が、かつて経験したことがない激動の世界であったということについてお話しさせていただきます。

1　津軽蝦夷と古代国家と「有間浜」

　最初に津軽蝦夷と古代国家と「有間浜」についてであります。津軽が正史（国家がつくった歴史書）に登場するのは7世紀（飛鳥時代）になってからで、『日本書紀』斉明天皇元年（655）に難波宮において「津苅」の蝦夷六人に冠位を与えたとの記事です。従ってこれ以前に津軽蝦夷が大和政権とすでに友好関係のあったことが考えられています。同じ『日本書紀』の斉明四年（658）から斉明六年（660）の三カ年に渡っては、日本古代史上有名な越国の

Ⅰ 国史跡指定記念十三湊フォーラム

写真1 十三湖に浮かぶ中ノ島（上の半島状にせり出した砂洲は十三湊遺跡）

長官（阿倍臣比羅夫）が、北方交易開拓（当時、緊迫した情勢にあった朝鮮半島に向かうための大規模な軍事訓練であったとも考えられている。）のため、180艘～200艘の大船団で日本海を北上し、齶田（秋田）、渟代（能代）、渡島（北海道）の蝦夷を服属させています。この斉明四年四月の遠征直後の七月には津軽蝦夷の大領馬武と小領青蒜とに、これに協力したとして朝廷から十九位中の下から二番目ではありますが、正規の冠位が授けられています。このことはその後の津軽を考える上で大変重要だと思います。

斉明四年の遠征の際、比羅夫は齶田平定後、更に北上し、「有間浜」に至り、そこで渡島蝦夷（北海道の蝦夷）を集めて大宴会を催しており、この時に渡島蝦夷を服属させています。この「有間浜」については、これまでの文献史学による研究では、青森県深浦町の「吾妻浜」等が比定されてきましたが、近年の考古学研究では中世の十三湊と同じ場所か、あるいは十三湖に浮

かぶ中ノ島周辺（写真1）の可能性が高くなってきております。

　その理由は第一に中ノ島に比羅夫の遠征時と同じ頃の7世紀中葉から後半にかけての遺跡が発見されていること。第二に十三湖に注ぐ岩木川水系の浅瀬石川流域に、この時期の集落遺跡が季平Ⅱ遺跡（旧尾上町）、原遺跡（旧尾上町）、大光寺城跡（旧平賀町）などが点在することです。当時の主要交通路は河川を利用した水上交通であることから、岩木川河口の十三湖と浅瀬石川流域とは密接な関係にあったものと考えられます。なお、旧尾上町、旧平賀町等の浅瀬石川流域は7世紀から8世紀にかけての「津軽蝦夷」の拠点があった地域と考えられます。逆に西海岸では中ノ島遺跡以外にこの時期の遺跡が発見されていません。第三に中世の十三湊は安藤氏が拠点を置いたほどの天然の良港であり、古代においても同じ地形と考えられ、比羅夫の大船団が寄港するのに最適の場所であったと思われること等、によるものです。

　八世紀から九世紀前葉にかけて、律令国家は領土拡大政策を図り、国家の東北支配は北進し続け、多賀城（多賀城市）、秋田城（秋田市）、雄勝城（旧大曲市）、胆沢城（旧水沢市）、志波城（盛岡市）等々の城柵が中奥羽に設置され、これらについての史料も数多く見られるようになります。この間、陸奥国北部を舞台にした律令国家と、中・北奥の蝦夷との壮絶な戦闘である「三十八年戦争」、更には九世紀後半の元慶二年（878）、出羽国秋田城周辺を舞台にした「元慶の乱」等々については『日本書紀』『続日本紀』『日本三代実録』などの正史をはじめとする多くの史料にも度々登場しています。この「元慶の乱」に際して、『日本三代実録』には「津軽が賊に同ずれば、大兵といえども制しがたい。……津軽の夷俘はその党種多く、幾千人かわからない。天性雄壮で常に習戦を事としている。もし敵にまわればその勢いは止めがたい」と記述されており、国家側の津軽蝦夷に対する認識の高さが理解できると思います。このように、国家と蝦夷の関係は服属と抵抗の歴史と言っても良い程、それについて触れていますが、しかし、結果的に国家は十二世紀まで、津軽地方を含む北奥地域に対し、直接支配のための郡郷制を施行しませんでした。

裏　　　　表

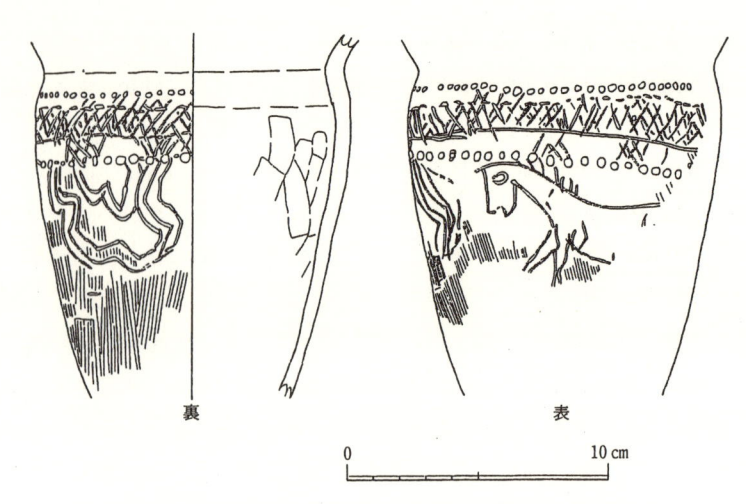

0　　　　　10 cm

図1　馬と水飲場が描かれている擦文土器（野尻(4)遺跡）

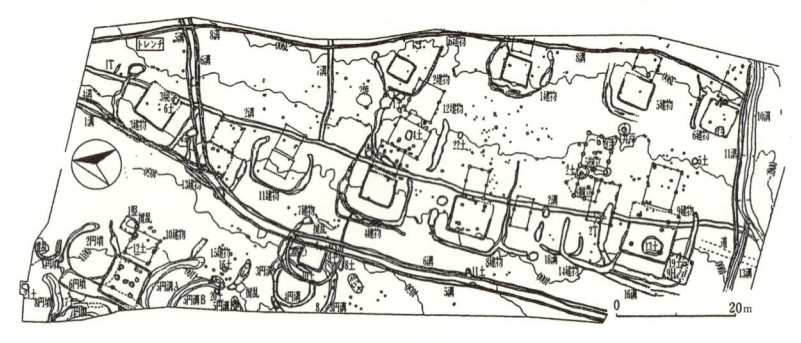

図2　計画的に整然と配置された竪穴住居群
　　　各竪穴には掘立柱建物と外周溝が伴う。（野尻(3)遺跡）

2　津軽地方における古代産業と五所川原須恵器窯跡群

　二つ目は津軽地方で行われていた古代の産業と五所川原須恵器窯跡群についてであります。7世紀後半から奈良時代の8世紀になると集落の数も徐々に増えてきます。この頃の青森県域の主な産業は稲作を中心とした農業と馬産であります。馬産は八戸市を中心とする青森県南部地方が有名でありま

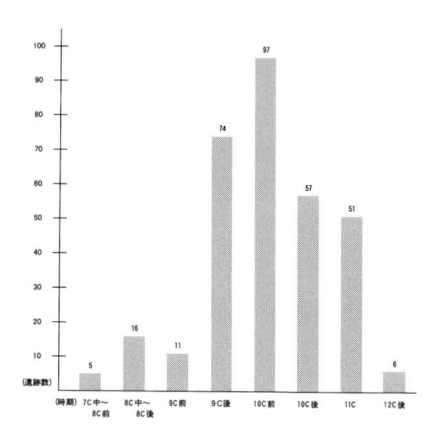

図3　津軽の古代遺跡数の推移

す。この地方は平安時代末期から中世にかけては糖部(ぬかのぶ)と呼ばれ、源平の戦いで活躍した武将が乗った馬の多くがこの糖部の産と言われ、馬産地として全国的に名が知られています。しかし奈良・平安時代を通じて南部地方と同様に、津軽地方も馬産が盛んな地域であったことが発掘調査で明らかになってきました。この時代の集落遺跡から馬骨や馬具が出土する例も多く、中でも野尻(4)遺跡（旧浪岡町・平安時代）から出土した写実的な馬の絵と水飲場とが描かれている擦文土器（図1）や、季平下安原遺跡（尾上町・奈良時代）で出土した数頭の小馬の骨はそれを如実に示しています。

　平安時代に入り、9世紀中葉以後になるとこの津軽地方の集落は爆発的に増加します。これは気候の温暖化による農業生産力の向上による人口の自然増加と共に、隣接する出羽国や陸奥国からの多数の移住民によるものと考えられています。図2の旧浪岡町野尻(3)遺跡などでは整然と並んだ竪穴住居群や、全国どこにも類例のない新しい構造の住居が作られています。『日本三代実録』元慶三年三月二日条（879）の記事によれば、重税による国司の苛政に苦しむ出羽国（秋田県・山形県）での生活を捨て、国家支配地外である「奥地」（主に津軽地方）に新天地を求めた人々は、出羽国の内国民の三分の一（約2～3万人と考えられている）にものぼっています。事実、集落の数は

145

I 国史跡指定記念十三湊フォーラム

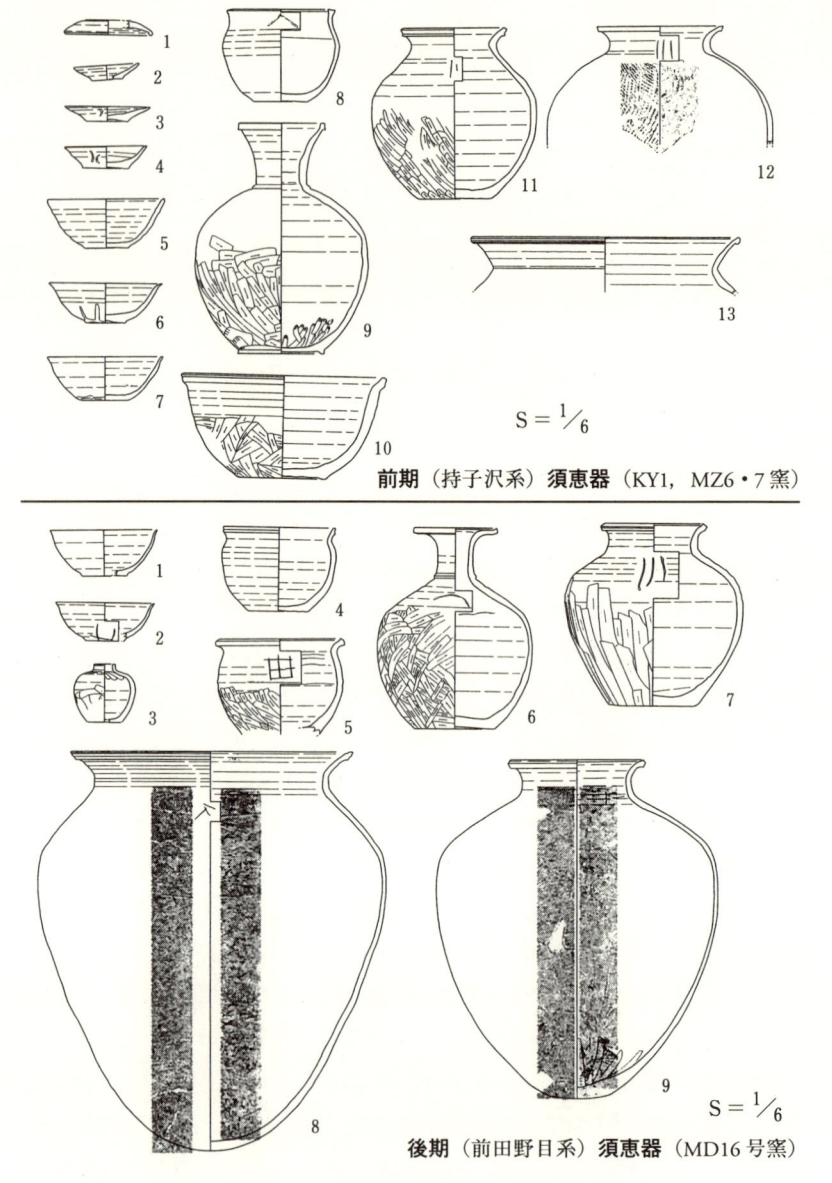

前期（持子沢系）須恵器（KY1, MZ6・7窯）

後期（前田野目系）須恵器（MD16号窯）

図4 五所川原窯で焼かれた須恵器

図3に示したように前代の9世紀前半と比較すると短期間に約7倍にも増えています。広大な津軽平野は在地の人々の開拓のみならず、このような人々も受け入れるだけの土地の余裕と、在地の人々による受け入れ体制があったものと考えています。

9世紀の終わり頃から10世紀初頭にかけては一段と人口の増加が見られるとともに、農業や馬産だけでなく、鉄、塩、須恵器、木器（漆器）等の各種の生産活動が急速に発達したことが発掘調査で明らかにされています。多くの集落遺跡から出土する、この時代のコメは、弥生時代の垂柳遺跡（田舎館村）のものと比較すると粒径が大きく、しかも粒が揃っていることから、品種改良が相当進められていたことも明らかになっています。

鉄生産では鋤・鎌・苧引金（樹皮から織物用の繊維を取り出す道具）・ノミ・ヤリガンナ等の農具や工具、釣針、ヤスなどの漁具、宗教具、馬具、武具などの多種多様な鉄製品がつくられるようになります。製鉄専門工人達の集落である杢沢遺跡（鰺ヶ沢町）などが発見された岩木山北麓から西麓にかけての一帯は、古代において我が国有数の製鉄地帯となっています。

また、浪おだやかな陸奥湾沿岸には約60あまりの平安時代の製塩遺跡が発見され、この時代の陸奥湾沿岸は宮城県松島湾沿岸などと共に、これもまた日本有数の製塩地帯であることが明らかになっています。製塩用の特殊な土器の作り方は北陸地方のものと似ていることから、製塩技術は北陸地方から出羽国経由でもたらされたものと考えられています。

更に、九世紀末から十世紀初頭には、五所川原市東部の前田野川流域を中心に、須恵器窯が築かれ、多量の須恵器が生産されるようになります（図4）。五所川原市教育委員会の努力によって、窯跡はこれまで40基（四つの支群）が発見されていますが、これらの須恵器窯群は日本列島最北のものであると同時に、北方古代史上、重要な意義を持つ貴重な遺跡であるとして、平成17年7月14日、国の史跡に指定されました。

律令国家時代の須恵器工人達は国家の直接支配の下にあり、生産された須恵器の供給先も、多くは城柵や官衙（役所）を中心とする場所であります。国家が本来直接関わるべき須恵器生産が国家支配地外の、所謂「化外の地」

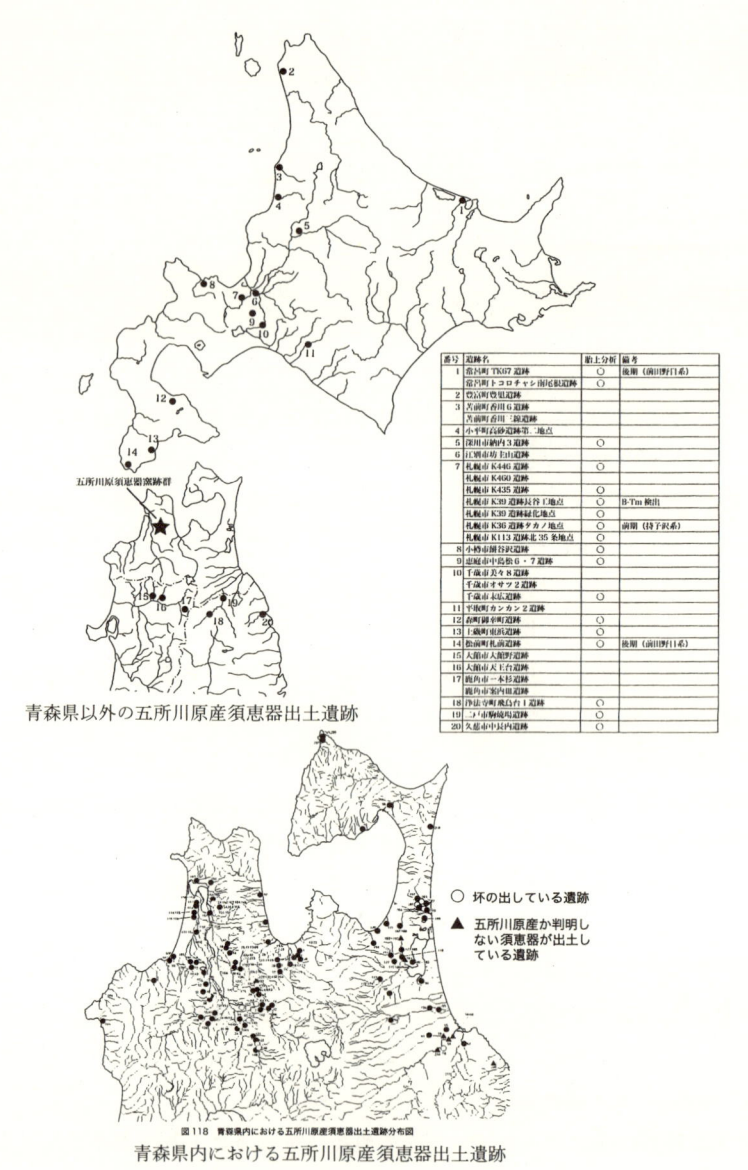

I 国史跡指定記念十三湊フォーラム

青森県以外の五所川原産須恵器出土遺跡

青森県内における五所川原産須恵器出土遺跡

（五所川原市教育委員会 2005『五所川原須恵器窯跡群』より）

図5 五所川原産須恵器の出土遺跡

で行われていた理由は今のところ明らかにされていません。しかし、この窯跡で生産された須恵器は、概ね盛岡市・秋田市を結ぶライン（この南側は国家支配地で郡制が施行されている）の北側（北海道のほぼ全域を含む）だけに供給されています（図5）。このことから五所川原での須恵器生産はあらかじめ津軽地方を中心とした北の世界に供給することを目的としたものであったことが理解できます。

　五所川原で須恵器が生産されるようになったのは、国家（出羽国）が関与したからなのか、関与していたとすれば、どのような方法で、どの程度だったのか。いずれにしても五所川原須恵器窯跡群は、これまで明らかにできなかった国家と北方世界との関わりや、北方世界の中での交流・交易の問題等、今後より具体的に説明できる学術的資料として極めて貴重なものとなっています。

3　防御性集落の時代

　三つ目は津軽地方を中心とする激動の平安時代後期の社会についてであります。10世紀は、当時書かれた史料がほとんど無いこともあって、過去に多くの古代史研究者は津軽地方等の北奥社会は、比較的平和な社会を営んでいたかに理解していました。しかし、国家と蝦夷側との大規模な戦いである「三十八年戦争」、や「元慶の乱」と同等か、それ以上に政治的・社会的に不安定な状況下にあったことが近年の考古学の研究成果で明らかになってきています。北奥社会特有の「防御性集落の時代」の到来であります。10世紀の半ば頃、一般の集落のほとんど全てが、従来から住んでいた住み易い土地から忽然と姿を消し、高地や山間部の奥深く、あるいは天然の要害と呼べるような場所に集団移転し、これまで例のない新しい構造の集落を造り、約100〜150年間の長期に渡ってそこに住み続けています。

　防御性集落はこれまで、発掘調査や分布・試掘調査によって100を越える数が確認されています。また、その分布は図6に示したように秋田市・盛岡市を結ぶ、概ね北緯40度以北から北海道道南地方までであります。この地

Ⅰ　国史跡指定記念十三湊フォーラム

北海道道南地方
1　小茂内遺跡　　3　札前遺跡
2　原口遺跡　　　4　尾白内遺跡
　　　　　　　　5　ワシリ遺跡

青森県
1　将木館　　　　　　20　蓬田大館遺跡
2　向野2遺跡　　　　21　蓬田小館
3　戸鎖館　　　　　　22　墳(古)館
4　明前館　　　　　　23　中里城
5　鷹架沼竪穴遺跡　　24　高館遺跡
6　内沼蝦夷館　　　　25　高屋敷館
7　中志蝦夷館　　　　26　種里城
8　内蛇沢蝦夷館　　　27　大館森山遺跡
9　能野堂遺跡　　　　28　小友館
10　風張(1)遺跡　　　29　中別所館
11　南部町蝦夷館　　　30　石川長者森遺跡
12　新田(1)遺跡　　　31　砂沢平遺跡
13　向田(35)遺跡　　　32　古館遺跡
14　平畑(2)遺跡　　　33　唐川城遺跡
15　二十平遺跡　　　　34　五林館
16　林ノ前遺跡　　　　35　深郷田館
17　上七崎遺跡　　　　36　源常平遺跡
18　大仏遺跡　　　　　37　早稲田遺跡
19　楢館遺跡　　　　　38　永野遺跡
　　　　　　　　　　　39　赤平(3)遺跡

岩手県
1　駒焼場遺跡　　　　7　太布蝦夷森遺跡
2　大日向Ⅱ遺跡　　　8　暮坪遺跡
3　牛転ばし館遺跡　　9　暮坪ⅡA遺跡
4　たてひら館遺跡　　10　三ツ森山遺跡
5　民田山館森遺跡　　11　子飼沢山遺跡
6　コアスカ館跡　　　12　千ヶ窪Ⅰ・Ⅱ遺跡
　　　　　　　　　　13　黒山の昔穴遺跡

秋田県
1　横沢遺跡　　　　　5　下沢遺跡
2　太田谷地館跡　　　6　北の林Ⅰ遺跡
3　妻の神Ⅰ遺跡　　　7　古館Ⅰ遺跡
4　チヤクシ館遺跡　　8　鴨巣Ⅰ・Ⅱ遺跡

図6　北奥・道南地方の防御性集落分布図

域は基本的に古代律令国家期・王朝国家期を通じて国家の支配地外とされ、十二世紀前葉まで郡郷制が施行されなかった地域でもあります。

　津軽地方で発見されている主な防御性集落には唐川城跡（旧市浦村）、中里城跡（旧中里町）、種里城跡（鰺ヶ沢町）、高屋敷館遺跡（旧浪岡町）などがあります。防御性集落は基本的に集落の全構成員を、堀や土塁等の防御施設を用いて守ることにあります。また、施設を用いなくとも自然の要害をなす丘陵を利用する場合も多く、更には自然の要害に加えて防御の施設を設ける場合もあり、構造的には一律ではありません。

　しかし、この防御性集落の構造は、概ね二つに大別されることが明らかにされています。一つは津軽地方を中心として、秋田県米代川流域や北海道道南地方に見られるもので、集落全体を堀・土塁等の防御の施設で囲うもの（「津軽型」）と、岩手県北部の山間部から青森県域の八戸地方・上北地方等の太平洋岸にかけての地域に多く見られるもので、「村長」等の首長層の居住域のみを堀で囲い、その後背地に一般の集落構成員の住居域を配置するもの（「上北型」）であります。なお、上北型の多くの場合は集落の立地する場所が麓との比高差30～200メートルもあることから、この位置に集落を立地させるだけで、すでに防御の機能を果たすことにもなります。上北型と津軽型の基本的な違いは、地形の使い方の違いもさることながら、集落内の階層差に対する認識の違いによるものと考えています。このことは、北奥古代蝦夷社会に内在する、集落間や地域間における社会的な構造の違いとも直結しているものと思われます。

　具体的に言えば「上北型」の場合は、基本的に一つの集落内で階層がほぼ完結し、「村長」をトップとして、それぞれの集落同志は対等の立場に立っているのに対し、図7の高屋敷館遺跡のように、「津軽型」の場合は階層が一つの集落内で終わるのではなく、集落の「長」よりも更に上位に、広範囲の地域を統括する、階層の者（豪族）が別の場所に存在し、その指揮、命令の下に地域が管理運営されていたものと考えられます。また推測の域を超えるものではありませんが、この時期の津軽における豪族の拠点的な施設の一つとして弘前市中別所館遺跡が上げられます。この遺跡はこれまで一部だけ

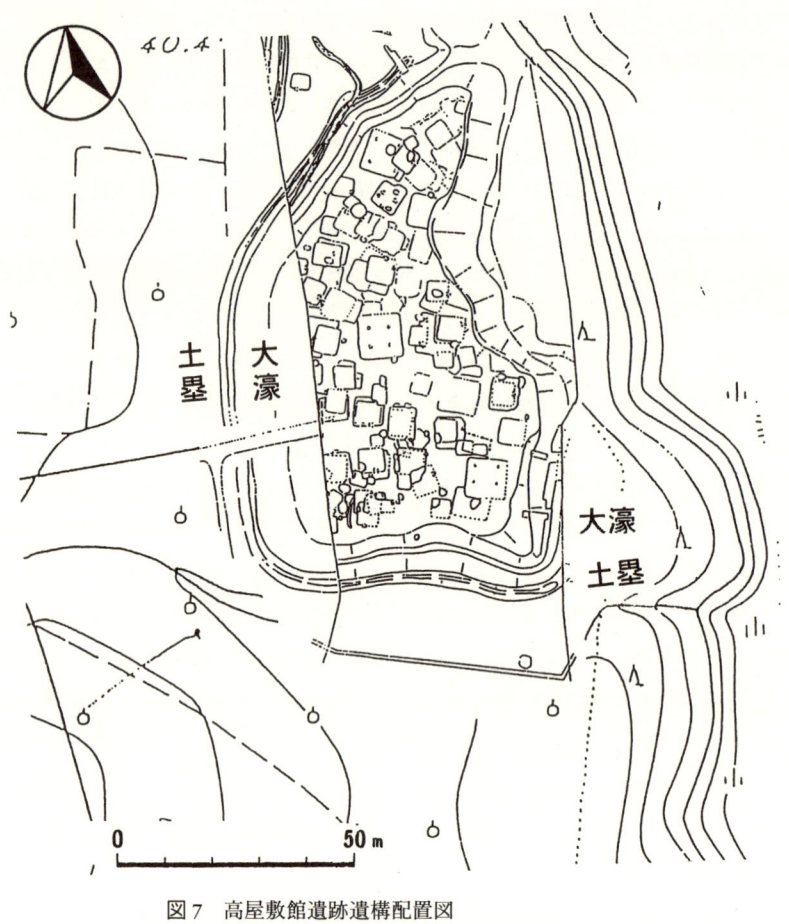

図7　高屋敷館遺跡遺構配置図
（青森県教育委員会 1998『高屋敷館遺跡』より）

より発掘調査されていませんが、規模が10万㎡を越え、大型の掘立柱建物跡などが検出されています。津軽地方を支配した豪族の居館となっていた可能性があります。一方、大平海岸では『陸奥話記』に前九年合戦の際、「鉇屋・仁戸呂志・宇曽利」の三部（広域の単位）の地域の人々が連合し、「安倍富忠」を長として、岩手県の奥六郡を支配していた「安倍頼時」の2,000人

の大軍を打ち破った記事があります。このことと、上北型の構造の防御性集落の在り方を合わせて考えると、集落同志は対等であっても、集落の連合体が作られ、いざ事が起こると広範囲の連合体同志が手を結び、敵に対して行動を起こしたものと考えられます。

　それではこのような戦闘状態を思わせる古代防御性集落はどのような理由で発生したのか、また、誰に対しての備えであったのか。この理由についてはまだ十分明らかにされていません。しかし、これまでの研究の中では、蝦夷社会における部族同志の戦闘に備えたもの、あるいは蝦夷社会に対する国家側からの収奪に対して備えたもの、更には10世紀後半に台頭してきた奥六群（岩手県）の安倍氏や、山北三部（秋田県）の清原氏に対して備えたもの、等の考え方が考古学や文献史料の研究者から提示されていますが、未だ定説には至っておりません。

　いずれにしても、この時代（10世紀後半～12世紀初頭）の津軽地方を中心とする北の世界は、前九年合戦（1051～1062年）、延久合戦（1070年）、後三年合戦（1082～1087年）等を経ており、心安まる日々がない程の多くの戦乱の時代でありました。この防御性集落も12世紀初頭、奥州平泉藤原氏の時代に行われた北奥羽地域の郡制施行と同時に終り、人々は現在の集落が営まれていると同じ、住み易い場所に再び集団移転しています。

4　ま　と　め

　以上古代の津軽について、三つの問題についてお話ししましたが、最後にこれらを踏まえ、古代北方社会の中で津軽はどのような役割を担ったのかについてお話ししたいと思います。

　津軽地方を含む北奥羽地域は弥生時代から古墳時代までは、北海道（道南から札幌市周辺の石狩低地帯まで）と同じく続縄文文化の時代であり、同じ文化圏を共有する人々が住んでいました。これは平安時代になっても擦文文化人として継続されています。従って、同一文化圏の中で同一言語、婚姻はもちろん、生活の在り方等が近似することから、北海道との交流・交易が頻繁

に行われていたことが予想されています。

　北海道内の発掘調査では、五所川原で生産された須恵器が道内一円から出土するだけでなく、道内では生産されていない鉄製品（小規模な鍛冶は行われていた）やコメも多くの遺跡から出土しています。北海道で出土する鉄製品やコメの大部分は津軽で生産されたものと考えています。更に塩や木器（漆器）も北海道に供給されていた可能性が高いと見ています。

　このように、北方社会（北海道）の中で必要とされる内地的な生活用品の多くは津軽地方で生産されたものと考えています。また、津軽では生産されていない物で、北海道の人々が欲しい内国産の品物は、津軽を経由して北海道に運ばれたものと考えられています。一方、北海道から津軽地方にもたらされた物質は今のところ道内で作られた擦文土器より明らかになっておりません。しかし平安時代の『延喜式』や奥州平泉藤原氏時代（12世紀）の史料等に見られる水豹（アザラシ）などの海獣や羆（ヒグマ）などの動物の毛皮、鷲の羽根、海産物等が北海道の産物として考えられています。これらの物質のほとんどは京都等の畿内に送られたものですが、津軽地方はその交易の中継基地であったものと考えられています。

　中世の「海の豪族」安藤氏の活躍は、実は前段階の平安時代までに形成された南（西）・北の交流・交易の基盤の上に成り立っていたのであります。津軽地方は、中世では日本国家への北の玄関口としての機能を持っていますが、平安時代までは逆に北方社会への玄関口としてのみならず、北方社会の生産・流通・文化等の最前線基地として役割を担った地域として評価されるのではないかと思います。これで私の発表は終わります。

引用・参考文献

桜井清彦　1958　「東北地方北部における土師器と竪穴に関する諸問題」『館址』東京大学出版会

榊原滋高　2005　「十三湖周辺の古代集落」『北奥の考古学』葛西勵先生還暦記念論文集

三浦圭介　1995　「北奥・北海道における古代防禦性集落の発生と展開」『国立歴史

民俗博物館研究報告』64号
三浦圭介　1994　「古代東北地方北部の生業にみる地域差」『北日本の考古学』吉川
　　　弘文館
藤原弘明　2003　『五所川原須恵器窯跡群』五所川原市教育委員会
三浦圭介　1995　「第3章　古代」『新編　弘前市史─資料編1（考古編）』弘前市
三浦圭介　2005　「平安後期の北奥世界─林ノ前遺跡・新田(1)遺跡の意義─」
　　　『東アジアの古代文化』125号　大和書房

最北の五所川原須恵器窯跡

特別寄稿

藤原　弘明

はじめに

　国史跡五所川原須恵器窯跡が所在するのは、五所川原市中心市街地から南東方向約15kmにある前田野目丘陵上です。この丘陵は南北に流れる前田野目川の支流により開析が進み、起伏の富んだ地形を呈しています。窯は、各支流に注ぐ小河川に挟まれた小丘陵上の先端部斜面を利用して、標高30～200mの場所に構築されています。

　窯の構造は、いずれも半地下式の無階・無段の登窯であり、窯体下部より焚き口部、燃焼部、焼成部、煙出部から構成されています（図1）。全長は斜距離で6.6～9.4m、最大幅は1.3～2.0m、焼成部の傾斜は20～30度を測ります。

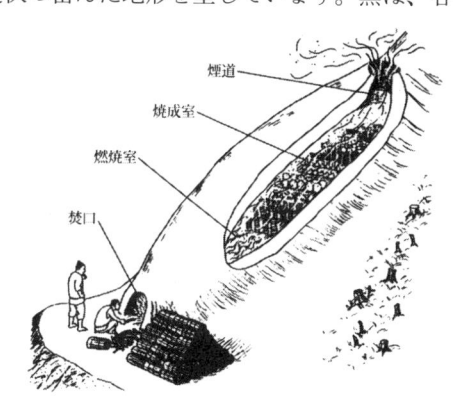

図1　登　窯（潮見 1998）

　現在までの分布調査によって、発見された窯跡は、全部で40ヵ所を数えます。SM1・2号窯とMD4・5号窯を除き、いずれの窯跡も1ヵ所1基を基本とし、群在することはありません。

　この窯跡群は平安時代中頃の9世紀末から10世紀後半にかけて、須恵器を生産しており、各地区によってまとまりが見られ、大きく分けて南から、高野（KY）窯跡支群、桜ヶ峰（SM）窯跡支群、持子沢（MZ）窯跡支群、原子（HK）窯跡支群、前田野目（MD）窯跡支群の5支群に分類されます（図2）。

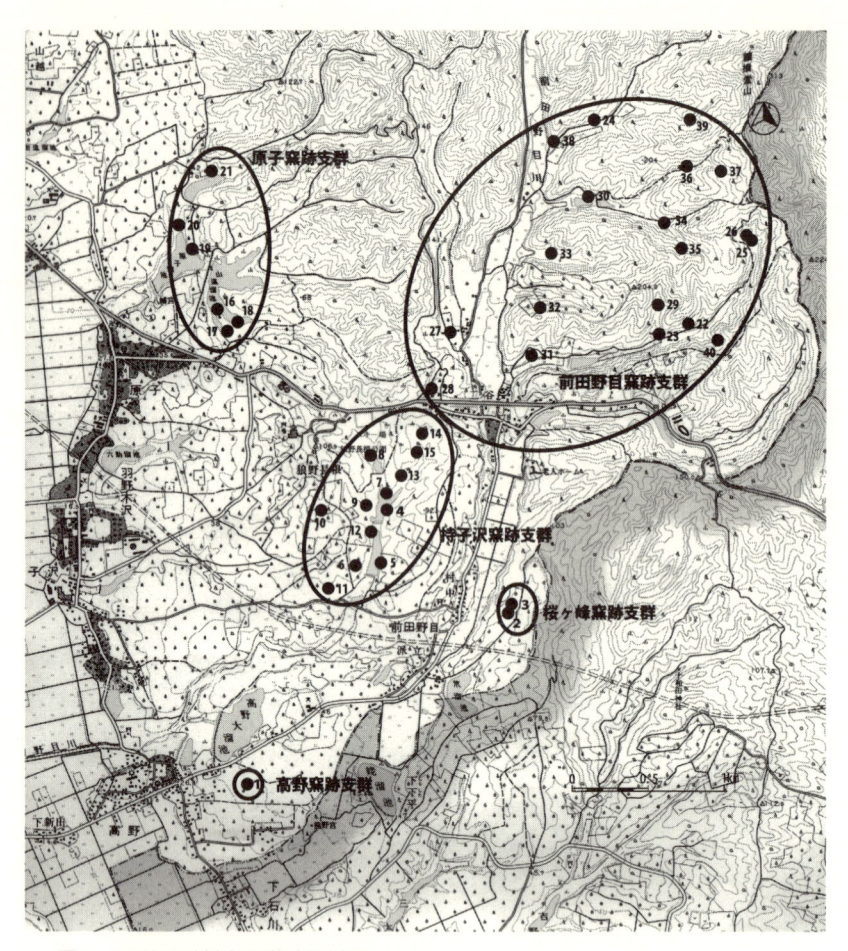

I 国史跡指定記念十三湊フォーラム

図2 五所川原須恵器窯跡位置図
1：KY（高野）1号窯、2・3：SM（桜ヶ峰）1・2号窯、4～15：MZ（持子沢）1～12号窯、16～21：HK（原子）1～6号窯、22～40：MD（前田野目）1～19号窯

須恵器窯跡の調査経緯

　五所川原須恵器窯跡は、先述したように大きく分類して、5支群に分類が可能です。そこで、支群ごとに発掘調査や分布調査の成果を述べていきます。

KY窯跡支群

　2003年に土地所有者の証言により窯跡であることが判明しました（KY1号窯）。そこで五所川原市では2003・2004年の2カ年に渡って発掘調査を実施しました。

　その結果、窯体は燃焼部を除いて削平されており、詳細は不明であるが、半地下式の登窯であると考えられます。燃焼部を横断するように排水のためのトレンチがあり、それを利用して燃焼部の断面を観察したところ床面は2層確認され、少なくとも2回の操業が確認されました。

　その他に窯の焚口部南に土壙が3基、溝跡が2条確認されましたが、いずれも窯跡の灰原と考えられる土が堆

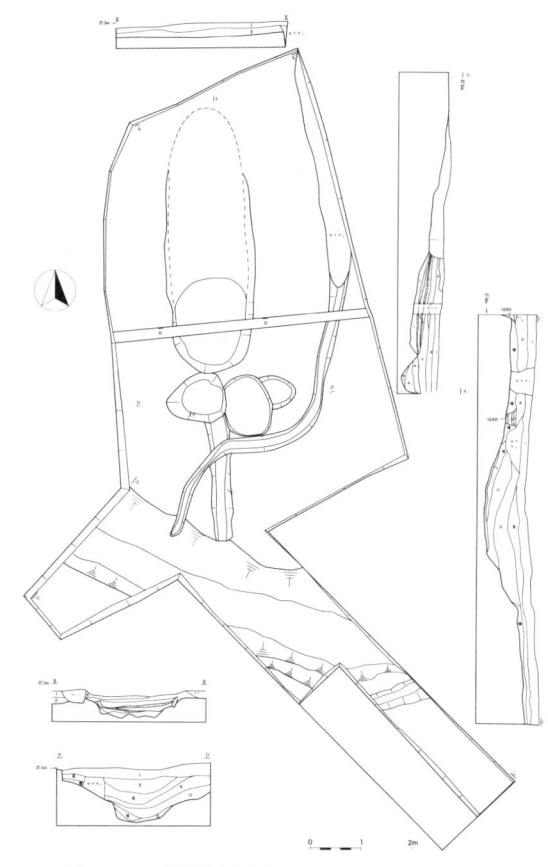

図3　KY1号窯平面図
　　　五所川原市教育委員会 2004を一部加筆改訂

積しており、窯焼成後にはその機能は果たしていないものと考えられます。

灰原は旧河川跡に確認されました。出土遺物は坏・皿・蓋・鉢・壺・甕であり、特に坏の出土量が半数を占めます。また、土師器を窯で焼成したと考えられる土師器様須恵器も出土しています（写真1）。

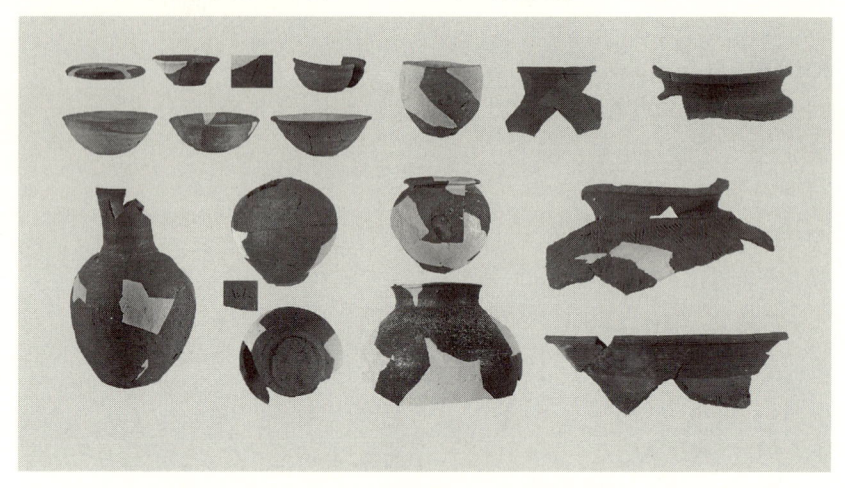

写真1　KY1号窯出土遺物（五所川原市教育委員会 2004）

SM窯跡支群（図4）

新谷により1973年にSM1号窯（旧桜ヶ峰窯跡）の調査が実施されました（新谷1973）。その結果窯尻部分は削平されていたが無階・無段の登窯であり、焼成回数は遺物の出土量が少ないこと、木炭の出土量が少ないことから1回であると考えています。

窯の残存長は6.67m、最大幅は2m、傾斜角は20度を測ります。

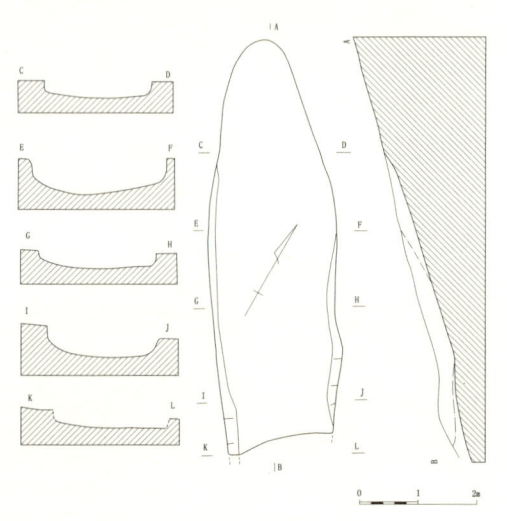

図4　SM1号窯平面図（新谷 1973）

MZ窯跡支群

MZ2号窯（図5）

1972年立正大学の坂詰秀一氏により発掘調査が実施されました（写真2）。

その結果、窯は半地下式の無階無段の登窯であり、全長6.6m、焼成部最大幅1.3m、燃焼部幅1.2m、焚口部幅1.2mを測ります。その平面プランは全体的にみて細長く、焼成部と燃焼部との境界付近にくびれをもちません。窯底の勾配は20～30度を測ります。燃焼部の長さは1.2m前後であり、焚口部の側壁は0.6m程度残っています。

この窯は、窯尻付近で約0.2m、焚口付近で約0.3m表土層を掘り下げて構築したもので、ベースをなしている粘土層を底面近くに見ることの出来るものです。従って、構築当初において窯本体の大部分は地上に露出していたものと考えられます。

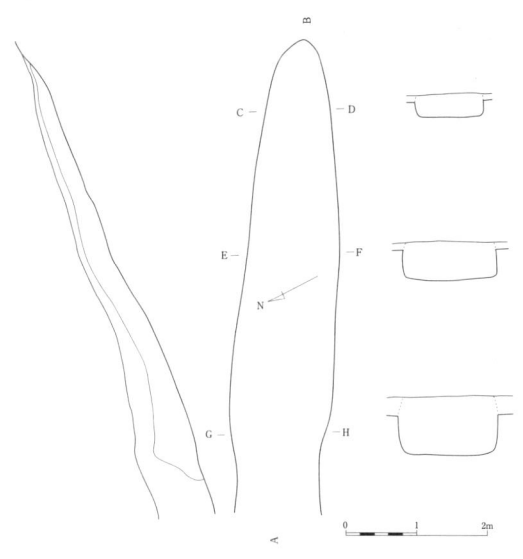

図5　MZ2号窯平面図（坂詰 1973）

写真2　MZ2号窯調査風景
（坂詰秀一氏より写真提供）

灰原は、焚口の下方に堆積していたが、トレンチ発掘の結果、焚口の部分より約6m下方まで広がっていました（坂詰 1973より抜粋）。

MZ3号窯（図6・写真3）

1973年10月8日から18日にかけて立正大学の坂詰秀一氏により、発掘調査が実施されました（図5・写真3）。その結果、窯は半地下式無階無段登窯のであり、窯の全長は9.4m、焚口部幅1.9m、焼成部最大幅1.5m、煙出部は一部破壊されていましたが約0.6mの大きさが計測されました。窯壁にはスサ入りの粘土を貼り、天井部も同じくそれをもって架構しているもので、窯底に砂を敷き詰め部分的に須恵器の破片を埋め込んでありました。残存壁面の計測値より考えると窯底より天井部までの高さは、焼成部にて約1.2m、燃焼部にて約0.9mと推定されます。

焚口部には閉塞用の粘土が堆積し、燃焼部より多量の燃料残滓が見出されました。

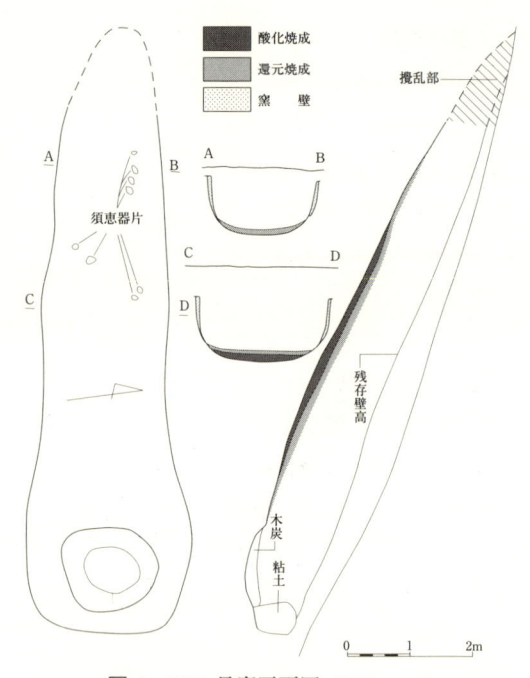

図6　MZ3号窯平面図（坂詰 1974）

写真3　MZ3号窯完掘状況
（村越潔氏より写真提供）

灰原は、窯の主軸に沿って焚口部より下方に約6m以上にわたって堆積していました。

窯中より須恵器の広口壺・長頸壺・坏などの破片が出土し、一方灰原および集積場と考えられる部分より完形を含む壺・甕・坏などが出土しています。また窯に向かって左方の灰原の切れた部分より1点の鉄斧が出土しています（坂詰 1974 より抜粋）。

MZ6号窯

1998年に分布調査および磁気探査によって発見されました。そこで、正確な窯の位置を確認するために、2001年に西村康氏に依頼してレーダー探査等を行い、発掘区を設定しました。

2001年7月23日から8月28日にかけて発掘調査を実施しました。その結果、窯尻が一部削平されていましたが、残存状況は良好でありました。窯は半地下式の無階・無段の登窯であり、形状は先端にかけて先細りになります（図7）。

燃焼部には床面の貼り替えが確認され、少なくとも2回の焼成が確認されました。

床面には、砂が堆積しており、その砂に密着する状況で須恵器の甕の体部破片が出土しており（写真4）、焼台として使

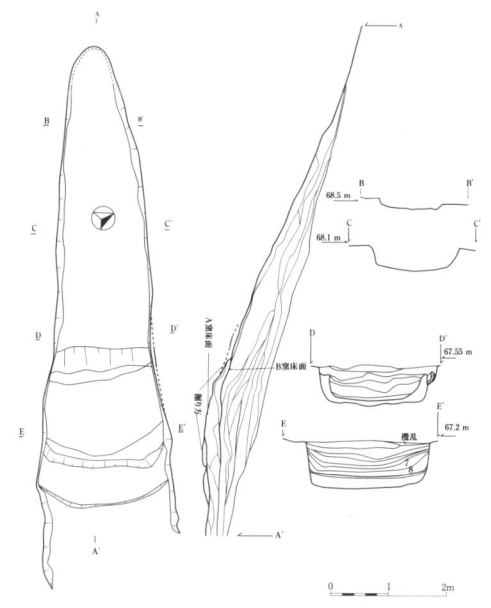

図7　MZ6号窯跡平面図
（五所川原市教育委員会 2002）

写真4　MZ6号窯作業風景
（五所川原市教育委員会 2002）

用されていたものと考えています。

MZ7号窯

1998年に土取り工事が行われた際に発見されましたが、灰原と焚口部と燃焼部の一部が破壊されました（写真5）。

そこで、西村康氏に依頼して、窯体が丘陵斜面のなかにどれほどの規模をもって残存しているかを探査することにしました。採用した探査は2種類の磁気探査と地中レーダー探査です。

良好な結果が得られたのはレーダー探査であり、図8にその結果を示しましたが、残存長約6m、最大幅約2mを測り、形状は燃焼部に最大幅を有し、窯尻にかけて先細りの形状を呈しています（西村 2003）。

以上のように持子沢窯跡支群で調査が実施されてきた窯跡から、この支群の特徴としていずれの形状も燃焼部に最大幅を有し、焼成部から窯尻にかけて次第に幅を減じ、先窄まりの形状を呈します。

写真5　MZ7号窯燃焼部断面図
（五所川原市教育委員会写真提供）

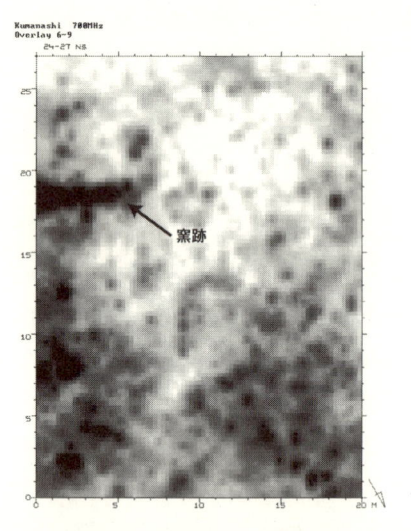

図8　MZ7号窯レーダ探査図
（西村 2003）

出土遺物の特徴としては、坏が比較的多く生産され、大甕の生産は少ないことが挙げられます。

HK窯跡支群

HK3号窯（写真6・7）

通常は溜池の中に水没しているため、溜池渇水期の2002年10月23日から11月8日にかけて発掘調査が実施されました。その結果、焼成部の一部と窯尻部が破壊されていました。

残存長は全長3.5m、最大幅1.2mを測ります。燃焼部は残存長2.0m、最大幅1.2mを測り、斜度は平均で約21度を測ります。床面直上には還元色を呈した砂層が堆積しており、砂を敷いていたものと考えられます。

燃焼部は炭化物を多量に含む層が堆積し、焼成部とは明瞭に区別できました。全長1.4m、最大幅1.2mを測ります。燃焼部で斜度は緩やかになり、平均で10度を測ります。

灰原は溜池に水没しており一部しか調査できませんでしたが、坏・壺・甕が出土しています。

写真6　HK3号窯完掘状況
（五所川原市教育委員会より写真提供）

写真7　HK3号窯遺物出土状況
（五所川原市教育委員会より写真提供）

MD 窯跡支群

　五所川原市に須恵器窯跡が発見されたのは、1967年砂田地区の林道工事や鞍ノ沢地区の牧場整備事業に伴い、斜面掘削中に窯壁や須恵器が散見したのが契機となりました。これらの窯壁や須恵器片を実見した秋元省三（当時津軽考古学会会長）は、須恵器窯跡に間違いないとし、当時青森県内の考古学に詳しい江坂輝彌（当時慶応大学助教授）、村越潔（当時弘前大学講師）に連絡を取り、調査した結果、須恵器窯跡であることが確認されました。

　そこで江坂は翌1968年に坂詰秀一（当時立正大学助教授）に依頼して砂田地区にあるMD1号窯（当時B地点窯跡、旧砂田B遺跡1号窯）、MD6号窯（当時A地点窯跡、旧鞍ノ沢窯跡）の発掘調査を実施しました。

MD1号窯（写真8・図9）

　窯は、現地表面下30～80cmに底面が見出され、それは、地山の粘土層を10～50cm掘りくぼめたものです。その形状は、焼成部の窯尻寄りの部分が膨みを有するものであり、さらに燃焼部も心もち膨みをもっています。焼成部は4m、燃焼部は現存1m強を測ります。焼成部の最大幅は、窯尻より1mの部分で1.5m、燃焼部の最大幅は1.6mを測ります。窯底の勾配は、平均30度を有しています。焼成部と燃焼部

写真8　MD1号窯完掘状況
（五所川原市教育委員会より写真提供）

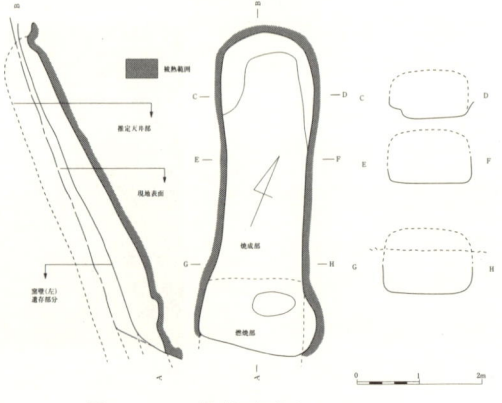

図9　MD1号窯平面図（坂詰 1968）

は、焼成部の窯底が燃焼部のそれに比較して堅緻になっていることから区別されます。

燃焼部には、一部くぼみが検出されましたが、燃焼過程において使用されたものかどうか判明しませんでした。

灰原はすでに工事によって完全に破壊され、僅かにその名残りの灰と遺物が付近に散乱していたに過ぎませんでした（坂詰 1968 より 1 部加筆訂正）。

MD6 号窯（図 10・写真 9）

窯尻の部分が一部すでに破壊されていましたが、主軸は N―40°―W を示し、全長 9.2m、最大幅は燃焼部で 2.3m を測る半地下式無階無段登窯でした。焼成部と燃焼部との境界は、段落と底面の状態より識別することが可能で、6.8m の焼成部と 2.4m の燃焼部に分離されます。窯底の勾配は 23 度です。窯底には砂を敷いています。

窯は現地表面にほぼ沿って、地山の粘土質土層を 20～50cm 掘りくぼめたもので、その平面形状は、図 10 に示すように燃焼部から焼成部までほぼ一定の幅を有する形状を呈しています。

焼成部と燃焼部の境界付

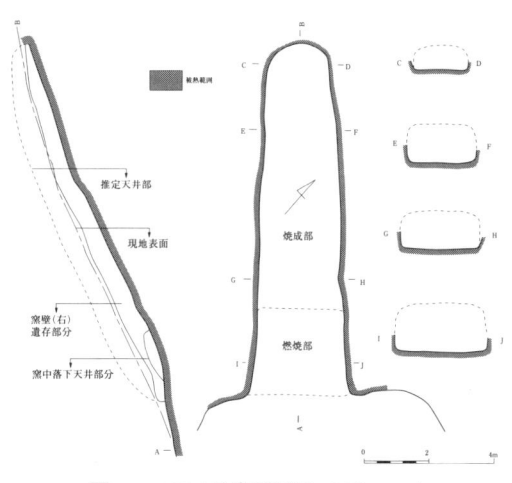

図 10　MD6 号窯平面図（坂詰 1968）

写真 9　MD6 号窯完掘状況
　　　　（村越潔氏より写真提供）

近の壁面の状態から3回以上の補修が窺われました。焼成部の窯底が壁と共に青色を呈し、さらに壁は部分的にガラス状の物質が湧出しているのに対して、燃焼部の底は赤褐色、壁面も赤褐色の膜を被っているのが対照的です。

本窯において注意すべきことは、焚口外側に構築当初より意識的にいわゆる前庭部を設けていることです。この前庭部は、窯の中軸より直角に左に2.5m、右に5m、そして窯の延長方向に1.5mの範囲を掘り、平坦面を形成している。この平坦の部分は、かなり踏み固められ、作業空間としての役割を果たしていたことが窺われます。

灰原《ステ場》は、この平坦部より下方に認められ、その範囲は溜池中の発掘によって一応の拡がりを追求したが、きわめて狭く5m×3m位であり、その灰の層も薄く、かつ出土遺物も僅少でありました（坂詰 1968を一部加筆訂正）。

MD4・5号窯

村越潔、新谷武により1973年にMD4・5号窯の発掘調査が実施されました。

MD4号窯の窯尻の部分は林道工事により破壊されていましたが、窯尻底面の赤褐色土層が残存しており、当初の状態を推定することが可能でした。半地下式無階無段登窯の構造をしており、窯の主軸は北より東に5度振れています（図11）。窯尻底面からの推定で全長7.5m、最大幅1.65mを測ります。底面には山砂、シラス土が敷かれ、青灰色を呈し、その上部には

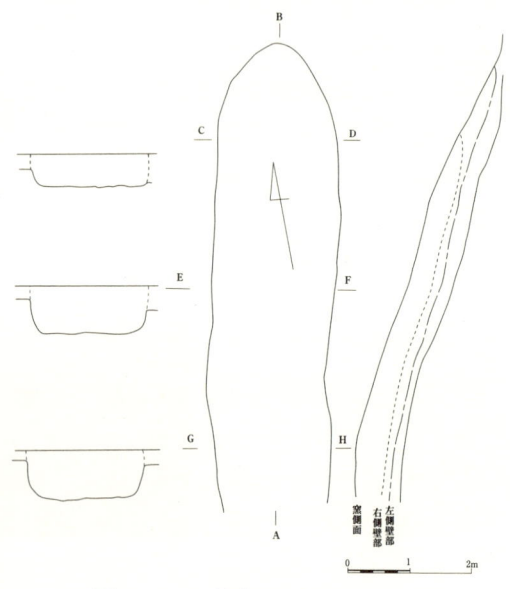

図11 MD4号窯（村越・新谷 1974）

須恵器破片が敷かれていました。

燃焼部傾斜角度は5度、焼成部の傾斜角度は最大で20度です。

焼成回数は側壁面、底面から推定すると改窯の跡は認められず、1回焼成窯と考えられます。

MD5号窯は灰原のみの調査ですが、それによると木炭を多量に含む灰原と考えられる層が3層確認され、少なくとも3回の焼成が行われた可能性が高いと考えられます（村越・新谷 1974 より一部加筆訂正）。

MD7号窯

平成9年（1997）に犬走（いぬばしり）須恵器窯跡（MD7号窯）の発掘調査が実施されました。

窯は半地下式無階無段の登窯であり、燃焼部の床面に貼り替えが認められ、最低でも2回の焼成が確認されました。

新しい窯は窯体・窯壁の遺存状態が良好であったが、窯体下方の灰原の裾部分が重機によって削平されていました。また、窯尻部分も削平されており、煙道部は痕跡として認められる程度です。

窯体の全長は水平距離で6.9m、斜距離で7.3m、窯体の幅は燃焼室で最大幅2.6m（窯内2.1m）、焼成室で最大幅2.4m（窯内で2.0m）を測ります。

窯体の平面形は著しく短いが、その反

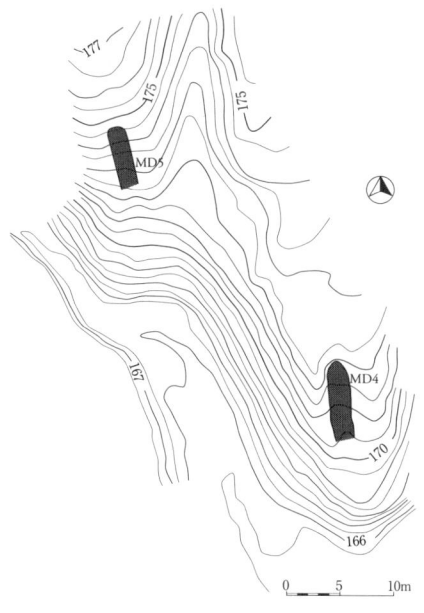

図12　MD4・5号窯地形図
（五所川原市教育委員会 2003）

写真10　MD7号窯完掘状況
（工藤編 1998）

面、幅はかなり広いことが分かります。

床面の傾斜は焚口から燃焼室にかけて緩やかであるが、焼成室から窯尻にかけて強くなります。傾斜角度は前者で約10度、後者で約23度を測ります。

なお焼成室の上位には床面に溶着した窯壁片が入り込んでおり、窯壁片が焼台として使用された可能性があります。

古い窯は新しい窯築窯の際に窯体の上半分が削平されているために、燃焼室全体と焼成室の下部が残存している状況です。

窯の現存長は水平・斜距離とも3.9mを測ります。最大幅は焼成室で2.3m（窯内2.05m）を測ります。

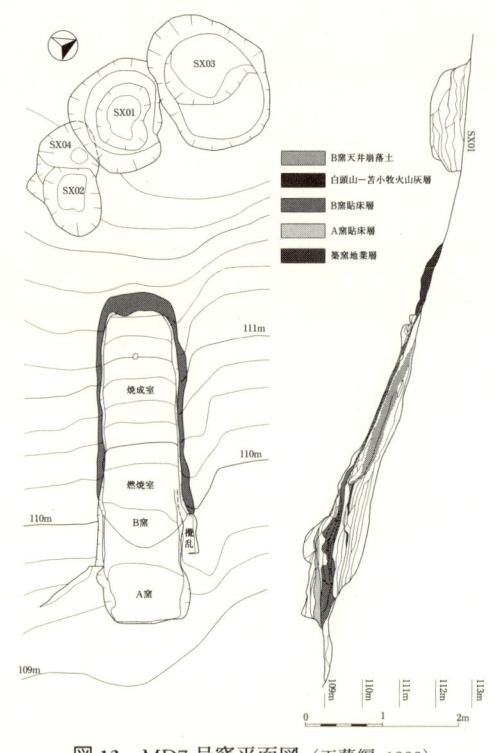

図13　MD7号窯平面図（工藤編 1998）

床面の傾斜は焚口から燃焼室にかけて、やや下がり気味であるが、焼成室に入ると急に傾斜が強くなる。前者で約−7度ほど、後者で約25度を測ります。

付随する遺構として、燃焼室床面下から船底状ピット、窯の西側に粘土を採掘したものと考えられる土壙群が検出されました（図13）。

窯体内より白頭山火山灰が検出され、窯の構築年代を知る上で貴重な資料となり、現在の窯跡の年代の位置づけはこの窯に基づいて出されたものです（工藤編 1998）。

五所川原須恵器窯の変遷（図14）

　初現期は最も南に位置するKY1号窯であり、工人は五所川原市の南、浪岡町側から河川づたいに9世紀末に入ってきたものと考えられます。周辺に窯跡が確認されていないことから、初期の操業は周辺集落への供給を主体とする小規模の生産体制でした。器種は坏が主体を占め、鉢・壺がそれに続き、甕はあまり生産されていませんでした。

　その後10世紀初頭には、KY1号窯の北側持子沢地区に

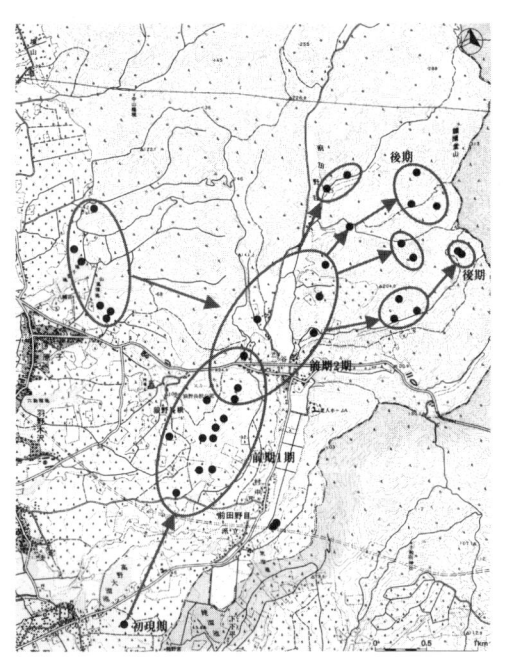

図14　窯変遷図
（五所川原市教育委員会 2003）

操業の場所を移し、比較的安定した生産を行っています。生産された須恵器は五所川原周辺、下北半島南部、北海道の道央、道南に拠点的に供給されるものの、KY1号窯と同様に生産地周辺を主体としており、器種は坏・鉢・長頸壺・甕が主体を占めます（いわゆる持子沢系）。

　その後10世紀前半代には上述したような生産体制をとりながら、次第に築窯場所を北上させていきます。この生産体制が大きく変化するのが、白頭山火山灰降下後の10世紀中葉以降であり、生産される器種が貯蔵具中心の生産体制へと変化していき、10世紀後半には生産を終了しています（いわゆる前田野目系）。

　生産体制の変化に伴い、流通範囲も拠点的供給から面的な供給に広がるが、1遺跡で出土する須恵器の量は五所川原周辺を除けば、少量に留まることから、全時期を通じて生産量自体はあまり変化がないものと考えられます。

五所川原産須恵器の種類と製作の変化

五所川原須恵器窯跡で製作された須恵器には食膳具と貯蔵具に分類されます。食膳具には、坏（今の茶碗に相当）、鉢、皿、蓋があげられます。貯蔵具には細長い首を有する長頸壺、広い口を有する広口壺、水や米などを入れる丸い底を呈する甕という器種に分類されます。また、その他に各器種のミニチュアが作られました（図15）。

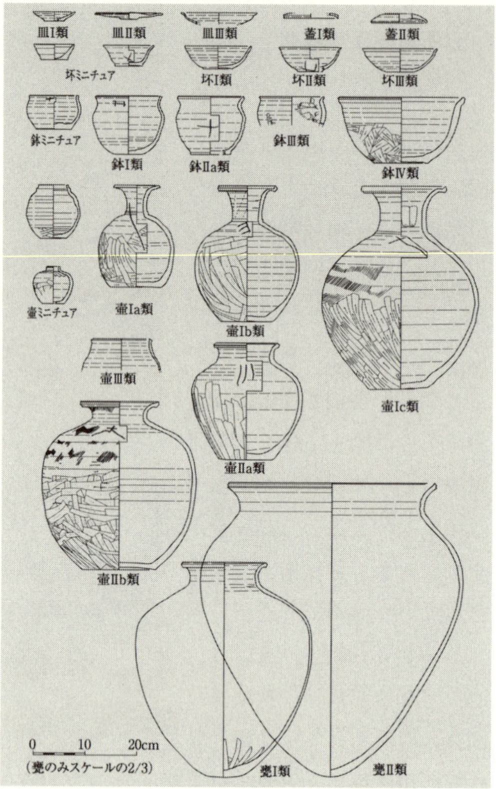

各器種は器形および法量の違いによって細分されます。

器種により製作技法は異なり、坏、鉢、皿、蓋はロクロを使用して製作されます。壺は粘土紐を輪にして、積上げることにより成形し、ロクロを使用して整形した後、下半分をヘラ状の工具で削り整形します。大型の個体は、甕と同様に当て具により叩き整形が施されます。

図15　五所川原産須恵器の器種組成
（五所川原市教育委員会 2003）

甕は粘土紐を輪にして、積み上げることにより成形した後、板状の工具で叩き締めて、粘土中の空気を抜きつつ整形していきます。

各窯別における器種組成には変化が見られ、最も古いKY1号窯期には、坏が過半数を占めるのに対して、MZの各窯およびMD7号窯では減少していき、MD16号窯では、殆ど製作されなくなります。逆に甕類はKY1号窯期や

最北の五所川原須恵器窯跡

MZ の各窯では、製作される個体は少ないのですが、MD7号窯で増加し始め、MD16号窯では急増することになります。鉢・壺I類・壺II類は各窯期を通じてほぼ一定の割合で制作されます。この変化が著しいのが、白頭山火山灰降下後であり、この時期を前後して、五所川原産須恵器の製作に大きな変化があります（図16）。

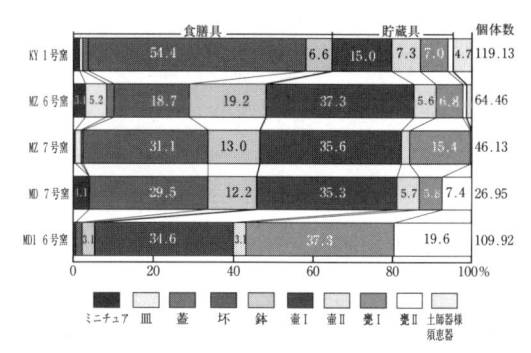

図16　窯別における器種組成の変化
（五所川原市教育委員会　2004）

ヘラ記号について

五所川原産須恵器の一つの特徴としてヘラ記号が挙げられます（図17）。一つの窯におけるヘラ記号の種類は多様ですが、最も多い記号は縦に直線を1～3条引いてあるもので、どの時期を通じても一般的に見られる記号です。また各窯において固有のヘラ記号もみられ、MZ2号窯では「神」、MZ6号窯では「)(」、MZ7号窯では「元？」、MD3号窯では「甲？」、MD7号窯では「一万？」などがあげられ、消費地から出土する須恵器に以上のような特定のヘラ記号が記

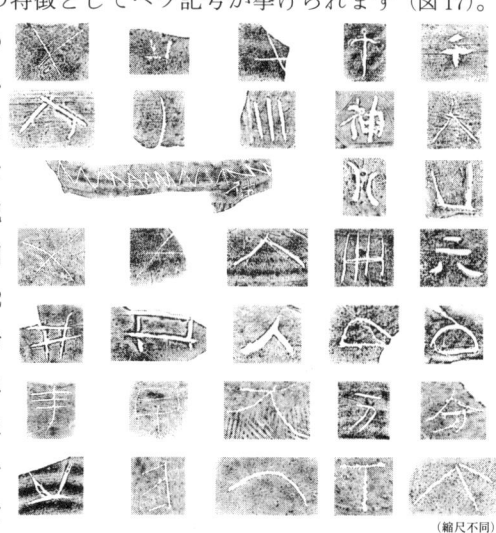

図17　各種ヘラ記号
（五所川原市教育委員会　2003）

173

I　国史跡指定記念十三湊フォーラム

される個体が出土すれば、ある程度窯の推定は可能であると考えられます。
　ヘラ記号が記される位置は器種ごとにほぼ決まっており、坏は体部下半もしくは底部、鉢は頸部から体部、壺Ⅰ・Ⅱ類、甕Ⅰ・Ⅱ類は頸部から肩部に記されます。壺Ⅰ・Ⅱ類、甕Ⅰ・Ⅱ類は時期によってヘラ記号の記される位置が変化し、MD7号窯までは頸部に記されるのが殆どですが、MD3・16号窯の時期になると頸部直下の肩部に記される個体が優勢を占めるようになります。また、ヘラ記号が記されるのが一般的になるのは、MZ窯跡支群からであり、初期のKY1号窯では、記されない個体が多いようです。

五所川原産須恵器の流通

青森県内における五所川原産須恵器の出土した遺跡を図18に掲載しまし

図18　青森県内における五所川原産須恵器出土遺跡位置図
（五所川原市教育委員会　2003）

た。ここで白抜きの○は坏の出土が見られる遺跡ですが、時期として坏の生産量の多い前期に当たるものが多いと考えられます。まずこの遺跡を概観すると圧倒的に遺跡数が多いのは、五所川原市周辺の市町村であり、特に旧浪岡町、青森市、弘前市、黒石市、旧中里町において際立っています。また下北半島においても、六ヶ所村、旧東北町では遺跡の数は多く、逆に八戸市周辺は古代の遺跡が多く調査されているにも拘わらず、少数です。このことから前期の須恵器供給地として、五所川原市周辺地域および下北半島に限定されると考えられます。後期になると器種の生産体制の変化に伴い広範囲に広がっていったと考えられます。しかし、1遺跡で出土する須恵器の量は窯跡周辺の遺跡を除けば、少量です。

以上のことから五所川原産須恵器は前期には拠点的な集落に比較的多量に供給していましたが、後期になると広範囲に供給されるようになり、1遺跡での供給量は減少する傾向が窺えます。

図19には青森県外で五所川原産須恵器の出土した遺跡を掲載しました。これによると南は秋田県大館市や鹿角市、岩手県久慈市などで分布し、北は北海道、特に道央、道南に集中して供給されています。三浦圭介氏は五所川原産須恵器の及ぶ範囲が、擦文土器を出土する遺跡の分布範囲と一致することから、当窯跡群は擦文文化圏に供給するために築窯されたものと考えています（三浦1991）。この考えは、五所川原産須恵器の器種組成が大きく変化する後期（10世紀第3四半期）になってからは

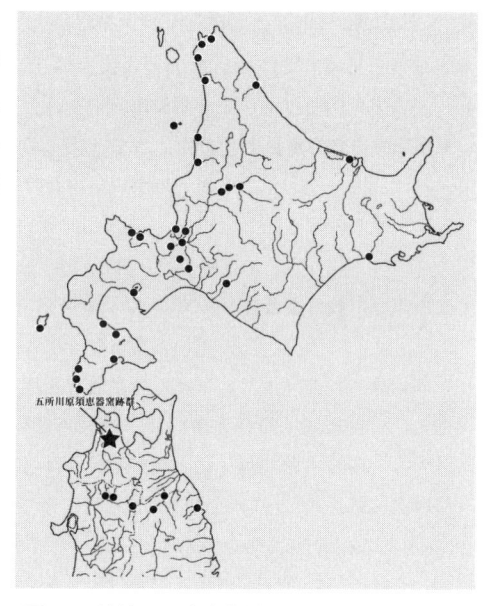

図19　県外出土遺跡位置図
　　　（五所川原市教育委員会 2004、鈴木 2004）

I　国史跡指定記念十三湊フォーラム

妥当であり、むしろそのために貯蔵具中心へと変化していったと考えられますが、前期の築窯の目的はあくまでも周辺の集落あるいは拠点的集落への供給であると考えられます。

参考文献

新谷武　1973　『桜ヶ峰窯跡調査概要』自費出版

工藤清泰編　1998　「犬走須恵器窯跡発掘調査報告書」『五所川原市埋蔵文化財調査報告書』第21集　五所川原市教育委員会

坂詰秀一　1968　「津軽・前田野目窯跡」『五所川原市埋蔵文化財発掘調査報告書』第1集　五所川原市教育委員会

坂詰秀一　1973　「津軽持子沢窯跡調査概報」『北奥古代文化』第5号

坂詰秀一　1974　「津軽持子沢窯跡第二次調査概報」『北奥古代文化』第6号

潮見浩　1998　『技術の考古学』　有斐閣

鈴木琢也　2004　「擦文文化期における須恵器の拡散」『北海道開拓記念館研究紀要』第32号　21—46頁　北海道開拓記念館

西村康　2003　「第3章　探査の成果」『五所川原市埋蔵文化財調査報告書』第25集　16—17頁　五所川原市教育委員会

五所川原市教育委員会　2002　「MZ6号窯」『五所川原市埋蔵文化財調査報告書』第23集　五所川原市教育委員会

五所川原市教育委員会　2003　「五所川原須恵器窯跡群」『五所川原市埋蔵文化財調査報告書』第25集　五所川原市教育委員会

五所川原市教育委員会　2004　「KY1号窯」『五所川原市埋蔵文化財調査報告書』第26集　五所川原市教育委員会

三浦圭介　1991　「古代における東北地方北部の生業」『北からの視点日本考古学協会宮城・仙台大会シンポジウム資料集』　143—153頁　日本考古学協会1991年度宮城・仙台大会実行委員会

村越潔・新谷武　1974　「青森県前田野目砂田遺跡発掘調査概報」『北奥古代文化』第6号

安藤氏の足跡を検証する
──十三湊・折曽関の石造物を中心に──

特別寄稿

佐藤　仁

はじめに

　本稿は『十三湊フォーラム』の一環として行われた安藤氏の遺跡と十三湊(とさみなと)の環境を考察する巡検の要約です。題して「安藤氏の足跡を検証する」、中泊町、五所川原市（旧市浦村）相内・磯松・十三を巡りつがる市域から鯵ヶ沢町内を通り、折曽関(おりそのせき)（深浦町関・北金ヶ沢）を探訪して五所川原市街に帰るコースです。国立歴史民俗博物館の十三湊調査以来、文献と考古学の狭間で石造物や金工品は軽く扱われてきました。巡検は石造記念物を切り口に安藤氏と十三湊を考えようという訳です。

　本来は弘前市の三世寺跡や長勝寺に伝えられた元護国寺の嘉元4年（1306）の銅鐘（以下嘉元鐘と略記）、藤崎町域の唐糸の板碑や藤崎城跡も見学の対象にすべきですが、日没時間の関係で旧十三潟湿地帯と十三湊、折曽関に限定しました。

安藤氏活動の跡

[五所川原から中泊博物館へ]　この区間は江戸時代中期に弘前藩により開かれた新田地帯です。安藤氏の時代には新田開発、このような事業は行われていなかったことを念頭に置いて、往時の奥津軽の状況を想定して下さい。

　車窓の東側（右）には中山(なかやま)山脈が続き、その麓には藤原藤房の伝承を持つ飯詰城跡があります。安藤氏の"日の本将軍"に対応するのでしょうか。城主は"朝日氏"を称し現在も朝日を冠する地名が残ります。室町時代後期には浪岡の北畠氏と結びましたが、天正16年（1588）に大浦（津軽）為信の攻

撃で落城しました。この城は「下ノ切道」を押さえていたのです。下ノ切は飯詰から北側の十三湊方面を指し、この道の南方は藤崎に通じその先は奥大道につながっていました。今走っている国道339号とは金木地域で合流します。

　西側には新田地帯が広がっています。その先に見える淡い山並みが屏風山の砂丘地帯、その裏側に七里長浜―日本海の荒波が打ち寄せています。稜線の北側が十三湊です（写真1）。冬の西風で砂の移動が激しく、新田開発は防風林の工事により成就しました。平野の中央には岩木川が流れ川筋の改修により水運が発達しました。車窓の右側には溜池が続きますが灌漑用水として使用されました。これらの工事の無かった景観、それが安藤氏の時代の風景なのです。

[中泊町博物館界隈]　バスは津軽鉄道を横切りますが、このあたりは壮大な湿地帯でした。西側（左）に見える集落は、江戸時代中頃に完成しています。中泊博物館に到着しましたが、貞享元年（1684）の絵図[1]には福甲田潟（ふこうだがた）が描かれています。旧十三潟湿地帯の一部で、北側は内潟から十三潟（湖）につながっていました〈下車見学〉。

　中泊町博物館は奥津軽地方研究の中心施設として平成10年に開館しました。"山と川と潟のある町"、中山山脈と岩木川、そして十三潟にかかわる事柄を展示しています。石造物の展示も中里に中世の城館や遺物があることから，地域を広げ藤崎から十三湊までを範囲にしています。巡検コースから外れた長勝寺の嘉元鐘は拓本で（写真2）、鐘の音は録音で往時を偲んで下さい。唐糸の板碑（写真3）はレプリカとして展示しています。この板碑の様式は、後で見学する相内や折曽関の板碑と比較しますのでご確認下さい。

　博物館の北側には五輪塔（写真4）と宝篋印塔（写真5）をご神体とする五林神社や五林館跡があります。五輪塔はレプリカで、宝篋印塔は一部分が博物館に展示されています。宝篋印塔の見学の際石材にご注意下さい。五林館の構築は古代ですが中世にも使用されました。また中泊町博物館の東北約2kmの地点に中里城跡があります。古代の環濠集落の遺構ですがこれも中世の遺物を伴っています。周囲にはいくつかの郭があり、中里集落内にも堀跡

安藤氏の足跡を検証する

写真1　新田地帯と屏風山（右端⇨が十三湊）

写真2　長勝寺嘉元4年の銅鏡

写真3　藤崎唐糸の板碑と五輪塔

写真5　五林神社の宝篋印塔（部分）

写真4　五林神社の五輪塔（レプリカ）

がありますから，史料はありませんが遺構と遺物から中世の有様が偲べます。

中里城跡の東方には大導寺と呼ぶ地域があり石塔が発見されています。北方には尾別館跡があって堀跡が残り，附近の水田から懸仏が出土しており，これも当館に展示されています。中里城一帯には中世に一つの勢力があって，下ノ切道を押さえていたと推測できます〈川倉地蔵ほかビデオ上映―昭和35年撮影〉。

[尾別から今泉、七平坂から福島城へ]　中里の町並みを抜けると正面に尾別館が見えてきます。下高根・薄市・今泉付近は幕末まで潟端を歩いたと伝えられています。今泉から中山山脈を越えて蟹田に行く峠道があり，今泉川北岸には館の遺構が並びますから，早い時期から往来したと思います。その中に"七面様"・"宝塔様"と呼ばれるお堂があります。どんな石塔があったかはわかりませんがお堂を囲む堀跡があり，あたり一帯を"安倍太郎屋敷"と呼んできました。吉田東伍は『大日本地名辞書』でこの遺構を福島城跡にあてています（写真6）。

下ノ切道は七平坂を上り福島城跡に入ります。左車窓からは土塁や堀跡（腰郭）が見られます。北側（右）前方には唐川城や権現崎が遠望できますが，足元をみると急崖となっており守りの固さがわかります。城域は十三湖に突出する鯑崎を頂点とする一辺1kmの正三角形をしています（写真7）。

「福島」の城名は『十三往来』[2]が「福島之城郭」と記し，その由来を『十三湊新城記』[3]が「花園帝御宇正和年中（1308～17）安倍貞季公所築之城郭」と記述しています。新城構築の記録は嘉元鐘の奉納や安藤氏の内紛の時期と近いのですが史料的な不安もあります。一方山王坊の存在や板碑の年代と分布状況から，福島城の整備は14世紀後期との見方も可能です。

[相内蓮華庵と山王坊]　相内集落の中央にある蓮華庵はもと山王坊にあり，正徳元年（1711）に建物ごと現在地に移したと伝えられています。この庵には中世の文化財が多くあります。市浦歴史民俗資料館に展示されている銅製鍍金の聖観音座像，前庭の覆屋の板碑（図3），本堂横の覆屋には石塔の断片が多数あります。中には中世の五輪塔や宝篋印塔・無縫塔が含まれており，

硬質の石材が使用されています。これらの石塔は山王坊から移したと菅江真澄は『外浜奇勝』〔史料8〕に記しています。墓地の下方にある重制の無縫塔（写真8）は往時の姿をよく残しています。また墓地の上部にある石塔は相内の東側にあった（伝）禅林寺跡から移したと村人は語ります。板碑には延文・永和などの年号、阿弥陀如来を示す種子 キリーク や六字名号、罫線や八葉蓮弁を刻みます。

写真6　安倍太郎屋敷遠景と砂土場（橋の中央後部の木のない山、建物のある地点が安倍太郎屋敷）

相内の北2kmの地点にある山王坊は安藤氏が関係した寺跡で「十三千坊（とさせんぼう）」と呼ばれてきました。参道には合掌の木組を載せた山王鳥居（写真9）があり、杉木立の境内に

写真7　福島城跡（昭和47年撮影）

は古寺跡にふさわしい雰囲気を醸し出しています。現在は日吉神社に変わっていますが、往時は阿吽寺（あうんじ）を始め幾つかの寺院があったと伝えられています。境内は昭和57年から60年（1982～85）にかけて発掘調査が行われ[4]、堂社の跡とみられる礎石群を中心に遊歩道が整備されています。また境内は火災に遭っており、南部氏の十三湊攻撃や安藤氏の敗北などの事柄が頭に浮かびます。

　なお日吉神社の後ろの坂を上りしばらく歩くと唐川城の下に到着します。そこには津軽三十三観音17番春日内観音堂があり、『十三往来』に記された「龍興寺」の跡に比定されています。津軽の板碑を研究した中村良之進は、

Ⅰ　国史跡指定記念十三湊フォーラム

図2　安藤氏が活動した主な地点

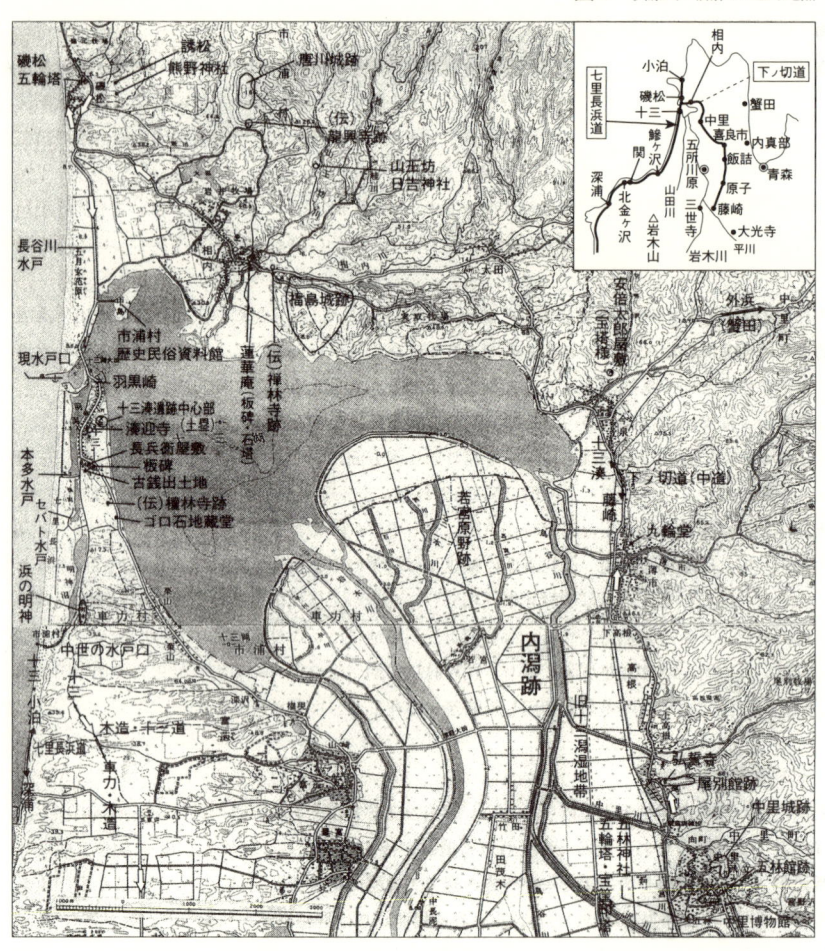

図1　十三湊周辺の中世遺跡　　⇒…巡検コース

その著『陸奥古碑集』⁽⁵⁾の中で嘉元2年（1304）の板碑があったと記しています。事実とすれば意外に早くから、安藤氏の板碑造立が始まっていたことになります〈蓮華庵・山王坊下車見学〉。

　唐川城跡は高館とも呼ばれ、標高166m、井戸や堀、腰郭などの遺構を残しています。観音堂の上に四阿（あずまや）がありますが、十三湖水戸口（みとぐち）工事のため石を採った所で、ここに城の入口の施設があったと村人は語ります。なお主郭の平場はもう一段上です。この城跡は新城である福島城以前の城郭といわれており、城の構築は古代まで遡りますが安藤氏の時代にも利用されたと考えられるのです。上部の平場からの展望はすばらしく、岩木山に十三湖、折曽関から権現崎（ごんげんざき）まで見渡せます。しかし冬期間の生活は困難だったと思われます。

［磯松から十三湊へ］　相内から磯松への道筋では唐川城の山容がつぎつぎに変化し、台形に変わります。やがて西側には日本海が見え始め、権現崎が荒波の彼方に横たわる美しい景観が展開します。バスは"カッチョ"（防風用柵）に囲まれた磯松村の北端熊野神社一の鳥居前に停車します。鳥居の北側には地蔵堂があり、五輪塔（写真10）が2基見えます。二つとも空風輪はありませんが、大きさは80cm弱、種子が確認できます。様式からみて中世の遺物で、唐川城跡の北"五輪沢"から移したとも、"誘松"（いさまつ）の下にあったとも村人は語ります。地方史研究の大家成田末五郎の調査記録には、古館（ふんだて）の誘松の下にあったと記しています。五輪沢は誘松のある沢を指しているのかもしれません。なお五輪塔の石材は2基とも花崗岩ですが産地は特定できません。

　古館跡発掘の際、中世の陶磁器が出土しており、主郭のほか腰郭や舌状台地を横断する堀跡も確認できます。古館跡の南には磯松の語源となった枝ぶりの美しい"誘松"があり、その南の小沢を越えると熊野神社の境内になります。古館跡と誘松、熊野神社と権現崎、権現崎には尾崎神社がありますが、これも熊野系の社、それに五輪塔の存在を考えると磯松地域は十三湊にとって意味のある所と推定されます。なお権現崎の裏側（北）には柴館（柴崎城）跡があり、安藤氏は嘉吉3年（1443）この館から蝦夷島に逃れました。また権現崎には不老不死の薬を求めて来日した徐福の伝説があります。

Ⅰ　国史跡指定記念十三湊フォーラム

図3　相内蓮華庵の板碑 『新編弘前市史』資料編Ⅰ所載

番号	市浦1	市浦2	市浦3	市浦4	市浦5
所在地	⑫市浦村相内字相内 ―蓮華庵境内―	⑫市浦村相内字相内 ―蓮華庵境内―	⑫市浦村相内字相内 ―蓮華庵境内―	⑫市浦村相内字相内 ―蓮華庵境内―	⑫市浦村相内字相内 ―蓮華庵境内―
西暦	(1375〜1379)か	(1375〜1379)か		1357	(1375〜1379)か
碑面					
種子・年号ほか	(切断) キリーク か 十□□□□□ □□□□□ □□□□□ □□□□□	キリーク 永利函圀圀　右逆修(欠損) 函益圀当三世 故圀平	(名号) 南　修□圀 無　圀□圀 阿　乃 弥　至 陀　国 仏　界 　　　圀□ 　　　圀□	(名号) 南　右 無　志 阿　為 弥　菩 陀　提 図(切断) 延文二年 丁酉圀圀	キリーク 右志(埋没) 圀圀□□□ 函□圀□□ □□圀二□ 圀□□□□
高・幅・厚	32.0・52.0・15.5	62.5・43.0・20.0	68.0・45.0・21.0	54.0・52.0・24.5	48.0・40.0・18.0
石質	安山岩	安山岩	安山岩	安山岩	安山岩
記事（図の板碑は青森県）	⑫1 郭線 月輪 蓮座 上部欠損	⑫2 郭線 月輪 蓮座 右下部欠損	⑫3 郭線 月輪 天蓋	⑫4 郭線 天蓋 蓮座 下部欠損	⑫5 郭線 月輪 蓮座 下部埋没

184

写真8　蓮華庵墓地の無縫塔

写真9　山王坊（日吉神社・阿吽寺があったという）

[市浦歴史民俗資料館と十三湊遺跡]　十三湊、十三への道は磯松から南に向かいます。松林の中の直線道路に入ると東側（左）に細長い水田が見えて来ます。明治初年に掘られた"長谷川水戸"の遺構です。十三湖と日本海の接点を"水戸(みと)""水戸口(みとぐち)"と呼び、その水路が十三湊の船だまりでした。

市浦歴史民俗資料館は十三湖唯一の島、中島にあります。十三湊に関する絵図や文献（複製品を含む）、十三湊遺跡の出土品、山王坊や十三集落の各地点から発見された金工品や石造物などが多数展示されています。

石造物については山王坊や十三の長兵衛屋敷から発見された五輪塔（写真11）、神明宮の裏手から発見された石燈籠の笠、檀林寺跡出土の茶臼などがあげられます。なお宝篋印塔の石材も注意してご覧下さい。史料や絵図からは中世の十三湊(とさみなと)の状況や安藤氏の活躍する姿を想像いただきたいと思います〈下車見学〉。

十三湊の史跡は巡検の順序に関係なく北から南に述べてゆきます。十三湖大橋を渡る際、海側に現在の水戸口が見え、前方に中世以来の水路が長く続きます。そして4km程南に"古水戸(ふるみと)"があります。なお幕末頃の水戸口は現在の水戸口に近い地点にありました。東側は十三湖、地元では後潟(うしろかた)と呼ん

Ⅰ　国史跡指定記念十三湊フォーラム

写真10　磯松の五輪塔（2つのうちの右側）

写真11　湊迎寺の五輪塔（市浦歴史民俗資料館に展示）

写真12　松のあるところが古土居

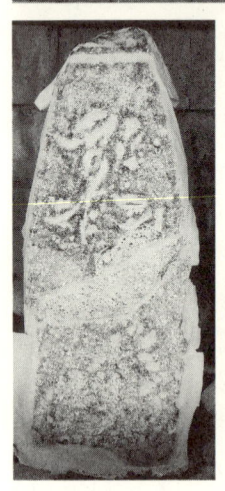

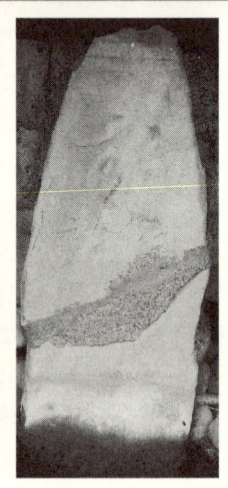

写真13　十三の板碑

でいます。十三湖大橋の次の橋が羽黒橋、羽黒権現の境内は湖底になったといわれ、五輪塔の断片が湖底から発見されています。
　集落を南に進むと神明宮が東側にあります。神社の手前50m位の地点で中世の舟着場の施設が発見されています。20年程前まで"コミセ"と"カッチョ"のある町並みが残っていましたが、現在ではすっかり変わってしまいました。旧道をそのまま進みますと郵便局があり、その先には公民館や海洋センターの艇庫があります。郵便局の附近から先には、江戸時代の御用屋敷や藩のお蔵がありました。海洋センターの艇庫の前の道路からは下水道工事の際、16世紀後期の唐津の陶器が出土しています。おそらく有力者の屋敷跡があったのでしょう。
　艇庫の向かい側公民館横の小道を東に入ると、中世の土塁や堀の遺構（写真12）が残り松が植えられています。小道の南側少し離れた地点の地割から土塁や堀が西に延びていたことが偲ばれます。土塁の北側、旧十三小学校の校舎を中心に南側の校庭、裏の畑が発掘され、グランドからは中世の堀や建造物の存在がわかりました。
　慶安の絵図[6]では土塁の南側に湊迎寺が、その南方に願龍寺がそれぞれ南面して建っています。なお湊迎寺の北側の土塁には東西二ヵ所切れた所があり、東側に往時の"古中道"があったと推定できます。また土塁の北側に武家屋敷、南側に町屋があったと想定されてきました。
　十三の町並みにもどり公民館の前から南に進むと湊迎寺、少し離れて願龍寺の参道があり、両寺の附近に町の有力者、船持ちの屋敷がありました。以上は江戸時代の話ですが、中世の港も発掘の成果により江戸時代と似た位置にあったことがわかりました。湊迎寺には資料館に展示している長兵衛屋敷出土の五輪塔や、羽黒崎を始め十三各地点から出土した五輪塔や宝篋印塔の断片が集められています。注意すべきは宝篋印塔の笠が山王坊や中里に残されている淡青色を帯びた明灰色の石材と似ていることです。なお慶安の絵図には願龍寺のさらに南に鍛冶町があって造船に関係する工人がいたと推測されます。

［檀林寺跡と湊の明神］　現在の十三集落内の道筋は浜の明神（湊神社）の大鳥

I 国史跡指定記念十三湊フォーラム

　居の手前から東に折れてやや進み、バイパスと合流した後十三湖岸沿いに栗山に向かいます。バイパスとの三叉路附近には民間信仰の石碑群がありますが、その中に中世の板碑（写真13）が1基あります。津軽地方で唯一二条線が残る板碑です。長兵衛屋敷もこのあたりです。隣接した地域の発掘では中世の畑跡が発見されました。中世の石造物があることは檀林寺との関係を想定させます。

　檀林寺跡は十三の南端、製材所の裏手にあったと伝えられ、松林の中の遺構が寺跡と考えられています。檀林寺は永暦元年（1160）に藤原秀衡の弟秀栄が開いたといわれます。発掘調査の結果土居や塚が確認され、出土した陶磁器や石造物の様式から中世の寺院とわかりました。また寺跡に近い"ゴロ石の地蔵堂"には中世の五輪塔の空風部や宝篋印塔の一部分が残されています。これらの遺物は十三湖の中から発見されたとも檀林寺跡付近から出土したとも村人は語ります。檀林寺は広大な寺域を持っていたと考えられます。なお檀林寺跡の東を通る道路の完成はかなり遅れるのです。

　浜の明神の大鳥居前に戻ります。鳥居の左の小道が江戸時代の道筋、七里長浜道で海岸に沿って鰺ヶ沢や深浦へ、新田地方にも通じていました。大鳥居から見える水路の先に古水戸があります。江戸時代に入ると水戸口閉塞や新水戸口掘削の記録がでるのです。大鳥居横の"本多水戸"その南の"セバト水戸"は水戸口の名残です。大鳥居の西側には"鉄砲台"と呼ばれる砲台がありました。本多水戸の真向かいにあり黒船の入津に備えて築かれた施設ですが、現在は崩されて宅地に変わっています。昭和35年にここから大量の古銭が発見されました。

　古水戸への水路は集落沿いの"前潟"、その南に"セバト沼"と"明神沼"が続きます。明神沼は浜の明神の社に近いところから来た地名です。社殿は砂丘の中腹にあり、船の出入を監視し航海の安全を祈る水戸口守護の社でした。元治2年（1865）境内から中世の金工品や木材の一部が発見されています。出土品の一部は村内に残っていますが大部分の行方はわかりません。

［屛風山から鰺ヶ沢・折曽関へ］　屛風山砂丘地帯は日本海沿いに30km、東西の幅は4km程で、その北端が十三湊になるのです。砂の移動が激しく十三

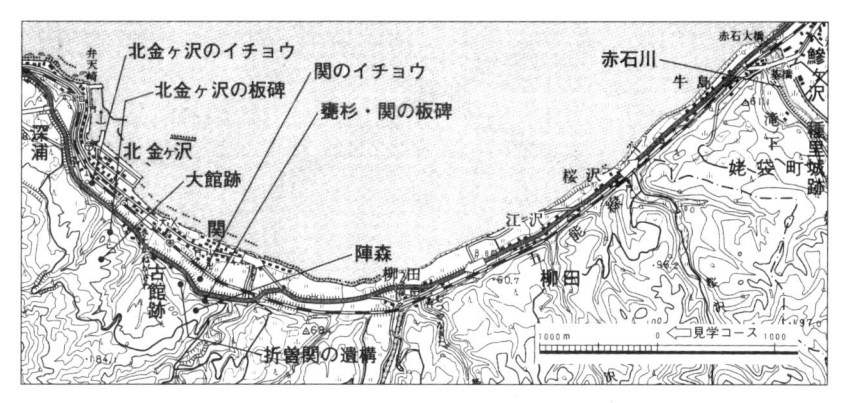

図4　折曽の関の遺構（5万分の1地形図　鰺ヶ沢）

写真14　甕杉下の板碑群

写真15　甕杉下、安倍是阿の碑

の南側では中世の遺構の上に2m程堆積していました。弘前藩二代藩主津軽信枚は岩木川下流域開発のため、屏風山中央部の東側に"亀ヶ岡城"の構築に乗り出しました。工事は中止されましたが大堀は溜池として使用されており、主郭は藩主が新田地方視察の際休息所として使用しています。

　バスは屏風山砂丘地帯を抜け、鳴沢川を渡ると鰺ヶ沢の市街が近づきます。国道101号は西に折れて館村の近くを通過します。ここには中村川を西

に配した館跡があり、村内には板碑が2基保存されています。板碑の様式は相内の板碑と似ています。館跡の上部の平場には堀跡があり、構造は尾別館と類似しています。なお中村川から赤石川にかけて板碑が分布していますが、西海岸に共通する形態を持っています〈屛風山内で福島城跡のビデオ上映―昭和35年撮影〉。

[関の板碑と甕杉・北金ヶ沢のイチョウ――折曽関の景観] 深浦町関と北金ヶ沢、ここには中世の板碑や甕杉・イチョウの古木など、加えて館跡も残っています〈甕杉下車見学〉。

関の甕杉の下には42基の板碑(写真14)があり「安倍是阿」(写真15)「安倍季□」[史料2]などの文字が刻まれています。安倍は安藤氏の本姓、凸型や凹型の郭線、罫紙を思わせる四字型罫線、天蓋や瓔珞が種子の上に見られます。そのほか蓮座に華瓶、香炉など、津軽平野内陸部の板碑に比べると小型ですが、碑面には華やいだものがあります。大イチョウに近い北金ヶ沢の板碑は、関よりもさらに精巧です。板碑の年号は1340年から1399年の間でいずれも北朝年号です。

板碑が造立される少し前、安藤氏は所領の相続が認められ、この地域が安藤氏関係者の支配に属し、板碑が一族の手によって造立されたことを裏付けます。また甕杉の根元からは14世紀第2四半期の作成とみられる瀬戸の壺が発見され蔵骨器として使用されていたことがわかっています。

甕杉のある地点の上部には城館の遺構があり、"陣森"、"古館"などの地名があるほか、栃沢を挟んで"大館"の構えが残ります。築かれたのは古代の施設もあるでしょうが、安藤氏の折曽関の時代まで使用されたと考えられます〈北金ヶ沢のイチョウ 下車見学〉。

[北金ヶ沢から五所川原へ] 関の西約1kmの地点に北金ヶ沢の板碑22基が覆屋の中に並びます。バイパスと旧道を結ぶ道路の分岐点の山手、薬師堂の境内にあります。もとはバイパスに接した畑のあたりに、馬蹄形に置かれ、村人から拝まれていました。北金ヶ沢のイチョウは曲り角の墓地の先に見えています。樹齢1000年といわれますが、実際は700年位という説もあり、その方が妥当と思われます。このほか関にもかなり太いイチョウがあります。

安藤氏の昔、山の上に折曽関の要害が、山の下の平地には寺院が建ち、板碑が造立されたのでしょうか。板碑は水田の面に多くあったと村人は語ります。
　北金ヶ沢は江戸時代まで金井ヶ沢と呼ばれました。海岸段丘の発達した地形、北金ヶ沢の西側では山地が大きくカーブして海岸に突出し、防御上好条件を備えていました。また前面の海岸は天然の良港であり、蝦夷島を眼前に配していたのです。また小泊・十三から続く浜道がありました。
　巡検は鯵ヶ沢から新田地帯の南端を通り五所川原にもどり無事終了したのです。

十三湊の地理的・歴史的環境の考察

［安藤氏と板碑］　それでは巡検のまとめ、石造物と史料、発掘調査の成果を通して中世の十三湊を考察したいと思います。同じ時代とは限りませんが、安藤氏は藤崎や三世寺、内真部、関と北金ヶ沢、十三湊と旧十三潟湿地帯の東岸、そのほか平川流域の大光寺や岩木山神社周辺などに拠点を持って活動しました。北海道については"えそのさた"、蝦夷管領〔史料1〕としての権限を持ち北金ヶ沢や小泊、十三などの湊を使用して活動したと考えられます。北金ヶ沢の板碑に刻まれた「恵曽右衛門」という名前、函館[7]や戸井の板碑は安藤氏と蝦夷島の結びつきを想像させます。
　相内を含む西海岸の板碑はすでに述べたとおり、大きさ・様式・種子・造立年などに共通点があります。板碑の高さは津軽平野内陸部では2mを越えるものがあるのに対し、西海岸地方では1m前後です。碑面を見ると内陸部では種子と文字だけの板碑が多いのに対し、西海岸地方では荘厳が多く施されています。種子も内陸部で金剛界大日如来が多いのに対し、西海岸では阿弥陀如来や六字名号が目立ちます[8]。現存する板碑の造立年が内陸部では13世紀中葉からなのに対し、西海岸地方では建武2年（1335）以降に現われます。両地域とも1400年前後で造立は終わります。重要なことは関の板碑に「安倍」の姓を刻むものが2基〔史料2〕あることです。また板碑造立の終

了と安藤氏の十三湊退去の時期が接しているのです。次に相内蓮華庵の板碑に延文・永和など14世紀後半の年号があることを忘れてはなりません。これらの事柄は安藤氏や十三湊研究の原点です。

　西海岸の板碑に共通点があることも述べてきました。相内蓮華庵の板碑には月輪を刻むもの3基にそれぞれ八葉蓮弁があり、同じものが関の板碑にもあります。四字型の罫線も相内から大戸瀬までの各地に分布し共通性が認められるのです。ここで史料から十三湊と折曽関を考えてみましょう。

　元徳2年（1330）の『安藤宗季譲状』は「せきあつまゑ」を除く「にしのはま」が安藤宗季から高季に譲られたことを記しており、西浜に関しては建武2年（1335）の『陸奥国宣』〔史料3〕にみえる記事「安藤次郎太郎後家賢戒知行分関阿曽米村」と一致します。関は甕杉のある地、阿曽米村は関の村中の地名と考える説や関と阿曽米に分けて考える説があります。後者をとる場合阿曽米村は権現崎の北側にある地点「阿曽内」があてられます。その場合板碑の分布する相内・十三から北金ヶ沢までが両地点の内側に入ることになり、板碑の様式の共通性と史料の示すことが一致します。もっともどちらの説をとっても折曽関は安藤一族の支配下にあって、板碑は安藤氏のもの、そして相内蓮華庵の板碑も安藤氏の造立とみられます。

　切り口を阿弥号に変えましょう。三世寺（寺名）の板碑には「音阿弥陀仏」の名が刻まれ、この人が板碑造立に尽力したと考えられます。安藤氏は早い時期から時衆でした。関や北金ヶ沢の板碑も同様で、安倍是阿・円阿・光阿・□阿弥などの名が刻まれています。また『時衆過去帳』は「十五代」（尊恵・1364～1429）御在世中の十三湊に関する信者として「弥阿弥陀仏（トサ）」「臨阿弥陀仏（トサ）」「其阿弥陀仏（下国殿）」「重阿弥陀仏（奥土佐法阿父）」「了一房（土佐湊法阿妹）」などの阿弥号を記し、十三湊の安藤氏が時宗を信じていたことがわかり、このことは三世寺（寺名）にかかわる「熊野党奥州先達系譜」〔史料Ⅳ〕の記録からも推測できます。

　板碑に関する事柄でさらに述べておきたいのは、十三で確認した阿弥陀三尊の種子を刻む板碑です。この碑には上部に二条線があり、これまで鹿角以北には無いという考えを覆しました。次は藤崎三世寺の板碑と、相内や西浜

の板碑の造立年代の問題です。藤崎三世寺の板碑の年号を見ると14世紀前半の造立で延文4年（1359）が最後です。そのころから相内や折曽関の板碑造立が本格化します。板碑は今後も発見されるでしょうからあくまで仮説ですが、安藤氏の拠点は藤崎・三世寺に変わり海岸地帯の比重が頂点に達したのではないかと思います。中別所など内陸部の板碑は15世紀初頭まで造立されますから藤崎と三世寺（地名）の板碑が早く終わるのは、安藤氏の動きにあると考えられます。新しい僧侶の手で新しい様式の板碑が西海岸で造立されたとみられます。藤崎の役割は長勝寺嘉元鐘奉納の時代に比べて軽くなり、西浜や十三湊が重視されたと見るのは無理でしょうか。

[五輪塔と宝篋印塔]　それでは板碑以外の石造物に目を移しましょう。巡検コースから外れた地帯、三世寺・白子・藤崎・水沼・五林平などでも五輪塔や宝篋印塔が発見されています。中里・薄市・相内・磯松・十三については前章で触れています。江戸時代も後期になると中世の石造物を調査する人が現われます。『津軽一統志』の編纂[9]の影響もあるでしょうが、菅江真澄と彼の活動に協力し受け継いだ学者達の動きは無視できません。また下ノ切道筋の遺跡を調べた人に岡本青鷺がおり、『中通（なかどおり）』を記し沿道の石造物を写生しています。

　現存する中世の石塔の内、最も多いのは五輪塔です。特に中里五林神社の五輪塔は大型です。年代的には鎌倉時代後期まで遡りうると思います。磯松五輪塔は2基とも中型に属し、花崗岩系の石材で造られています。安藤氏の手により運ばれたものと推測されますが、石材の原産地は今のところ特定できません。十三の湊迎寺（そうごうじ）が管理している長兵衛屋敷出土の五輪塔は、男鹿半島産のアノーソクレス流紋岩を使用しています。同じ石材の塔は旧八郎潟周辺でみられますから、安藤氏の船により運ばれたのは明白です。こじんまりとまとまった形の良い完形品で、種子もはっきりした五輪塔です。なお相内の山王坊にも五輪塔は多くあり、その中に完形品が1基あります。中里五林神社や磯松の五輪塔も種子の痕跡を残しますがいずれも文字は確認できません。

　安藤氏は宝篋印塔も多く造立していますが、完形品は残っていません。中里五林神社、相内蓮華庵、十三湊迎寺、市浦歴史民俗資料館などに保存され

ているものを見ると様式は関西式で、淡緑褐色を帯びた明灰色の石材を使用し、磨滅も少いなど共通する点があります。近年この石材の産地が福井県高浜町日引(ひびき)から採れた「日引石(ひびきいし)」であるという報告が、長崎県の大石一久氏の調査[10]により発表されました。日引石は若狭湾から長崎県にも運ばれていたのです（写真16）。

写真16　上五島の日引石製宝篋印塔

　日引の地は安藤氏が信仰し造立にあたった小浜の羽賀寺に近いことを考えると、この報告をにわかに否定することはできません。江戸時代前期に北国船が福井市から採れる「笏谷石(しゃくだに)」を運んでいたのと同じです。今後十三湊周辺にある日引石製と考えられる宝篋印塔と日本海沿岸に残存するものを探して研究を深める必要があると思います。もし日引石でなかったとしても安藤氏の船が日本海沿岸のどこかから運んだと考えられます。なお日引石で造られたものはほかに地蔵菩薩像や無縫塔が山王坊で発見されています。安藤氏は形が複雑な石造物を完成品の形で移入したと推定されます。板碑の場合沢や海岸から採石していますが、三十五日忌・百ヵ日のように死没後遠隔地に注文することができない石碑ですから地元の石を使うのは当然と考えます。

　横道にそれますが無縫塔については重制より単制の方が多く、完形品は相内蓮華庵墓地の重制1基のみ、詳細に報告できるだけの調査は進んでいません。また日引石が旧十三潟湿地帯に面した中里にあることは、十三湊が内水面水運の役割を持っていたことを物語ります。

［岩木川水運と十三湊水戸口の閉塞］　三津七湊の一つとして栄えた十三湊には、二つの面があったと思います。その一つは日本海海運の湊だったことです。日引石がそれを物語ります。この場合十三湊に向かう貨物は少なく若狭に送る貨物が多かったことが推測されます。第二の面は開発が早かった津軽平野内陸部との河川交通の湊だったことです。江戸時代前期には藤崎や三世

寺（地名）が上流部の川湊でしたが、それは安藤氏の時代まで遡りうるのではないかと思います。藤崎の護国寺に納められた嘉元鐘は、下ノ切道を陸送したと考えるより、岩木川を遡ったと考える方が合理的です。明暦元年（1655）3代藩主津軽信義が没しますが、墓石について『平山日記』は万治元年（1658）の項で、「此石塔十三より川船ニ而登り申候」と述べています。彼の時代には大規模な新田開発は始まったばかりで、岩木川改良工事もあまり進行していませんでした。葦萱の中を蛇行しながら流れる岩木川でしたが、増水期に船の航行は中世も近世初期も可能だったと考えられます。

　十三湊と深い関係を持つ相内や今泉川の川口にある今泉は、木材輸送で古くから往来が頻繁だったと思います。相内の場合旧市浦営林署の土場の存在は歴史的に意味があるほか、福島城の南端にも舟着場があって不思議はないと思います。山田川水運は館岡の南、鷹槌の名が『津軽郡中名字（つがるぐんちゅうなあざ）』にあり船便の存在が想定できます。

　十三湊を考える時、避けて通れないのが十三湖水戸口の閉塞問題です。中世から近世の半ばまで、浜の明神宮の傍にある「古水戸（ふるみと）」が使用されていました。巡検中説明しましたが、未完成に終わった"長谷川水戸"幕末の水戸口に現在の水戸口、"本多水戸"や"セバト水戸"が一般に知られています。現在の水戸口は明治時代後期から調査を始め昭和に入り北突堤が造られてから閉塞はなくなりました。

　それでは江戸時代前期の水戸口はどうだったでしょうか。『平山日記』は慶安2年（1649）の項で「十三町湊口切替御普請」の後に、工事が成就しなかった旨を記しています。水戸口閉塞問題は中世にもあったと推測されますが、安藤氏の時代には強い西風により水戸口が閉塞し湖面が凍結しても、冬期間船の出入はなく湊として問題はなかったと思います。また安藤氏は新田開発を行うこともなかったでしょうから、旧十三潟湿地帯の湛水や塩害には無関心でいられたと考えられます。万一水戸口の閉塞があったとしても、時機を待ち水圧を利用して水戸口が開くのを待ったと推測されます。

［道筋から見た十三湊］　十三湊に集まる道も考えておきたいと思います。その第1は下ノ切道、江戸時代には"中通"とも呼ばれました。十三・相内か

ら旧十三潟湿地帯の東岸を藤崎や浪岡に進み、"奥大道"とつながっていました。道筋には相内山王坊、福島城、中里の五輪塔や中里城、飯詰城の朝日氏、原子には蝦夷浄願寺がいたこともありました。五林平の五輪塔、そして藤崎には唐糸の遺跡や安藤氏の城郭がありました。分岐する道筋には今泉から山越えして外ノ浜に達する山道があり、中世以来のものと思われます。内真部の安藤氏や南部氏の軍はこの峠を越えて攻め込んだのかもしれません。それだけに十三湊の入口福島城の存在は重要でした。

　十三から海岸沿いには波打際を行く"七里長浜道"があり北は小泊、南は折曽関、深浦に向かい、京都に結ばれていました。文禄・慶長年間には蠣崎氏の"献上鷹道中"〔史料5〕、また藩主の上洛や参勤にも使用されました。安藤氏の時代にも同様な役割がこの浜道にあったと思います。なお江戸時代前期には十三湊から車力方面に向かう現在の県道（十三道）はなく、新田開発の進行とともに七里長浜道から分岐する道ができていました。

十三湊の盛衰とその復活

[安藤氏の十三湊]　安藤氏の時代をもう一度整理してみたいと思います。得宗領や蝦夷島の支配で力を伸ばした安藤氏は、所領をめぐる対立から内紛に発展しました。その中で北条貞時は藤崎の護国寺に梵鐘寄進の大檀那となり、奉納が実現されました。内紛に対する和平策だったと思います。しかし安藤氏の内紛は「津軽大乱」（1322〜28）に発展しました。鎌倉幕府滅亡後安藤氏の軸足は十三湊に移り全盛期に向かったと推測されます。なお正和年中に福島城が構築されたという記事は今後さらに検討が必要と考えます。安藤氏の時宗信仰は十三湊でもおこなわれました。また板碑や石塔が多く造立され、阿吽寺などの寺院が繁栄しました。板碑に残る延文・永和など14世紀後期の年号がその時期を示します。安藤氏は山王坊地域防御のため、下ノ切道筋に福島城整備を進めたとも考えられます。

　十三湊の立場で考えると南の檀林寺や浜の明神宮が水戸口や七里長浜道を守りました。十三湊の北側、十三湖大橋の手前には羽黒崎─羽黒権現があっ

たと伝えられています。十三湊北辺の聖域だったのでしょうか。磯松には唐川城北辺の防御施設があったのかもしれません。いや相内―山王坊―唐川城―磯松の防御線が頭に浮かびます。『津軽郡中名字』が十三湊・相内・磯松にあたる三地点を記すのは、下ノ切道と七里長浜道の分岐点で重要だったからかもしれません。もっとも下ノ切道は積雪が多く、冬季の通行は大変でした。また十三湖は凍結し、夏季に比べるとさびしい湊町だったと思います。

[安藤氏の退去と十三湊の復活]　安藤氏はやがて南部氏に追われ、十三湊を放棄します。応永30年(1423)安藤陸奥守が室町将軍に莫大な金品を献上したことが、その始まりといえましょう。この頃には板碑の造立は終わっています。そして永享4年(1432)の南部氏の攻撃と安藤氏の敗北、室町幕府の仲介による和平、それも長続きせず嘉吉3年(1443)の蝦夷島退去〔史料6〕の日を迎えたのです。どの時点かはわかりませんが、山王坊の伽藍は焼かれ、浜の明神宮は倒壊していったのです。

このあとしばらくの間、十三湊の記事はありませんが、1500年頃の蝦夷浄願寺の原子移転は小泊・十三両地域を無視しては成立しません。一方竹内勘六の祖先が十三に住んだのが天文年中(16世紀)のこと〔史料7〕、同じ頃の記録と考えられる『廻船式目』は日本海七湊の一つに「十三湊」の名を載せています。さらに天文15年(1546)成立の『津軽郡中名字』は前述のように三地点を載せるなど、十三湊の地名が天文年間に集中して現われます。

前に述べた蛎崎松前氏の献上鷹道中〔史料5〕や、当主氏の上洛や、参勤の集団が十三を通過したのが16世紀後期から17世紀前期のこと、これらの事は十三湊にある程度の集落が存在したことを物語ります。『津軽歴代記類』は寛永元年(1624)の項で、二代藩主津軽信枚が巡見中一揆の者に襲われて湊迎寺に逃れた旨を記しています。文献的には早い時点で十三湊の復活が感じられますが、考古学的にも下水道工事の調査の際、16世紀後半の唐津の陶器が十三集落中央部、海洋センター艇庫前から発見されました。その地点は江戸時代の十三町の中枢部で、奉行所や御蔵があった所です。近世の十三町は16世紀の後半、中世の十三湊の遺構と関連しながら再出発していったと考えられます。

おわりに

　十三湊遺跡が国の史跡に指定されるまで、学術的に多くの成果をあげてきました。この間十三の家並みは現代化し、"カッチョ""コミセ"のある明治時代以来の妻入りの家は少なくなりました。同時に江戸時代や明治・大正期の文書の散逸が心配される昨今です。本稿は石造物から中世の十三湊に切り込みましたが、調査の際近世の史料に助けられました。十三集落に残る近世以降の文書、その中から中世の十三湊が発見できればと考えています。商港としての十三湊は昭和まで続きます。近世・近代も含めて今後も調査が進むように期待するとともに私も努力したいと思っています。

　また調査する年代の幅を広げるだけでなく、調査地域の拡大も必要であり、広く学際の協力が求められればと考えます。調査地域については前川要先生のご尽力とご指導で唐川城跡の調査が行われ、青森県教育委員会の福島城跡の発掘も進められています。

　本稿では前段で巡検中述べた事柄を要約の上、中・後段でいくつかの項目に分けて十三湊を考察してきました。しかし出発から帰着までの9時間を限られた頁数にまとめるのは文才のない私にとって至難の業であり、重複する部分も多く標題に掲げたテーマとは程遠いものになりました。なお車内では幅広い時代でご案内しましたが、頁数の関係から記述は一部を除き中世に限定しました。

　その結果ご参加下さった村越潔先生（本フォーラム実行委員長・弘前大学名誉教授）旧市浦村十三にお住まいで檀林寺調査に熱心な湯浅信一氏に種々ご説明いただきました。また中泊町博物館の斉藤淳氏（学芸員）、市浦歴史民俗資料館では榊原滋高氏（十三湊発掘調査室主査）の両氏がお世話下され、ご案内いただきました。しかし貴重なお話を掲載することができず申し訳なく思っています。ご協力いただいたことに対し厚くお礼申し上げるとともにご指導下さった事柄を記述できなかったことを深くお詫び申し上げます。また準備にあたり川村真一氏にご教示をいただき感謝しております。本稿は不十分な点が多く恥入る次第です。大方のご叱正とご助言がいただければ幸いで

す。最後にご参加下さった皆様長時間本当にご苦労さまでした。これを機に十三湊に関心をお持ち下され、ご研究いただければ幸いです。

―史　料―

〔史料1〕　安藤氏の出自と内紛　『諏方大明神画詞』
　武家其ノ濫吹ヲ鎮護センタメニ　安藤太ト云物ヲ蝦夷ノ管領トス　此ハ上古ニ安倍氏悪事ノ高丸ト云ケル勇士ノ後胤ナリ　其子孫ニ五郎三郎季久又太郎季長ト云ハ従父兄弟也　嫡庶相論ノ事アリテ合戦数年ニ及フ間　両人ヲ関東ニ召テ理非ヲ裁決之処　彼等力留主ノ士卒数千夷賊ヲ催集之　外ノ浜内末部西浜折曽関ノ城塢ヲ構テ相争フ　両ノ城嶮岨ニヨリテ洪河ヲ隔テ雌雄互ニ決シカタシ〈以下略〉

〔史料2〕　「安倍」姓を刻む関甕杉下の板碑　（／は改行）
(1)　[梵字]　右為慈父／安倍是阿／悲母円阿逆／修善根也／暦応三庚辰九月
　　　　[梵字]　右石塔者安倍季□／□逆修現世安穏後／生善処法界□□□
(2)　[梵字][梵字]　貞和二□八年廿四日　[敬白]

〔史料3〕　安藤氏の所領　　『陸奥國宣』
　　　　　　　　　　　花　押　（北畠顕家）
　陸奥國津軽鼻和郡絹家島・尻引郷・行野辺郷・糠部郡宇曽利郷・中浜御牧・湊郷以下、同西濱除安藤次郎太郎御家賢 戒知行分関阿曽米等村地頭代職事
　右安藤五郎太郎髙季先例　可令領掌之状　所仰如之
　　建武二年閏十月廿九日　　　　　　　　　　　　　　（新渡戸文書）

〔史料4〕　尻引三世寺と常陸坊・大和房　『熊野党奥州先達系譜』
一津軽三郡内しりひきの三世寺の別當ハ　常陸阿闍梨房舎弟大和阿闍梨房にて候　彼引たんな皆當坊へ可参候　安藤又大郎殿号下國殿　今安藤殿　親父宗季と申候也　今安藤殿師季と申候也　此御事共當坊へ可有御参候
　　貞和五年十二月廿九日　　　　　　　　　　　　　　（米良文書）

I　国史跡指定記念十三湊フォーラム

〔史料5〕　蠣崎氏の献上鷹道中　　文禄二年正月太閤朱印状　　　　『福山秘府』
巣鷹従=松前=　毎年　蠣崎志摩守　可=居上=候間　於=泊々　宿已下不レ可レ有=異儀=候並飼之事　其所ヨリ入レ念可=申付=候也
　　　文禄二年正月六日　　　　　　　　　　　　　　　　　　　朱印
　　　　　　　　　　　　　　　　　　　　　　　　　　秋田安藤太郎領内
　　　　　　　　　　　　　　　　　　　　　　　　　　津軽右京亮領内
　　　（※／印改行）　　　／越後宰相中将領内／加賀宰相領内／北庄侍従分領
　　　　　　　　　　　　　大谷刑部少輔分領／西近江中／其外泊々在々

〔史料6〕　安藤盛季退去に同行した僧侶　　『下國系図』
嘉吉三年発亥一代盛広　十二月十日安藤太盛季打負南部大膳太夫義政　従小泊欲渡此国之処　順風不吹　奥永善坊之道明法師俯仰天地砕肝胆　忽巽風吹出船（中略）此時山王坊・永善坊・万願寺・実相坊同渡船

〔史料7〕　竹内氏先祖　天文年中十三町に居住　『弘前藩庁日記』
一竹内勘六申立候　私先祖讃州高松城下之者にて　天文年中御当地江罷下十
　三町住居仕候て御船手御用も相勤其後　御城下江引越住居（以下略）
　　　　　　　　　　　　　　　　　　　　　　　　（寛延二年九月十一日条）

〔史料8〕菅江真澄の見た相内の史跡　　『外浜奇勝』
　（寛政8年6月）廿二日（中略）赤坂をくだる　南のかたに大野とてひろ野あり　そこに誰ならんすみつといふふる柵のあとあり（中略）
　廿三日　あないをたのみ太田山など右に見て　阿倍のやからのふる館のあとありと聞て　見にいなん　はたそこをむかし春品寺といひていま観音の堂あれば　いで登りてんとて人の屋のしりよりしてゆくに庵あり　延文※などふるき石のそとばたてり（中略）かの沢のそこにとしふる石碑どもまろび埋れたりしを　近き世にこの里のところへにもてはこび建てしなど

200

かたり（以下略）（※1356～61年）

注
(1)　中泊町蔵
(2)　『津軽一統志』付巻所載
(3)　『秋田家文書』東北大学蔵
(4)　市浦村教育委員会山王坊調査団『山王坊跡』昭和62年（1987）刊
(5)　中村良之進著『陸奥古碑集』昭和2年（1927）刊
(6)　『奥州十三之図』（慶安元年）函館市中央図書館蔵
(7)　竹内運平「津軽大戸瀬村の古碑と箱館所在貞治の碑」『むつ』第1輯
(8)　成田彦栄「青森県西海岸の板碑文化」『東奥文化』9・10合併号所収
(9)　『津軽一統志』の編纂は享保12年（1727）開始
(10)　大石一久「日引石に関する一考察」『日引』創刊号（平成13年（2001））

以上のほかの参考図書
『菅江真澄全集』第三巻　昭和47年（1972）　未来社
『平山日記』みちのく双書第22集　昭和42年（1967）　青森県文化財保護協会
『青森県の板碑』　昭和58年（1983）　青森県立郷土館
『青森県金石造文化財』　平成2年（1990）　青森県立郷土館
『中里城跡概報』　平成4年（1992）　中里町教育委員会
『津軽安藤氏と北方世界』　平成7年（1995）　小口雅史編　河出書房新社
『十三湊遺跡』第1分冊　平成17年（2005）　青森県教育委員会
『新編弘前市史』史料編Ⅰ（古代中世編）　平成7年（1985）　弘前市
『中世十三湊の世界―よみがえる北の港湾都市―』　平成16年（2004）　新人物往来社
『青森県史研究』2号　平成10年（1998）、8号　平成15年（2003）　青森県
『中里町誌』　昭和40（1965）　中里町

北方史における津軽十三湊
——「中心」「周縁」論から見た試論——

特別寄稿

前 川　　要

はじめに

　青森県五所川原市十三、津軽半島の日本海側に位置する十三湊は、室町時代に書かれた『廻船式目』の中で「三津七湊」の一つとして名前が挙げられている。また、『十三往来』では国内だけでなく遠く中国および朝鮮の船の来航が伝えられている。こうした文献史料から、十三湊がかつては日本を代表する港町であったことが判明する。

　われわれが、発掘調査に入る 15 年前、この湊は興国年間（1340—46）の津波によって壊滅し、何も残っていないと信じられてきた。しかし、十三湊は、実は日本海と十三湖に挟まれた砂州の上に、完全な状態で残されていた。1991 年の国立歴史民俗博物館（以下、歴博と略称）の調査を契機にはじまった発掘は、その全貌を刻々と明らかにしつつある。

　これまでに行われた 158 次に及ぶ発掘調査では、はじめに挙げた文献史料を裏づけるように十三湊遺跡の繁栄ぶりが明らかになってきている。遺跡から多量に出土している国内のみならず中国および朝鮮で生産された陶磁器からは、当時の活発な日本海交易の様子をうかがうことができ、さらに北方交易で大陸からもたらされたと考えられるガラス玉の出土からは、十三湊遺跡が北方と畿内との流通を結ぶ中核的な港であったことの一端をみることができる。また、14 世紀後半から 15 世紀前半を最盛期とする計画的な町割や屋敷地のようすも明らかになってきている。

　このような、東日本最大の港湾都市が中世日本国の北方境界地域でどういった役割を果たしたのであろうか。日本の中世は、国家権力がしだいに弱体化していった時代として知られるが、こうした変化とともに、支配階級の

「世界観」や境界概念も、国境の実際のあり方もしだいに変わっていった。

　近年、中世史学会では北方史の新たな歴史像を描こうとする動向が展開してきている。その背景には、国際化、ボーダーレス化など、地域や民族、国際意識という観点から日本社会や国家を見直さざるをえない状況に直面していたことがあった。本稿は、これまでに明らかになった考古学を中心とした資料を用い、文化人類学などで言われている「中心」「周縁」論（山口 1975）や近年注目を浴びてきている世界システム論（ウォーラーステイン 1981・1983・1997）から北方史における津軽十三湊の位置づけを行おうとする試論である。

1　十三湊の考古学的成果

(1) 十三湊の都市構造

　榊原滋高は、発掘調査の成果を踏まえて十三湊の都市構造と変遷について次のように論じている（榊原 2004）。

　先ず、都市構造について簡潔にまとめる。

　歴博による調査で想定された復元図と近年の発掘調査の成果から得られた情報を基に中世十三湊の土地利用を考えてみると、大きく三つのエリアに分けることが可能であるとしている（図1）。一つ目は「前潟地区」と呼称される場所であり、前潟に面した一帯である。船着場など港湾機能をもった集落および商業地区が展開した最も重要なエリアとしてあげられる。そして、最盛期には南北に長い半島状の砂洲のほぼ中央に東西方向にのびる大土塁と堀が構築され、十三湊を大きく南北に分断するような重要な境界線が生まれるようになる。二つ目は「土塁北側地区」と呼称される場所でありその土塁北側にあたる地区である。歴博の調査以来、領主および家臣クラスの居館あるいは屋敷跡といった支配者層の居住空間が推定されるエリアがあげられる。三つ目は「土塁南側地区」と呼称される場所であり土塁南側にあたる地区である。やはり歴博の調査以来、いわゆる町屋地区と呼称されてきた街区が形成される場所および十三湊の南端に位置する中世寺院・檀林寺跡（通称、隠

北方史における津軽十三湊

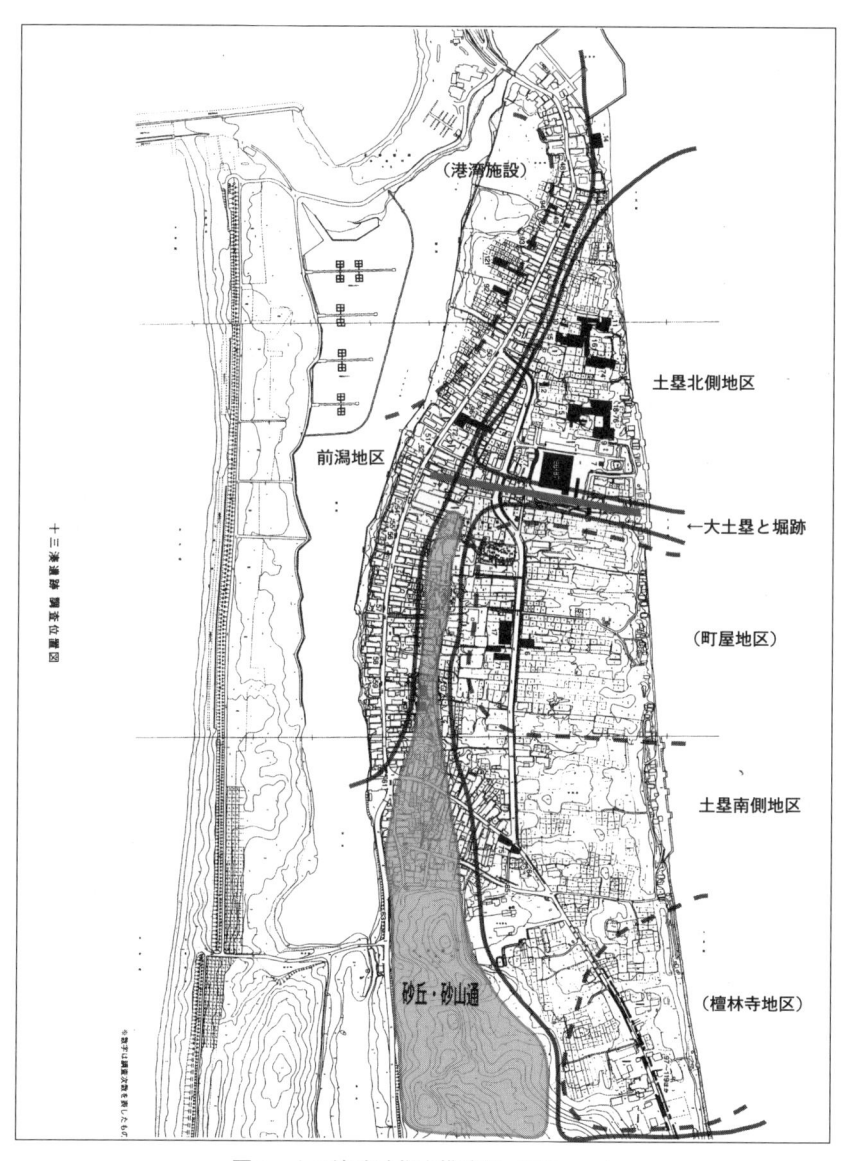

図1　十三湊遺跡都市構造図（榊原 2004）

居跡) のエリアに大きく分けられることができる。

(2) 十三湊の変遷

次に十三湊の変遷について簡潔にまとめる。

Ⅰ期　十三湊の始まり（13世紀初め〜）

「前潟地区」のほぼ中央、湊迎寺の門前に初期の湊町が発生する。十三湊は鎌倉期以降の湊町と位置づけられる。

Ⅱ期　十三湊の発展（13世紀後半〜14世紀前半）

「前潟地区」一帯に集落が展開する。また、内陸部では「土塁北側地区」に一辺40m四方の方形居館が出現する。珠洲・瀬戸など国産陶磁器の卓越する段階である。

Ⅲ期　十三湊の最盛期（14世紀後半〜15世紀前葉）

「土塁北側地区」に整然とした都市計画的な屋敷割と建物配置が認められる時期である。大土塁の軸線が屋敷割の軸線と一致する。珠洲・瀬戸製品など国産陶磁器の卓越する段階である。遺物面では京都系カワラケの使用（第18・76次調査 SE02井戸出土）が認められる。

Ⅳ期　十三湊の衰退・廃絶期（15世紀中葉）

「土塁北側地区」と「土塁南側地区」に時期差が存在することが判明してきた。前者が古瀬戸後Ⅰ・Ⅱ期、後者が古瀬戸後Ⅲ・Ⅳ期古段階にそれぞれ遺物量がピークに達する。「土塁北側地区」の衰退期にかけて「土塁南側地区」の繁栄が認められる。居住域の移転の可能性がある。十三湊の廃絶は古瀬戸後Ⅳ期古段階（藤澤 1996）を下限とする資料や北海道函館市志苔館跡（コシャマインの乱による落城）の例から1460年ごろと推定できる。

◎「土塁北側地区」都市計画的な遺構配置を壊すような形で、集石土坑や竪穴遺構、土坑墓群が散在するような状況に変化すると考えられる。とくに大規模な火災に見舞われたあと、火事場整理のため大量の角礫を一括廃棄した集石土坑が広範囲に認められる現象である。永享四年（1432年）、安藤氏と南部氏による十三湊攻防で「土塁北側地区」が衰退した可能性が大きい。

◎「土塁南側地区」いわゆる「町屋地区」[1]および「檀林寺地区」の範囲

とする。瀬戸製品は古瀬戸後Ⅲ期～後Ⅳ期古段階の時期が中心で、「土塁北側地区」と比べて被熱資料が少ない。「町屋地区」は、側溝を伴う南北道路に沿って掘立柱建物と井戸の建物配置が展開する景観が見られる。「檀林寺地区」は、唐物天目碗や褐柚壺（茶壺）など茶道具にかかわる優品が多く出土している。茶の湯文化を嗜好する僧侶・社寺階層の存在および寺院空間の性格を反映している。

断絶期（15世紀後葉～16世紀後葉）

「前潟地区」中央から南側にかけて、飛砂層の堆積を確認できる。飛砂の堆積による港湾機能の壊滅的な打撃を受ける。この時期の土器・陶磁器は皆無である。

2　中世における「中心」「周縁」論の現状

(1) 文献史学での現状

次に、以上のような発掘調査の成果を、北方交流史の中でどのように位置づけられるかを考えてみたい。まず、この節では、「中心」「周縁」論や世界システム論の研究史について、（バートン 2000）を引用しながらまとめてみたい。

まず、「中心」「周縁」論から見た中世の世界観については、村井章介の研究に詳しい。北と南の周縁部・境界領域という地理的にかけ離れたふたつの地域に意外な共通点があることも明らかにされ、村井章介によって中世国家の（浄―穢の同心円構造）にもとづく位相的同一性として定式化もされた（村井 1988）。こうした（浄―穢）を基準にした同心円的世界観は、9世紀から10世紀にかけて成立したと言われるが、これに伴って支配階級の境界概念も変わっていく。

また、最近では、アメリカの歴史学者Ｉ・ウォーラーステインによって提唱された世界システム論が日本中世社会に適応できるかどうかという議論もなされている。ウォーラーステイン自身の研究はほとんど「近代世界システム」に関するものである。ウォーラーステインはこのシステムを本質的に経

済的な観点から定義し、15世紀末から16世紀にかけて西ヨーロッパに起こった資本主義的な生産様式を指すとした（ウオーラーステイン 1981、1983、1997）。この世界システムが具体的に描き出すのは三層の構造である。その最も重要な例が、「中核」・「周辺」・「半周辺」の世界経済の区分である。もちろん、この世界システム論が前近代日本である中世社会に適応できるか否かをはじめに論じなければならない。

この点について、村井章介は以下のように記している。「ヨーロッパ人の出現以前、日本列島をふくむ東アジア地域にはどのような世界システムが存在し、それはどのような政治と経済の関連のうえになりたっていたのか。それが「ヨーロッパ世界経済」との接触によって、どのように変貌していったか。この地域の世界システムの中心に中国が位置したことはいうまでもないが、その辺境部にある日本やその周辺は、中国から一定程度自立したサブ・システムを形成または指向していたと考えられる。その構造と論理は、中国中心の世界システムとどこが共通し、どこがちがうのか。また、このサブ・システムは、「ヨーロッパ世界経済」との接触においても、独自の様相を示すと予想されるが、その具体像はどうか。」（村井 1997、16―17頁）と世界システム論援用について肯定的見解を論じている。

(2) 考古学での現状

考古学者の藤本強は、弥生時代〜中世の日本列島を「北の文化」「中の文化」「南の文化」に区分し、それぞれの中間地帯（「ボカシの地域」＝津軽海峡を挟んだ地域／南九州から薩南諸島）もふくめた北と南の近似性を指摘している（藤本 1988）。

世界システム論を日本考古学で初めて取りあげたのは宇野隆夫である（宇野 2000）。宇野は、「この「世界」の用語は世界全体を意味するものではなく、中国を中心とする東洋の世界システムはじめ複数の世界システムが地球上に併存したと構想されているため、柔軟に応用できることが特色である。」（159頁）であるとして有効性を説き、「日本においては、古代律令国家と近代日本帝国が、本格的な世界システムの構築を目指した。そして古代律令国

家は新羅・渤海・蝦夷・南島を、近代日本帝国は朝鮮・中国・東南アジア・沿海州を、自らの周辺として視野に入れていた。いずれの場合にも、軍事・外交・宗教ほかの力を駆使して世界システムの形成を進めたが、その機能した期間は短く、完成度も高いものではなかった。その背景は隋・唐の世界システムや欧米の世界システムと摩擦を生じたこともあるが、周辺化しようとした地域の主体性の高さが大きな理由であった。」(162頁)として、古代律令国家のサブシステムの主体性を強調した。

　また、河野一隆は、ウオーラーステインの中心・周縁理論の実効性を示唆しながらも、紀元 1500 年頃までの社会考究には論があまり及んでいないことを指摘し、先史社会の分析の際には、世界システム論についてはウオーラーステインに影響を与えたフェルナン・ブローデルやトインビーの比較史的な方法がより有効とし、中国―朝鮮―日本の中心・周縁関係を説明した(河野 2004)。

　それでは、中世の日本は独立した世界システムをなしたのか、それともより広範なアジア・システムのサブ・システムであったのか。次に、これらについて、十三湊の変遷を検討しながら考察してみたい。

3　十三湊の北方交流史の中での位置づけ

(1) 「中心」「周縁」論からの視点

10 世紀半ばから 12 世紀代頃（十三湊前史）

　当該期のうち 10 世紀から 11 世紀は、三浦圭介によって律令的土器様式の斉一化の時代を経て古代後期東北北部型土師器の時期とされ、遺構では環濠集落（防御性集落）[2]の時代とされ、12 世紀は鉄鍋・土師器・木器を中心とした中世的食器様式の時代とされている（三浦 1995）。特に、10 世紀代は、貯蔵具において尾張・美濃産灰釉陶器―五所川原産須恵器、供膳具において尾張・美濃産灰釉陶器―黒色土器というモデル・コピー関係が明白である。さらに、中国越州窯産中国陶磁を上位につけ、擦文土器高杯を下位につければ、中国越州窯産中国陶磁―尾張・美濃産灰釉陶器―五所川原産須恵器（黒

色土器)一擦文土器高杯という図式ができる。これは、中国―律令政府・院政 (中心・周縁)、律令政府・院政―東北北部 (中心・周縁) という分節構造の表現であると考える。

　十三湊前史を考える上で、五所川原市唐川城跡は重要である。これは、環濠集落 (防御性集落と呼称する研究者も存在する。) としては、最も規模が大きいもので約8万平方メートルを測る (富山大学人文学部考古学研究室 2002)。

　環濠集落にはどういった機能があったのであろうか。それは、地域の中で中心地機能を発揮していたと考える。この点については、既に鈴木靖民は、環濠集落を核とする諸集落のネットワークを想定している (鈴木 1996)。この時代は、環濠集落 (防御性集落) を中心とした交易ネットワークを中心に、技術・物資・情報が動く (井出 2002)。その終焉が岩手県平泉町柳之御所遺跡であると理解したい (前川 2003a)。

　羽柴直人は、藤原基衡期後期 (4期) に、毛越寺・観自在王院の南側東西道路から派生する南北道路が成立し、既に土器で埋まって廃絶している柳之御所の壕を道路が超え、さらにもう一度壕を越えて西側へ抜けていくことを示した (羽柴 2002)。このことは、東西道路やそれに沿った方形を呈した館 (毛越寺・観自在王院・方形区画) などに見られるように藤原基衡期前期 (3期) から形成されつつあった都市計画が確立することを意味していた。

　ちょうどその時期に、平泉から津軽半島東海岸陸奥湾内の外が浜へと奥の大道が整備された。このことは太平洋海運と陸上交通の結節点として、中世都市平泉が成立したと理解できる (大石 2001)。

　この時期に律令期の「辺」概念に代わって、日本国の「四至」(境界)に関する具体的記述が初めて史料の上で現れる。史料間で多少の違いがあるものの、頻繁に取り上げられる「四至」は、東側では外が浜 (津軽)、西側では鬼界ヶ島 (琉球諸島) および壱岐と対馬などである (大石 1980、村井 1988：114―115頁)。これらの地域を日本の「四至」と見なす領域観は、10世紀に成立し中世を通してほとんど変化はなかった (バートン 2000)。これが、中世史の一般的見解である。

　しかしながら、筆者は、畿内型集落および白磁玉縁碗、カムイヤキ、滑石

図 2　中世日本国領域図（12 世紀ないし 13 世紀から 14 世紀半ば頃）
（十三湊成立期：**1** 十三湊、2 平泉、3 鎌倉、4 京都、5 博多、6 持躰松）

製石鍋、製鉄炉（鉄さい）、穀類がセットを中世開始期の指標とするならば、これらが出土する沖縄島やカムイヤキが出土する八重山列島の波照間島まで、少なくとも 13 世紀代頃に中世日本国とされていた可能性がある。つまり「外が浜から先島」という南方へ広がる境界認識があった可能性を指摘した（図 2）（前川 2003b）。

12世紀末ないし13世紀から14世紀半ば頃（十三湊成立期：おおよそ榊原Ⅰ・Ⅱ期）

　藤原氏の滅亡とともに陸奥湾内の外が浜や奥の大道が衰退することが考古学的成果から明らかであるが、それとともに、博多―小浜（敦賀）―十三湊を結ぶ日本海ルートが復興してくる。それが十三湊の成立の歴史的契機である。この時期、日本海を経て道南へ行くルートの起点が陸奥湾内の外が浜から十三湖周辺へと変更された。この時期には、中世日本国の周縁の場所となったと理解したい。

　13世紀の活発な日本海を中心とする物資流通システムの動きは、北方のサハリン島にまで及んだ可能性が高い。日本列島産陶器は出土しないものの、戦前のサハリンで遺物表面採集調査を綿密に実施した新岡コレクションの京都鳴滝産仕上げ砥石の存在を見るとその可能性が伺われる（新岡・宇田川 1990）。中央大学・富山大学が2001年度より実施している白主土城の発掘調査では、土塁の版築や基準尺使用などの大陸の土木技術が確認されている（前川ほか 2003）。このことは、「北からの蒙古襲来」説を必ずしも肯定するものではないが、白主土城は、元が女真族を率いてサハリン島に築いたとされる「果夥」（GUO―HUO）であった可能性を中村和之が指摘している（中村 1991）。もしそうであるとすると、活発な日本海を中心とする物資流通システムの動きを把握しようとするものであったと想定できる。さらに文永・弘安の役でも、西の博多を中心とする物資流通システムを支配しようとした。

14世紀末から15世紀初頭頃（十三湊展開期：榊原Ⅲ期）

　14世紀末頃十三湊は、土塁・堀と直線道路によって都市計画される。それまでの土塁・堀の南側の遺構も北側に集まる傾向が見られる。従来、推定安藤氏居館跡という場所は、地籍図と航空写真から一町四方の館であるとされて、堀の存在が推定されてきた（国立歴史民俗博物館 1994）が、北側の門遺構と南側東西堀は検出されたものの東辺と西辺の南北区画堀や溝などは明確には確認できない。しかし、4間×4間、4間×5間、3間×5間程度の大きな建物が8棟前後、各場所で2ないし3回の立替がおこなわれており、南側には竪穴遺構、さらに京都系土師器皿と大量の白木箸を出土する井戸（第18・76次調査 SE02）が存在することから、遺跡内では最も格の高い屋敷地で

あることは間違いない。大土塁の北側隣接地の調査では、第86・87次調査である旧十三小学校グランド内で、柵囲い道路にはさまれた空間に連続した東西の大きな屋敷割（内部に掘立柱建物＋井戸）が展開することが判明してきた。基本的な遺物の組み合わせは、瀬戸・珠洲など国産陶磁器が卓越する時期である。

　前の時期まで、十三湊が周縁の場所として位置づけられてきたが、その機能は北海道余市町大川遺跡に移動したと考えられる。以下の記述は、吉岡康暢の記述をまとめた（吉岡 2001）。大川遺跡の中世遺構は、余市川東岸に掘開した最大幅約100m、長さ約200mにおよぶ舌状の調査区のうちほぼ全面で検出されている。遺構の種類には、溝・柵列・柱穴および墳墓・魚骨捨場があり、竪穴・井戸・土坑などは確認されていない。このうち溝は2種類あり、MO1・2・6・10は、幅2〜3m、現存最深0.8〜2m程度で、断面は左右対称の逆台形、場所によってV字に近い急勾配をもつ大規模なしっかりした造作の大溝である。ほかの8条は、幅は大体同じであるが、長さ5〜12m、深さ0.2〜1mと浅いものである。柵列は、簡粗な板塀に近いものかと思われる。柱穴はすべてが中世と即断できない。また柱筋が通る建物も復元できないが、柱穴群のまとまりは小掘立柱建物が複数回建替えられたと想定できる。魚骨捨場は、続縄文期竪穴の窪みに有機遺物が投棄された遺構で、南西辺に2か所確認された。時期は、14世紀から古瀬戸後III期までであるが、十三湊の最盛期と期を一にする。大川遺跡は交易基地として設営されただけでなく、余市川河口に推定されているアイヌ・コタンの居住・交易域の占拠からすすんで、コンブ・海獣採捕等の臨海生産域をも制圧し、アイヌ人を統制下におく交易物資の直営的な生産支配施設の形態を保持していたとしている。また、遺跡の終焉を1457（長禄元）年のコシャマインの蜂起に連動した、余市アイヌ集団の襲撃に求め、東は鵡川、西は余市の和人が殺害され、松前・上ノ国地域に追いこまれたと結論付けている。

　筆者は、14世紀末から15世紀前半頃には、平地方形居館を基本とした地域社会の支配制度である「方形館体制」が成立するとした（前川 2000）。方形館は、北海道道南地方から西日本まで、広い範囲に分布する。土塁（築地

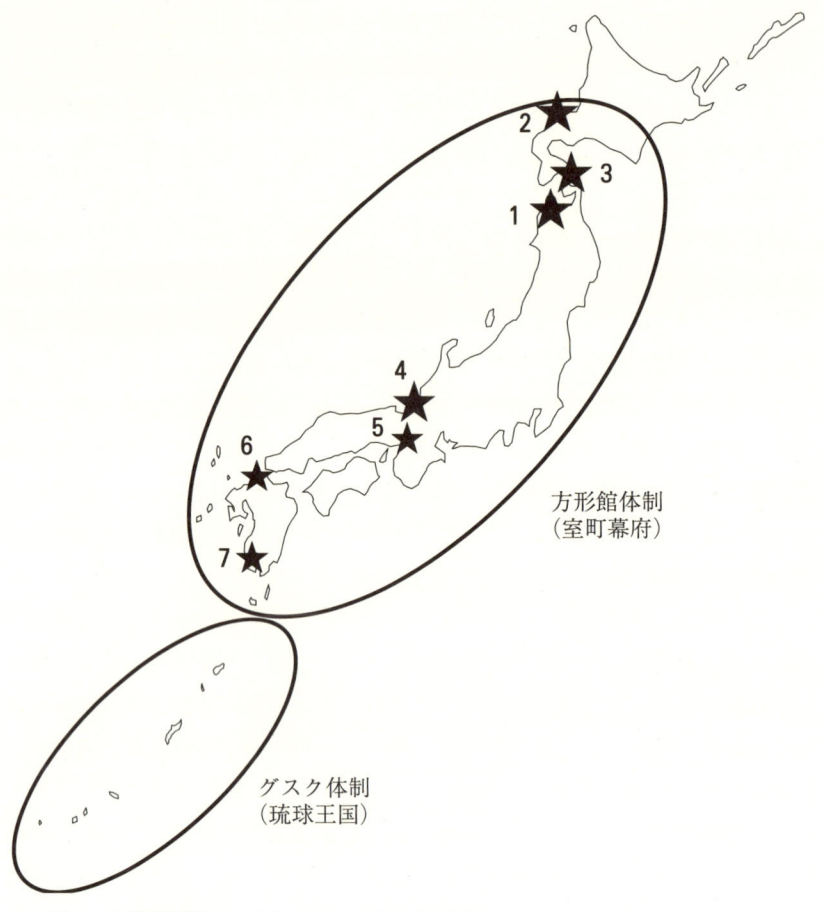

I 国史跡指定記念十三湊フォーラム

図3　中世領域図（14世紀末から15世紀半ば頃）
（十三湊展開期：1 十三湊、2 大川、3 志苔館、4 小浜、5 京都、6 博多、7 坊津）

塀）と堀を持った一町四方の方形館が地域的に展開する時期である。15世紀半ば頃までは、守護館は、未だ展開せず、国人領主クラスの居館が地域社会で展開する時期である。中世前期の居館から発展するもの（長野県高梨氏館跡、岐阜県江馬氏城館跡下館跡）が多く見られる。この時期には、都市性が政治的に展開し始める時期である。階層によって、方形館の規模に差があるこ

とも判明している。そして、この階層的なあり方は、中国明の冊封体制の下で成立すると推論している。また、琉球列島のグスクの階層的なありかた（グスク体制）も、同じく中国明の冊封体制下にあると理解できる（図3）。

　そして、この方形館体制の北の端がこの十三湊での第18・76次で検出された居館あるいは、函館市志苔館であると考える。この館跡は、四方に土塁が巡らされた方形で、沢地形を利用した空堀が掘られている。土塁で囲まれた郭内は、東西70～80m、南北50～65m、約4,100㎡の規模の平坦地である。北側の土塁は4～4.5m、南側は1～1.5mの高さで、西側と東側は土塁が途切れ、それぞれ虎口となっている。また、北側と西側の空壕は幅5～10m、深さ最大3.5mの薬研や箱薬研の形状で、特に西側は土橋を挟んで二重壕が掘られている。郭内からは、柱間寸法が異なる建物跡、塀・柵跡、井戸跡などの遺構、中国製舶載陶磁器や瀬戸美濃折縁平鉢・越前甕・珠洲甕壺・京都系土師器皿などの遺物が発見されたことなどから、館の創建年代は14世紀末から15世紀初頭頃、廃城年代は、1457（長禄元）年のコシャマインの乱と推定される。

　この時代は、中国（明）―室町幕府（中心・周縁）、室町幕府―東北北部（北海道道南地方）：方形館体制（中心・周縁）という分節構造が形成されている時代である。

15世紀半ば頃（十三湊衰退期：榊原Ⅳ期）

　都市計画の中心地域が土塁北側地区から土塁南側地区へ移転した可能性が高い。なお、十三湊の廃絶は古瀬戸後Ⅳ期古段階を下限とする資料や北海道函館市志苔館跡（コシャマインの乱による落城）の例から1460年ごろであると榊原は推論しているが、筆者もこれを支持する。

　土塁南側地区は、瀬戸製品は古瀬戸後Ⅲ期～後Ⅳ期古段階の時期が中心で、「土塁北側地区」と比べて被熱資料が少ない。「町屋地区」は側溝を伴う南北道路に沿って掘立柱建物と井戸の建物配置が展開する景観が連なる。この「町屋地区」では、商工業などの職業の内容を直接的に示す考古学的資料は少ない。「檀林寺地区」では、唐物天目碗や褐釉壺（茶壺）など茶道具にかかわる優品が多く出土している。茶の湯文化を嗜好する僧侶・社寺階層の

存在および寺院空間の性格を反映していると考えられている。第151・155・156次調査では、青森県教育委員会と市浦村教育委員会によって、遺跡南端の檀林寺の範囲と性格を明らかにすることを目的とした発掘調査が実施された。発掘調査の結果、最も標高の高い場所で、区画溝SD01を確認した。これは、南北約65m、東西約50mの範囲を方形に区画しており、南側に向かって開口している。区画の内部には社殿のような宗教施設が建てられていた可能性が高いと考えられている（鈴木 2004）。

それに対して土塁北側地区は、都市計画的な遺構配置を壊すような形で、集石土坑や竪穴遺構、土坑墓群が散在するような状況に変化したと考えられる。とくに大規模な火災に見舞われたあと、火事場整理のため大量の角礫を一括廃棄した集石土坑が広範囲に認められる現象が通有に見られる。永享4年（1432）、安藤氏と南部氏による十三湊攻防で「土塁北側地区」が衰退した可能性が榊原滋高によって指摘されている（榊原 2004）。

十三湊安藤氏の滅亡に関して入間田宣夫が論じ（入間田 1999）、榊原滋高が要約している（榊原 2004）。永享四年（1432）に安藤氏と南部氏の抗争によって安藤氏が蝦夷島（北海道）へ逃れたのち、室町幕府が南部氏との調停にあたった（『満済准后日記』所収）。それが、15世紀前半頃の集石遺構・焼失遺構である。その後、永享八年〜文安四年（1436〜47）にかけて、安藤康季が後花園院の勅命を受けて若狭国羽賀寺の再建事業を行っており（『本浄山羽賀寺縁起』羽賀寺文書所収）、この時期に安藤氏は南部氏との抗争を背景に中央権門や室町幕府と密接な関係を強めている。しかし、嘉吉元年（1441）六月、室町幕府第六代将軍足利義教が有力守護の赤松満祐によって殺害される嘉吉の乱が勃発すると、室町幕府の後ろ盾を一時失った安藤氏は、再び南部氏によって嘉吉二年（1442）の戦いに敗れて蝦夷島に逃れることになり、翌年、小泊村柴崎城から渡海した（『新羅之記録』所収）。

これらのことは、十三湊が室町幕府の支配体制である「方形館体制」に入っていたが、嘉吉の乱によってその後ろ盾がなくなりまた、南部氏に攻撃を受けることになったことを示す。

(2) 世界システム論からの視点

　ここまで、「中心」「周縁」論[3]を用いて検討してきたが、これと似た枠組みがウォーラーステインによる「中核」・「半周辺」・「周辺」の世界経済の3区分である。この枠組みは、もともと政治に立脚して経済を論じたものであるが、経済のみならず文化についても援用可能であろう。

　ここでやや飛躍するが、前近代の日本は独立した世界システムをなしたのか、それともより広範な東アジア・システムのサブ・システムであったのか。筆者の答えは一つではなく、対象となる時期によって異なり、その地域区分も大きく移動すると考える。また、「周縁」という概念に、「後進的」な印象を持つことは、間違っている。例えば、日本古代史において、北方の蝦夷は、「周縁」の地の好戦的かつ野蛮な民族という教科書的な考え方は、考古学の一般的な見解ではない。筆者は、東北北部古代末の環濠集落（防御性集落）が隆盛する現象は、首長制を採用する主体性をもつ交易システム社会を背景とするものであると考える。「周縁」の場の特性に基づく交易物資があって初めて「中心」の場の儀礼的・象徴的世界が成立するのである。

　そうした視点から、「周辺」という概念を「周縁」という語に置き換えて説明する。以下「中心」「周縁」論も加えて、世界システム論から検討する。

　10世紀半ばから12世紀代頃（十三湊前史）は、唐を中心とするシステムがやや揺らぐものの、いまだ中国（五代・北宋）―律令政府・院政―東北北部という中心・周縁という東アジア・システムの中に組み込まれている時代。この時代は、中国―律令政府・院政（中心・周縁）、律令政府・院政―東北北部（中心・周縁）という分節構造が形成されている時代である。土器・陶磁器で言えば、モデルとコピーという関係がある程度多くの器種で見られ、必ずしも忠実ではないが様式的に模倣しようとする時代と言い得る。

　外が浜や平泉は、律令政府・院政―東北北部（中心・周縁）の周縁の場として機能した。

　12世紀末あるいは13世紀から14世紀半ば頃（十三湊成立期）は、鎌倉―東北北部（十三湊）というサブシステムが強く独立して存在する時代。13世紀後半ないしは14世紀前半頃の元からの強い東アジアシステム編入の動向が

217

あったのにも拘らず、サブシステムを維持した。文永・弘安の役およびサハリン・白主土城での大陸勢力の支配の動向は、元からの強い東アジア・システム編入の意図と理解できる。中国陶磁を忠実に模倣する古瀬戸前・中期様式のものは、四耳壺・洗・施釉碗などであり、一部日本海域にも散見されるが、大半のものは鎌倉遺跡群から出土する（藤澤 1998）。例外的に、山王坊遺跡から出土した草創期の古瀬戸四耳壺は、生産地でも希少な例であり、十三湊成立を象徴的に示すものであろう。土器・陶磁器で言えば、モデルとコピーという関係が少ない器種で見られ、忠実に模倣しようとする時代と言い得る。

　これらのことから、十三湊は、鎌倉―東北北部（十三湊）というサブシステムの周縁の場として機能した可能性を指摘したい。

　14 世紀末から 15 世紀半ば頃（十三湊展開期・衰退期）は、中国（明）―室町幕府―東北北部（北海道道南地方）という中国冊封体制の下に組織化される時代。この時代は、中国（明）―室町幕府（中心・周縁）、室町幕府―東北北部（北海道道南地方）：方形館体制（中心・周縁）という分節構造が形成されている時代である。中国陶磁を忠実に模倣することはあまり顕著ではないものの、様式を志向する古瀬戸後期の製品が、大量に日本海側および大川遺跡など北方の港湾遺跡に入っていくことは、東アジア・システムにサブシステムが組み込まれていたためであると理解したい。土器・陶磁器で言えば、10世紀半ばから 12 世紀代頃同様、モデルとコピーという関係がある程度多くの器種で見られ、必ずしも忠実ではないが様式的に模倣しようとする時代と言い得る。

　琉球列島のグスクの階層的なありかたも、同じく中国明の冊封体制下にあるが、13 世紀から 14 世紀半ば頃の日本のサブシステム下から離脱して東アジア・システムに編入されたと理解できる。

　十三湊は、当該期においては周縁の場として機能を北海道大川遺跡にゆずり、経済活動を統括する政治的な場＝計画都市として再構成されることになる。

4 結　　語

　以上、中心・周縁理論を加味した世界システム論から考古学的資料を中心にあくまでも十三湊遺跡を検討すると、ある時期には東北北部の社会全体も含めて、大きく3時期に区分できそうなことが判明してきた。それは、(1) 10世紀半ばから12世紀代頃（十三湊前史）(2) 13世紀から14世紀半ば頃（十三湊成立期）(3) 14世紀末から15世紀半ば頃（十三湊展開期）という3段階である。

　これに対して、文献史学の荒野泰典・石井正敏・村井章介らが論じている、(荒野ほか 1992)。そこでは、列島地域にたいする対外的インパクトが比較的弱く、安定的な通交関係が存続した相対的安定期と、安定期を通じて蓄積された矛盾が表面化して、対外的緊張のもとで急速に通交のありようが変貌し、それが地域内の政治・社会の状況と密接にからみあう移行期ないし変動期とを識別し、日本列島の黎明から日清戦争にいたる歴史の展開を10の時期に区分する仮説を示している。そして、奇数の時期が相対的安定期、偶数の時期が移行期ないし変動期とした。本稿に関係するところでは、第Ⅴ期10世紀後半～13世紀はじめ／日・宋・高麗貿易の時代、第Ⅵ期13世紀半ば～14世紀末／元寇と倭寇、第Ⅶ期15世紀はじめ～16世紀前半／冊封体制の完成と勘合貿易システムとなる。これについて、考古学側から検討する紙面の余裕がないが、今後の課題としたい。

おわりに―残された課題

　本稿は、これまでに明らかになった考古学を中心とした資料を用い、「中心」「周縁」論や世界システム論から北方史における津軽十三湊の位置づけを行おうとする試論である。今回フェルナン・ブローデルやトインビーなどの関連諸分野の研究成果を十分には理解できておらず、やや画一的あるいは平板な分析に終わっていることをご寛恕戴きたい。

　さらに、結語で若干述べた文献史学を中心とする東アジアにおける時期区

分との整合性について、十三湊や北方史から考古資料を中心に検討していかなければならないと考えている。また、図中に掲載した鹿児島県坊津や持躰松遺跡などの南方の考古学的評価についても稿を改めたい。

付　記

　本稿は、青森県教育委員会・青森県教育庁文化財保護課、2005年3月発行『十三湊遺跡（第1分冊）』に掲載された同じ題名の論文を、これが発掘報告書という限られた読者を対象としたものであったため、発行者の許可を得て本書に再掲載するものであることをお断りしておく。

注

(1)（国立歴史民俗博物館 1994）で呼称されていた「町屋地区」「推定家臣団屋敷地区」「推定安藤氏居館地区」という名称は、考古学的成果が多く得られつつある現段階では不適切と考える。しかしながら、調査開始当時、おおよその全体計画を立てる上での仮説枠組みとしては優れて有効であったと考える。
(2) 本稿では、原則的に「環濠集落」という呼称を用いず、「環壕集落」という呼称を使用する。また、アプリオリに遺跡の性格を示し現在多用されている「防御性」や「高地性」という表現も使用するべきではないと考えるが、発掘調査報告書という本書の体裁上の理由から、カッコつきで「防御性集落」と併記することを断っておく。
(3) 山口昌男は、「中心」「周縁」の性格を両義性の脈絡から、それぞれ「秩序＝生＝意味」／「反秩序＝死＝無意味」（山口 1975：203頁）、「周縁的状況は、日常的意識の縁にあって不吉な姿で潜伏している「夜の側」の実。（夜の側＝狂気、混沌、無）」（同書：207頁）、そして「「周縁部」にいる者は、「両義性」に対する鋭敏な感覚の故に、「中心部」の文化・思想を対化（＝相対化）する。」（同書：222頁）と性格づけている。

参考文献（50音順）
青森県教育委員会　199　『内真部(4)遺跡』青森県埋蔵文化財調査報告書第158集
青森県教育委員会　2003　『十三湊遺跡Ⅷ―第151次〜第154次発掘調査概報―』

青森県埋蔵文化財調査報告書　第355集
青森県市浦村教育委員会　1988　『琴湖岳遺跡（十三小学校線道路改良工事に係わる事前発掘調査）』
青森県市浦村教育委員会　1996　『十三湊遺跡―市浦村第1次・第2次発掘調査概報―』市浦村埋蔵文化財調査報告書　第8集
青森県市浦村教育委員会・富山大学人文学部考古学研究室　2000『十三湊遺跡―第86次発掘調査報告書―』
青森県市浦村教育委員会　2000　『十三湊遺跡〜第18・76次発掘調査概報　遺構・遺物図版編〜』市浦村埋蔵文化財調査報告書　第10集
青森県市浦村教育委員会　2001　『十三湊遺跡〜1999・2000年度　第90・122次調査概報ほか〜』市浦村埋蔵文化財調査報告書　第13集
青森県市浦村教育委員会　2003　『十三湊遺跡〜平成13年度　第145次発掘調査報告書〜』市浦村埋蔵文化財調査報告書　第15集
荒野泰典・石井正敏・村井章介　1992　「時期区分論」荒野泰典・石井正敏・村井章介編『アジアのなかの日本史Ⅰアジアと日本』東京大学出版会
井出靖夫　2002　「北日本における古代環壕集落の性格とその背景―計量的分析からのアプローチ―」『津軽唐川城跡―古代環壕集落の調査―』富山大学人文学部考古学研究室
入間田宣夫　1999　「糠部・閉伊・夷が島の海民集団と諸大名」『北の内海世界　北奥羽・蝦夷ヶ島と地域諸集団』山川出版社
ウォーラーステイン、イマニュエル（川北稔訳）　1981　『近代世界システムⅠ・Ⅱ』（岩波現代選書63・64）岩波書店
ウォーラーステイン、イマニュエル（川北稔訳）　1993　『近代世界システム1600〜1750　重商主義と「ヨーロッパ世界経済」の凝集』名古屋大学出版会
ウォーラーステイン、イマニュエル（川北稔訳）　1997　『近代世界システム1730〜1840s　大西洋革命の時代』名古屋大学出版会
宇野隆夫　2000　「世界システム論」『用語解説　現代考古学の方法と理論』Ⅱ　同成社

大石直正　1980　「外が浜・蝦夷考」関晃先生還暦記念会編『日本古代史研究』吉川弘文館
大石直正　2001　『奥州藤原氏の時代』吉川弘文館
河野一隆　2004　「世界システム論」『現代考古学事典』同成社
国立歴史民俗博物館　1994　『中世都市　十三湊と安藤氏』新人物往来社
国立歴史民俗博物館　1995　『青森県十三湊遺跡・福島城の研究』国立歴史民俗博物館研究報告　第 64 集
榊原滋高　2001　「青森県十三湊遺跡の調査」『月刊　考古学ジャーナル』5 月号 No. 472
榊原滋高　2003　「陸奥北部二・道南地域―青森県・北海道」『中世奥羽の土器・陶磁器』東北中世考古学会編　高志書院
榊原滋高　2004　「十三湊の構造と変遷　発掘調査 10 年の成果から」『中世十三湊の世界』新人物往来社
鈴木和子　2004　「十三湊遺跡　港湾部・町屋地区・檀林寺の調査」『中世十三湊の世界』新人物往来社
鈴木靖民　1996　「古代蝦夷の世界と交流」『古代蝦夷の世界と交流』古代王権と交流 1　名著出版
新岡武彦・宇田川洋　1992　『サハリン南部の考古資料』北海道出版企画センター
函館市教育委員会　1986　『史跡志苔館跡―昭和 58～60 年度環境整備事業に伴う発掘調査報告書―』
羽柴直人　2002　「平泉の道路と都市構造の変遷」『平泉の世界』高志書院
藤澤良祐　1996　「中世瀬戸窯の動態」『古瀬戸をめぐる中世陶器の世界～その生産と流通～』(財)瀬戸市埋蔵文化財センター設立五周年記念シンポジュウム
藤澤良祐　1998　「瀬戸の施釉陶器と中国陶磁」『陶磁器の文化史』国立歴史民俗博物館
藤本　強　1988　『もう二つの日本文化』東京大学出版会
バートン、ブルース　2000　『日本の「境界」前近代の国家・民族・文化』青木書店
富山大学人文学部考古学研究室　2002　『津軽唐川城跡―古代環壕集落の調査―』
中村和之　1991　「「経世大典序録」にみえる果夥について」『1990 年度「北の歴

史・文化交流研究事業」中間報告』北海道開拓記念館
前川　要　2000　「日本中世後期の地域支配体制論序説―方形館体制の提唱―」『日本史研究会3月例会発表要旨』
前川　要　2003a　「考古学から見た東北北部における中世社会の確立―環濠集落の終焉としての柳之御所遺跡」『平泉文化研究』第3号
前川　要　2003b　「南西諸島における畿内型中世集落成立の歴史的意義」『南東考古』No.22　沖縄考古学会
前川　要・A. ワシリエフスキー・A. イーブリエフ・O. シュービナ・O. デジャーヒン・臼杵　勲・石井淳平、N. ツカダ　2003　「サハリン白主土城の研究(2)」『日本考古学協会第69回総会』研究発表要旨
三浦圭介　1994　「古代東北地方北部の生業に見る地域差」『北日本の考古学』吉川弘文館
三浦圭介　1995　「北奥・北海道地域における古代防御性集落の発生と展開」『国立歴史民俗博物館研究報告』第64集　国立歴史民俗博物館
村井章介　1988　『アジアの中の中世日本』校倉書房
村井章介　1997　『海から見た戦国日本―列島史から世界史へ』筑摩書房
山口昌男　1975　『文化と両義性』岩波書店
吉岡康暢　1994　『中世須恵器の研究』吉川弘文館
吉岡康暢　2001　「北方中世史と大川遺跡」『余市町大川遺跡における考古学的調査』Ⅳ　北海道余市町教育委員会
吉岡康暢　2002　「南島の中世陶器―中世初期環東アジア海域の陶芸交流―」『国立歴史民俗博物館研究報告』第94集

# 十三湊フォーラム・パネルディスカッション
北方史における視点―列島の中の十三湊・津軽五所川原―

司　会：前川　要（中央大学教授）、千田嘉博（奈良大学助教授）
発言者：三浦圭介、藤原弘明、遠藤　巖、榊原滋高、鈴木和子、佐藤　仁、
　　　　坂井秀弥、岩崎繁芳、髙松隆三、村越　潔

はじめに

それでは討論、パネルディスカッションを始めたいと思います。私、司会を務めます中央大学の前川と申します。同じく奈良大学の千田です。どうぞよろしくお願いいたします。

前川　約1時間ございます。そのうちに討論したい論点をあらかじめ3点ほど挙げさせていただいております。本来であれば会場の皆様の意見を聞きながら討論を進めていけばよろしいのですが、時間も限られておりますので、私どもが立てました論点に沿って、進めさせていただきたいと思います。御協力よろしくお願いいたします。

まず、1番目に十三湊を理解するためには北方史における視点が必要であり、これが重要なキーワードになってくると思います。2番目は十三湊遺跡の12年間の発掘調査で明らかとなった新発見は何かという点です。前々回の第14回歴博フォーラム「遺跡にさぐる北日本―中世都市十三湊と安藤氏―」で行われました'93市浦シンポジウムで明らかになったことは、すでに新人物往来社より刊行されました「中世都市十三湊と安藤氏」〔国立歴史

民俗博物館編 1994〕によって、一般の方々にも広く周知されていると思っています。その国立歴史民俗博物館（以下、「歴博」と略す。）の調査以降、新たに分かってきた考古学的事実について討論する予定です。最後の3番目ですが、フォーラム開催地であります五所川原市には今回、国史跡指定を受けました十三湊遺跡のほか、昨年指定を受けた古代の五所川原須恵器窯跡がありますが、こうした文化財を今後、五所川原の町づくりにどのように生かしていくかということです。この点が皆様にとって最も大事なことと思います。この1番目や2番目の学術成果の裏付けをベースに、史跡を今後の町づくりにどのように活かしていった方が良いか、或いは活かしていくべきかという話に進んでいきたいと、そのように考えております。

　司会進行といたしましては1番目と3番目を私（前川）が主に担当し、2番目を千田さんに進めていただきます。

北方史における視点

　それでは早速進めてまいります。1番目に北方史における視点とは何かということですが、十三湊遺跡（以下、「十三湊」と略す。）を含めた北方社会、或いは日本列島を念頭において考える必要があろうかと思います。東アジアにおける日本列島の位置、或いは列島の中における北方世界の位置づけを考えようとしますと、「中心」と「周縁」という概念が問題解決のためには切り離せない視点ではないかと思います。これは、文化人類学者の山口昌男さんが提唱されたもので、京都のような中心からの文化の広がりを説いたもので、「周縁」地域は流動的性格を帯びることを論じています。

　そういっても、分かりにくいかと思いますので、もう少し具体的に説明します。まず、図1をみてください。これは普段見られない日本地図を逆さにしたものになっております。これは先般亡くなられました網野善彦さんが講談社刊行の日本の歴史第00巻「『日本』とは何か」という書籍の巻頭カラーで引用されている写真です。タイトルに「環日本海諸国図」とありまして、見出しに"「日本海」は大きな「内海」であった"とあります。

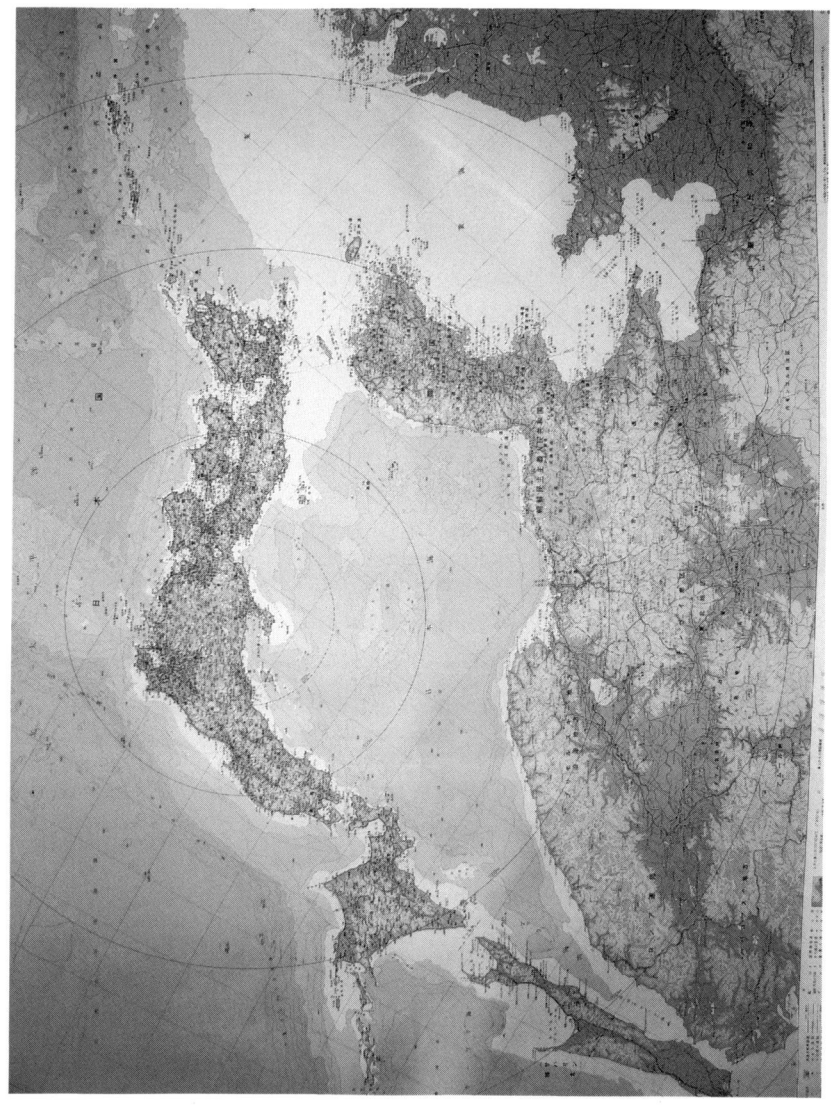

十三湊フォーラム・パネルディスカッション

図1　環日本海諸国図（「この地図は、富山県が作製した地図を転載したものである。（平6総使第76号）」）

さて、この地図を見ますと、皆さんはどう思われるでしょうか。日本列島を逆さにした普段見慣れない視点となっています。下側が中国大陸になりますので、中国大陸から日本列島をみた形と言えます。また、中国大陸側から日本列島を見渡しますと日本列島が弧状になって見えます。サハリンから日本列島、それから南西諸島、地図の外になりますが、台湾があるというイメージです。そして日本海と黄海・東シナ海を分けるように朝鮮半島があるというような形で、まさに日本海が内海であるというようなイメージをお持ちいただけるのではないかと思います。

また、このように見てまいりますと、東アジア世界の中では逆に日本列島が周縁の場所であったということがお分かりいただけると思います。

次にこの図（前川論文図2、211頁）をご覧ください。今度は日本列島の中で考えてみます。京都と十三湊という点に着目してみますと、やはり、中心である京都に対して、十三湊は周縁、或いは境界の場所という位置付けになろうかと思います。事実、中世国家が津軽の「外ヶ浜」の地を国家の東限に位置付けていたことと重なります。

こういった視点でみますと、日本列島において津軽という地域が流動性のある周縁・境界の場所になっていたということが容易に推測できます。また、坂井秀弥先生の講演の中にも取り上げられておりましたが、中世には四大流通圏（坂井講演図2、17頁）が存在し、中心の京都に対する周縁・境界の場に位置する津軽・十三湊がこうした一方の拠点になってくるということが実際にあったのではないかと考えています。

そこで、三浦圭介さんのご報告の中で、これに関係する話があったと思います。やはりその周縁・境界の場を示す最も古い事例になろうかと思いますが、「有間浜」の事例が挙げられました。私にとって非常に興味あるショッキングな話だと思ったのですが、十三湖に浮かぶ中島遺跡を『日本書紀』に記録される斉明四～六年（658〜660）の阿倍比羅夫の北航記事に登場する「有間浜」に結びつけられるという点は非常に面白く、重要な問題提起をされたと思います。これまでの考古学の成果によりますと、中島遺跡出土の土師器を8世紀前半～中頃の奈良時代の土器だというように考えられていたと

十三湊フォーラム・パネルディスカッション

写真1 中島遺跡出土の土師器

思いますが、三浦さんの報告の中ではそれよりも約1世紀近くも古い時期の土器ではないかというご指摘がなされたわけです。まず、こうした点に関しまして、三浦さんの方から、北方史における十三湊の位置づけをどのように理解したらよいか、どのような考えをお持ちなのか、さらに古代の五所川原須恵器窯跡の位置付けについてもどのように考えたらよいのか、先ほどもお話があったと思いますが、かいつまんでもう一度お願いします。

三浦 古代・中世の北方史における津軽の位置付けは極めて重要であったと考えられます。古代においては史料上でも津軽蝦夷は秋田や能代の蝦夷よりも早い段階で大和政権と深く関わっており、また、200艘の大船団による阿倍臣比羅夫の北征の際も津軽蝦夷がこれに協力したことが読みとれます。

　この北征の際の一つの地名である「有間浜」を十三湖の中島に比定することの理由についてはいくつかありますが、最も重要な点は中島から出土した土師器の年代観です。これらの土師器は昭和27年に発見されたもので、土

229

I 国史跡指定記念十三湊フォーラム

師器の甕3個体、高坏1個体、坏2個体です。この土器については古くから奈良時代後期のものとして位置付けられておりましたが、近年の研究では、この中で大振りで体部下方に段のある坏は7世紀中葉に遡るものと考えています。他のものは7世紀後半～8世紀中葉に位置付けられると思います。従って中島遺跡の年代は比羅夫の北征の時期である7世紀中葉から始まり、8世紀中葉までと見ています。中島遺跡以外の7世紀代の遺跡は、現在判明しているものでは、岩木川水系上流域の浅瀬石川流域（旧平賀町・旧尾上町）の数遺跡だけですので、この周辺が当時の津軽蝦夷の拠点の一つであったと考えています。中島と浅瀬石川流域は岩木川で連動しています。そのような理由で「有間浜」を中島遺跡、或いはそのそばの十三湊遺跡に比定したわけです。

また、このほか古代において、国家が津軽を大変重要視した例として、878年の秋田城およびその周辺を舞台にした元慶の乱もその一つです。国家は津軽蝦夷が敵に回るか味方になるか、その動向を大変気にし、もし敵に回せば自分達は負けるとみています。この乱は結果的には国家側が勝利しますが、津軽蝦夷の一部が国家側に加担しています。

更に元慶の乱以後の9世紀後葉から10世紀になりますと、津軽の人口も陸奥や出羽から多数の移住民によって膨れあがり、それまでの6～7倍になります。この結果、稲作を中心とする農業・製塩業・鉄生産等の各種産業が急速に発達します。五所川原で行われた須恵器生産もその一つです。この窯群で作られた須恵器は北方世界である北緯40度（秋田市～盛岡市ライン）以北の本州と北海道全域に供給されています。また、北海道の遺跡からは鉄製品やコメが出土する例が増えていますが、これらは恐らく津軽で生産されたものと考えています。

一方、北海道から本州に入っている物資は、考古学的には今のところ擦文土器より明らかになっていませんが、『延喜式』や『和名類聚抄』等の史料によれば、葦鹿皮、独抒皮（オオカミか。トドという説あり）、羆皮、水豹皮等の動物の皮や、鷲の羽根、昆布等の海産物が知られています。これらの北海道の産物は津軽を経由して奥羽両国、更には京都等の畿内に運ばれたもの

と思われます。

　以上のことを総合的に考えてみると、少なくとも古代の段階では、津軽地方が北方世界に津軽の産物と共に内国で生産された物資を供給し、更に、北方の産物を内国に運ぶ中継基地としての役割を果たした交流・交易の拠点地域であったと位置づけることができると思います。北海道だけでなく、サハリンや北方大陸まで巻き込んだものだったかどうかは今後の課題ですが、当時、京都を中心とした西の世界や、国家に組み入れられた東の「中の日本」とも違う北の世界があり、津軽はこの北の世界の南に向けた最前線基地としての役割を担った地域であったと評価できるのではないかと思っています。それが12世紀の奥州藤原氏の段階で、逆に日本国家の中に組み込まれ、更に13世紀になると安藤氏が国家と連携し、奥州藤原氏の権益を引き継いで行く。大きくはこのような流れで津軽を考えることができるのではないかと思います。いずれにしても、古代を通じて国家は北方社会への玄関口としての津軽を大変重要視していたものと見られます。

前川　どうもありがとうございました。今、三浦さんは津軽地域が物資供給の拠点であるといった主旨のことを、また、先ほどのお話の中では手工業生産のコンビナートであったというようなイメージをお出しになりました。それから三浦さんの別のご著書の中では、五所川原須恵器窯の成立背景について、北海道への供給を前提としたものであるというようなことをお書きになっていたかと思います。このあたりのご意見について、五所川原市で須恵器の調査研究にあたっております藤原弘明さんにコメントいただきたいと思います。

藤原　五所川原市で須恵器の調査研究をしている藤原と申します。三浦さんがおっしゃっていたご意見については、少なくとも五所川原須恵器が最初

三浦　圭介氏

に生産を開始した時期には、生産地の周辺の津軽地域だけに限定して供給されています。したがって五所川原須恵器が生産された当初の目的というのは津軽地域の集落への供給が主体であり、実際に北海道全域に広がっていく、或いは南部地域を含めた青森県全域に広がっていく時期は、あくまでも10世紀中頃以降が主体になっていくと考えています。

前川 どうもありがとうございました。須恵器生産の初期段階では生産地に近い津軽地域に限定して供給が開始され、その後の10世紀中頃以降に青森県全域或いは北海道全域に広がっていくというご指摘がありました。この問題については非常に興味深い点でありまして、今後ますます検討していただきたい課題だと思います。

さて、時間も限られておりますので、次の問題に話しを進めてまいります。次に文献資料から見た視点ということで、少し時代が新しくなりますが、「日之本将軍(ひのもとしょうぐん)」というテーマで遠藤先生からご報告をいただきました。私が非常に面白いなあと思ったのは、安藤氏みずから日之本将軍と言っているだけではなくて、天皇家或いは朝廷からも認められてきた称号であるというお話だったと思うのですが、今回、特に重要になってくるのが、中世のどの段階あたりまで、こういった安藤氏＝日之本将軍という認識があったのだろうかという点ではないかと思います。遠藤先生、よろしくお願いします。

遠藤 文献史のほうも、限られたごく僅かの周知の史料しかないにも拘わらず、そのなかで様々な仮説が試みられています。「日之本将軍」問題についても、東アジア世界の極東に位置する「日本国＝ひのもと」将軍観と日本列島の極東に位置する「蝦夷＝ひのもと」将軍観との双方が現存史料に明記されており、その関連と解釈をめぐって様々に議論されています。明朝を建

藤原　弘明氏

国した洪武帝が日本国を冊封体制に組み込もうとしたさい、日本を「島夷」呼ばわりしたのに対して、日本側でそれは日本に隷属し日本国王のもと征夷大将軍に管轄される日本列島東北の蝦夷毛人のことだと反論したり、明朝冊封体制内で足利義満が日本国王として認知される条件のひとつとして北海夷狄＝アイヌの倭寇的動向を鎮静しなければならなかった、そのような事例にみられるように、「日之本将軍」観は複雑に絡みあっています。とくに重要なのは、陸奥出羽両国を蝦夷地に関与する特定行政区として奥州と表記し、日本国の半分を占めると認識されていた点です。「奥州秋田」「奥州松前」だけでなく、千島列島を「奥州の一部」と記した史料さえも現存しますし、それが日本国内の史料だけでなく、中国・朝鮮や16〜17世紀のイタリア・イギリス・ロシア等の史料にも記されています。日本という国は広大な北方「蝦夷＝ひのもと」世界と不可分の関係にあったことが国際的な認識になっていたのです。「日之本将軍」問題は、それだけに重視され、議論の対象とされるわけです。「蝦夷＝ひのもと」に関わる安藤氏の「日之本将軍」問題は、国内・国際的な認識との関わりでいえば、世界帝国を目指した元朝期に顕われ、冊封体制という東アジア国際秩序を樹立した明朝確立期に明確化し、西洋諸国のアジア進出の中で日本が幕藩体制を整備した近世初期ころまでを視野において検討されるようになってきています。

前川 遠藤先生、どうもありがとうございました。たいへん面白い議論だと思いますが、遠藤先生のご指摘は日本列島の中だけで考えていてはいけない、大陸や北海道、サハリンとの関係を含めて考えていかなくてはいけないという非常に貴重なご提言だと思いますので、今後、これらの視点を持ちながら研究をますます進めたいと思います。それでは2番目の議題に話しを進めて行きたいと思います。

遠藤　巖氏

12年間の調査における新発見

千田 本日は榊原さんと鈴木さんのお二人から、これまでの十三湊あるいは福島城跡の発掘調査の歩みや最新の調査成果についてお聞きすることができました。その中で私自身、現在は奈良大学に勤めておりますが、つい最近まで歴博に勤めておりまして、学史の中で取り上げていただきました。それをたいへん感慨深く、個人的にお伺いしておりましたけれど、やはり歴博調査の功罪といいましょうか、良い面と悪い面というのがあったなあということを、改めて反省しながらお聞きしておりました。例えば歴博の調査成果を基に提示させていただきました十三湊の想定復元図（坂井講演図5、19頁）というものですけれども、歴博で行いました調査というのは、福島城跡を含む十三湊の小さな地点を発掘したというだけでなく、そういった発掘成果を古い絵図や地籍図、あるいは航空写真といったものを加味いたしまして、ほとんどの部分は発掘していないのですけれども、十三湊ってこんな町だったのではないか、あるいは福島城跡ってこんなお城だったのではないかと、大胆に推測いたしました。その後、12年にわたって発掘調査が続けられるということをその時想像もしておりませんでした。しかし、調査の早い段階で十三湊全体のイメージを提供できたということは、功の部分と言っていいかな…？　と思うのですけれども、やはり広い範囲を発掘していない段階でしたので、結果的に色んな時期のものが混じった形で復元図を作ってしまいました。今日お話がありましたように、その後の調査成果で随分、十三湊や福島城跡の評価が変わってきたように思います。

そこでまず、榊原さんにお伺いしたいのですが、いろいろ十三湊の成果が変わってきたのですね。今日も報告のなかでお話いただいたのですが、すこし特徴的なところといいますか、どこが今最新の成果なのかもう一度とりま

司会：千田　嘉博・前川　要氏

とめてお話いただけますでしょうか。

榊原　その前に千田先生が歴博調査の功罪についてお話がありましたので、私の方で少し付け加えさせてください。まず歴博の調査が行われるまで、実は十三湊遺跡という遺跡名称は存在していませんでした。遺跡台帳に登録されていたのは琴湖岳遺跡や鉄砲台遺跡や檀林寺跡といった十三地区の中で部分的な場所が遺跡として登録されていたに過ぎませんでした。それが歴博の調査によって大規模な港湾都市遺跡とみなされ、十三地区全域が遺跡であるという認識が広まりました。その後、集落部分と後背地の畑地を含む十三地区全域が遺跡として再登録され、「十三湊遺跡」として周知されるようになったのです。このように十三湊の想定復元図を提示した意義、或いは十三湊を都市遺跡であるという認識した意味は大きく、非常に画期的な出来事だったと思うわけです。その後、私は旧市浦村に職員として採用され、歴博が提示した復元図に基づいて確認調査を行ってまいりました。しかし、調査を進めていくなかで、当然、正しかった部分とそうでない部分が出てくるわけです。ここで、復元図の正否を具体的に申し上げる時間はありませんが、今から考えますと、この復元図は戦国時代の城下町、例えば越前朝倉氏が拠点においた福井県の一乗谷朝倉氏遺跡、あるいは近世城下町のイメージを強くイメージした復元図になっていたのではないかと思われるのです。簡潔に言えば領主の館を中心にして、周辺に家臣団の屋敷や町屋が集住する都市空間といったイメージになろうかと思います。

　しかし、中世といっても南北朝や室町時代に遡る中世都市の様相は、戦国期の中世都市と区別して考える必要があろうかと思いますし、また、時期的な変遷をもっと考慮に入れる必要があったと思います。こうしたことが大きな反省点として残ります。

　それでは次に具体的な例を挙げますので、十三湊の想定復元図をごらんください（坂井講演図5、19頁）。この図面を見ますと十三湊の町の軸線が南北の方向であったようなイメージを受けてしまうのではないでしょうか？　現在の十三集落は前潟と呼ばれるかつて船が行き交う水路に沿ってあります。

かつての船着き場に面したところ、船が出入していたところに集落が形成されています。また、江戸時代の絵図には十三湖のことを後潟と記したものもあります。地元に暮らす人々は前潟に対して後潟が十三湖であるという意識を持っています。つまり、前潟が十三集落の正面玄関であり、十三湖が裏口であるという強い意識があります。十三集落の軸線が前潟に直交した東西方向にあるんだということを、私も実際こちらに暮らすようになって実感することができました。

津軽平野内陸部を結ぶ岩木川を行き交う川舟は、恐らく十三湊の東側湖岸（十三湖側）に着いたであろうし、一方、外洋船は浜明神がある水戸口を通過するとさらに現在の明神沼・セバト沼・前潟（かつての水路）を通って、前潟沖に停泊し、小舟等で前潟沿いの集落へ荷物の運搬を行っていたと考えられます。また、発掘調査で検出される溝跡や柵塀跡の配置状況からも非常に東西方向に伸びる軸線が発達していたことが判明しております。これは水路・川筋に対して直交した屋敷割の配置を示しています。また、このことについて坂井秀弥先生が引用した資料がございますので、見てみたいと思います（坂井講演図6、20頁）。この図は元八戸工業大学の高島成侑先生が十三湊遺跡本報告書の中で十三湊の掘立柱建物の考察のなかで作成されたものです。十三湊では東西軸線が発達していた様子が分かります。一方、坂井講演図7（20頁）に十三湊とほぼ同時期の遺跡になりますが、広島県の芦田川という河口付近に営まれた草戸千軒町遺跡というやはり同じ中世の港湾遺跡があり、発掘調査もすでに行われています。これをみますと、やはり南北というよりも東西に発達した地割がみてとれます。川筋に対して直交する東西軸線と言えるでしょう。このように川筋に対して主要な軸線が直交するようなあり方、十三湊でいえば前潟という十三湖の水が日本海へ流れ出る水路に直交する形で主要な軸線が形成されていったのではないかと考えられます。

榊原　滋高氏

次ぎに挙げられる点は、十三湊の想定復元図は15世紀前半の十三湊最盛期をイメージして作られたものです。しかし、この想定復元図が作られてから、すでに12年という歳月がたち、この間、十三湊の発掘調査が158次（地点）まで及んでおります。その結果、十三湊は大きく三つの時期（Ⅰ～Ⅲ期）に分けて考えることができると思っております。少なくとも町並み・景観が大きく2回ほど変化しているのです。ここではⅠ期については省略しますが、次の十三湊が最盛期を迎えるⅡ期（14世紀中頃～15世紀前葉）には確かに十三湊の中央部に東西方向に大土塁と堀が成立していて、その土塁北側地区では町の軸線も前潟に直交する東西軸を意識した屋敷割りが発達していました。しかし、想定復元図ではさらに南側にある「南限区画」と記したところまで最盛期に町並みが存在していたと推定されてきましたが、この考えは現在では否定されています。この「南限区画」としたものは、あくまで地籍図に残る地割りから想定したものに過ぎません。実際、現地に行っても地表面上に土塁等の高まりがあるわけではありません。また、さらに南に行きますと檀林寺跡がありますので、この「南限区画」と檀林寺跡の関係がこれまでうまく説明ができませんでした。つまり、十三湊の南限と言いながらも、さらに南に檀林寺跡があるのはどういう訳なのかという疑問がすぐに沸いてきます。というわけですので、従来、想定復元図で示された最盛期の十三湊イメージからは、およそ半分の範囲にあたる土塁北側地区が最盛期の居住空間で、最盛期には土塁南側地域はほとんど土地利用されていないことが分かってきました。

　その次のⅢ期は十三湊の再編・廃絶期で15世紀中葉と考えております。この時期には十三湊や安藤氏にとって重大な事件が起こっています。文献史料では永享四年（1432）に起こった糠部南部氏と十三湊安藤氏の抗争によって、安藤氏が蝦夷島（北海道）へ退去する事件が起こります（『満済准后日記』）。その後、室町幕府による調停があって、安藤氏が間もなく蝦夷島から帰還できたものと思われます。十三湊へ安藤氏が帰還することができたのではないかという理由にその後間もない時期、永享八年（1436）四月に安藤（安倍）康季が後花園天皇の勅命を受けて若狭国羽賀寺の再建に着手してお

り、12年後の文安四年（1447）に完成させています（『本浄山羽賀寺縁起』・『羽賀寺縁起』羽賀寺文書所収）。その縁起の中にあの有名な「奥州十三湊日之本将軍」の文言が出てまいりますが、この時期はまだ安藤氏が十三湊を根拠地にしていたことを裏付けるものだと考えられます。そして、十三湊へ帰還することができた安藤氏や都市住民によって、十三湊の町がある程度復興を成し遂げることができたと考えています。それは発掘調査の成果を踏まえた結論です。発掘調査の結果、土塁北側地区では広範囲にわたって火事場整理による集石廃棄土坑が多数検出されております。これは焼けた角礫を一括廃棄したものです。角礫は恐らく屋根石に利用されていたものと考えられます。こうした集石土坑の中からやはり焼けた陶磁器を一括廃棄した土坑も見つかってきまして、陶磁器の年代からこの時期に廃棄されたことが分かってきました。

　しかし、土塁北側地区が衰退していく一方で、逆に土塁南側地区に生活空間が移行していったことが陶磁器の分析から分かってきました。これまで中心域だった土塁北側地区から町屋、或いは檀林寺跡と呼称した土塁南側地区へ移行していったのです。つまり、一端、蝦夷島から帰還した安藤氏は土塁北側地区で火事場整理を行うなど復興を目指しますが、結局すぐに土塁北側地区の復興をあきらめ、土塁南側地区へ居住空間が移っていったのです。ではなぜ居住域を移さなければならなかったのか、実のところ明確に答えることはできませんが、一つの仮説を提示することはできます。それは本日のレジュメの巻頭カラー図（本書口絵カラー）をごらんください。これはGISという地理情報システムを利用した十三湊の地形測量写真です。中央大学の山口欧志さんが作成してくれました。この写真の説明を若干いたします。これは十三湊の測量図に現在の標高を色の違いと濃淡で表現し、さらに地籍図を重ね合わせたものです。薄い緑色は標高1.8m前後で、遺跡の中央付近に広がっていることが分かります。次に濃い緑色は標高2.5m前後で、遺跡のほぼ全域の広い範囲に及んでいます。しかし、遺跡の南西部、前潟に沿った中央〜南側一帯には茶色〜こげ茶色が広がる範囲があります。ここは4〜6mほどの標高となっており、周辺よりも高くなっています。ここには南北方向

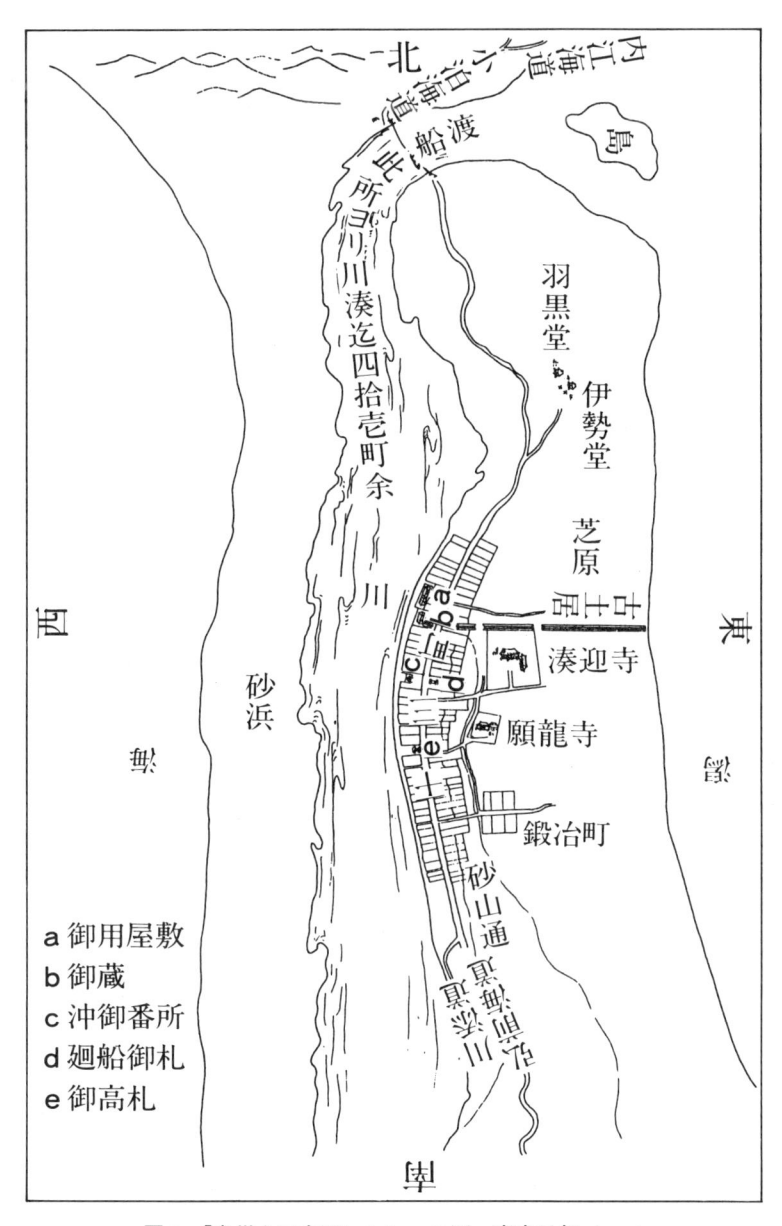

十三湊フォーラム・パネルディスカッション

a 御用屋敷
b 御蔵
c 沖御番所
d 廻船御札
e 御高札

図2 「奥州十三之図」トレース図　慶安元年（1648）

に伸びる浜堤（砂丘列）が存在しています。江戸時代初期の慶安元年（1648）の十三絵図には「砂山通」と呼ばれた砂丘列です。そして、この砂丘列の上で発掘調査（73次調査）も行っております。調査の結果、砂丘上で中世の遺構や遺物が発見されたことから、この砂丘列が中世の頃にすでに存在していたことが判明しております。さらに、この砂丘列が十三湊の都市構造を大きく規制する役目を果たしたという話は先ほどの報告でしました。中世の砂丘列の上にさらに砂が堆積し、現在に至っております。実は日本海一帯で十三湊と同じ時期の湊町・港湾機能を持つ遺跡が発見されています。例えば石川県の普正寺遺跡や秋田県の後城遺跡がありますが、こうした遺跡はやはり15世紀中頃を前後に衰退あるいは廃絶していることが判明しております。十三湊のⅢ期としたちょうどこの時期に日本海一帯に飛砂による砂の移動・堆積によって、湊町が埋まってしまう、湊町の機能が衰退してしまう、或いは湊町の移動を余儀なくされてしまうほどの砂の堆積が日本海一帯の現象として見られたと考えられるのです。そうしてみますと、十三湊のⅡ期からⅢ期にかけて見られる中心域の移動の理由を考えてみますと、先ほど説明しました前潟に沿って残る砂丘列がちょうど飛砂活動の障壁となって、比較的飛砂の影響が受けにくい町屋や檀林寺跡といった土塁南側地区に町並みを移していったのではないかと考えられるのです。少し考古学から逸脱した話になったかもしれませんが、安藤氏と南部氏による戦乱等の政治的動向だけでなく、自然環境の変化による影響も考慮に入れる必要があるのではないかと考えております。というわけで、近い将来に少なくとも三時期に分けた復元図が描けるのではないかと思っています。

千田 どうもありがとうございました。今お伺いしておりますと、十三湊のそれぞれの地区で発掘調査が進んだということで、今日的な成果をふまえた上で再評価が必要であるということと、また、十三湊全体でいいますと、従来の想定復元図は色んな時期のものが混ざっていて、必ずしも十分ではないのですけれども、どうもそれぞれのところでつくられた時期などにも違いがあるし、ダイナミックに町並みが変化をしている。特に、十三湊Ⅲ期とした

時期には檀林寺を中心とした、まだ中心としてみていいかどうかも議論の余地はあるかもしれませんが、その北側に隣接した町屋地区などが成立してくるというのが、最近の調査によって改められたわけですね。こうした位置付けといいますか、捉え方が劇的に変わったということでよろしいでしょうか。

　そうしますと、会場の皆さんにお尋ねしますが、やはりこういう復元図があったら十三湊ってこんな湊町だったのだと何となく、分かり易いですよね。今お聞きしていたら、もう最新の復元図が描けそうに思うのですけど、慎重ですから、是非近未来というか、是非いくつかの十三湊のより正しい変遷をわかりやすく伝えていただける復元図を作っていただけたらなというふうに思います。この想定復元図は昔の図面なのですけれども、当時の調査に関わった一人として身を切られるような思いで司会をさせていただいております。

　さて、続きましてさらに身を切られる思いで福島城跡の調査の方にお話を進めて参りたいと思います。今回の福島城跡の調査で14世紀代の遺物、白磁の碗が外郭東門のところで見つかりまして、年代を考える上では決定的な資料ということなのですけれども、改めまして、福島城の成果、或いはどのように福島城跡と十三湊が関連するのかということで鈴木さんにお話をお願いします。

鈴木　先ほどの報告では最後がまとまりなく終わってしまいましたが、今年度の成果で福島城跡の外郭の土塁あるいは門跡といった施設が恐らく14世紀後半頃に造られたものであろうことが分かってきました。14世紀後半頃という年代なのですが、榊原さんがレジュメの方でもまとめておりますけれども、榊原さんの変遷ではⅡ期、つまり十三湊最盛期の時期に相当します。十三湊がこれから発展するという時期に福島城跡も築城されるのではないか、福島城跡の築城を考える上で重要な指標・年代になるのではないかと考えています。

　福島城のこの大規模な外郭土塁が造られる時期に十三湊においても大土塁

Ⅰ　国史跡指定記念十三湊フォーラム

が造られている。土塁北側地区において都市的な町並みの整備が行われているということになります。こうした土塁の築造などの大土木工事は間違いなく一連の動きの中で捉えていくべきではないかと考えています。福島城跡だけでなくて、十三湖周辺に目を向けてみますと山王坊遺跡、あるいは唐川城跡といった遺跡が周辺に点在しております。恐らくこれらの遺跡も十三湊と同じ遺跡の消長をたどっていると思います。同じと言いましても13世紀初めに相当するⅠ期の可能性は低いわけですが、Ⅱ期の十三湊最盛期には存在していたのではないかと考えられます。そういうわけですから、十三湊や福島城跡の年代や性格といったものは、もっと視野を広げてみて山王坊遺跡や唐川城跡などの周辺遺跡の性格も合わせて再検討した上で福島城跡の性格や年代を考えていくべきではないかと思います。今回の福島城跡の発掘調査を通して、私はこのように感じました。

千田　会場から思わず拍手も出てしまいましたが、個別の十三湊遺跡とか福島城跡だけではなくて、周辺の安藤氏関連の中世遺跡を一つのまとまりとして捉える必要がある。そういったなかで全体と個別の部分を見ていかないと実は分からないといったことでしょうか。非常に重要なご指摘をいただいたと思います。個別のことでいいますと、今日ご報告いただいた福島城跡も、門の位置と土塁との関係はこれでいいのかなとか、あるいは十三湊で言いますと最盛期の領主館跡には堀が四方を巡っていないという話もありましたけれども、何人かの先生のご意見もありましたが、室町期の守護館には必ずしも堀が巡っている事例ばかりでもありませんので、それでもいいのではないかとか、個人的には異論もございますが、そういう問題も全体を通して見ていかないと解けないということですね。そうしますと今日のご報告の中では十分に議論することができなかったのですが、昨日行われました特別巡検

鈴木　和子氏

のなかで、十三湊周辺の安藤氏に関わる石造文化財のことについて、佐藤先生の御案内で一般の方々に参加していただき、色々とご覧になっていただいたと思います。今日このフォーラムに参加されている方々で昨日の巡検にも参加された方が多くいらっしゃると思います。でも必ずしもそういった方々ばかりではありませんし、御存知でない方、もっと知りたい方もいらっしゃるかと思いますので、佐藤先生、かいつまんで少し十三湊周辺の安藤氏に関わる石造文化財のことについてお話いただければと思います。

佐藤 佐藤仁です。このフォーラムに関係させていただき、昨日の巡検では会場の一部の方々と安藤氏の史跡と環境を見て回りました。石造物を通して中世の十三湊を考えようという巡検でした。石という切口で十三湊について述べさせていただきます。

　中世の石造物、五輪塔や宝篋印塔（ほうきょういんとう）、板碑（いたび）などの分布状況から話します。中里（なかさと）の五林神社にご神体となっている大型の五輪塔があります。完形品で様式からみて製作年代は鎌倉時代後期まで遡れます。相内（あいうち）の山王坊にも多くありましたが、今はあちこちに運ばれて現地にはほとんどありません。磯松（いそまつ）には空風輪（くうふうりん）を欠くものが二基、花崗岩製です。十三の湊迎寺（そうごうじ）には断片のほか男鹿半島の石で造られた完形の五輪塔があり、市浦歴史民俗資料館に山王坊の石造物と共に展示されています。

　安藤氏は宝篋印塔を好んで造立しています。完全な姿では残っていませんが、山王坊に多くありました。ほかに中里の五林神社や十三の湊迎寺で存在が確認されました。笠の形から判断すると関西式、石材を刻んだあとが鋭利で磨滅はあまり進んでいないのです。

　同じ石材とみられるものに無縫塔（むほうとう）と地蔵菩薩像があります。両方とも山王坊にあったという伝承があります。無縫塔はほとんどが単制です。重制のものはたった一基あり、蓮華庵（れんげあん）の墓地に保存されています。中世のきれいなものですが、石材の産地はわかりません。

　最後は板碑です。津軽平野内陸部では1260年代から1400年代初期まで造られています。安藤氏の拠点藤崎（ふじさき）と安藤氏が信仰した三世寺（さんぜじ）には14世紀前

半の板碑が多くあります。両地域で最後の板碑が造られた14世紀半ば以降、十三湖北岸の相内から折曽関―甕杉のある関や大イチョウで知られる北金ヶ沢一帯には様式の似た板碑が多数造立されています。

十三・相内を含む西海岸地方の板碑は、文字を中心にした津軽平野内陸部の板碑に比べると、小型ですが碑面は華やかです。郭線や罫線、天蓋に蓮座、華瓶に香炉などが刻まれています。石材は地元産です。申し遅れましたが関の板碑群42基の中には、安藤氏の本姓「安倍」の二字を刻む碑が二基あります。造立年代は建武二年（1335）の「北畠顕家国宣」の時期に近い1340年代です。先年、甕杉の根元から14世紀第2四半期の瀬戸の骨壺が発見されました。石に刻まれた文字と史料、考古学の研究が一致するのです。

石材の産地を整理しますと、五輪塔の中には男鹿半島から運ばれたものがあります。宝篋印塔も男鹿半島の石と思っていたのですが、福井県の日引石であるという報告が発表されました。安藤氏が信仰し、再建した小浜の羽賀寺に近い地点、福井県高浜町日引が産地だという説です。日引石の製品が安藤氏の手によって運ばれたという考えはおおむね納得できます。

十三湊に運ばれた宝篋印塔は、相内や中里でも拝まれました。石造物の分布からは日本海海運のほか、旧十三潟湿地帯沿岸の水運の状況が分かります。また、藤崎と十三湊を結ぶ下ノ切道沿いには石塔や城跡、寺院の跡が多くあり、この道が安藤氏の動脈だったことを示します。福島城はこの道を守る役割を持っていたと言えます。また、中里地域には安藤氏の根拠地があったと思います。

佐藤　　仁氏

板碑に刻まれた文字には阿弥号が多くあり、『時衆過去帳』やその他の史料と一致します。安藤氏は時衆でした。関や北金ヶ沢の板碑と相内の板碑の様式は同じです。安藤氏の造立と考えられる相内の板碑からは、延文・永和などの元号が読み取れ、14世紀後半の安藤氏の全盛時代が想像されま

す。板碑の年号は忘れられた存在でした。しかし、十三湊研究の基本になることだと思います。相内、福島城、山王坊や磯松を含めて、幅広い視野での研究が必要と考えます。ありがとうございました。

史跡を町づくりにどう活かすか

前川 どうもありがとうございました。鈴木さん、それから佐藤先生のお話を聞いていますと、やはり広義の十三湊、十三湊一帯の広い範囲を視野に入れる視点が必要とのご指摘だったと思います。

　それでは次に進みまして、三番目の議題に話を進めてまいります。史跡となりました十三湊や五所川原須恵器窯跡を今後の町作りにどのように活かすべきかということで話しを進めていきたいと思います。これは先ほど三浦さんからもご報告をいただきましたように、北方社会における津軽の重要性、津軽が拠点地域であったという視点がだされました。私も国際シンポジウム等で津軽センターなどと呼んでおりましたが、そういった意味で五所川原市は重要な地域であったわけで、重要な遺跡を多く抱えている地域だと思います。今後こうした遺跡を町づくりにどのように活かしていくべきか、そのあたりをまず三浦さんにお話いただきたいと思います。

三浦 まず、二つに分けて考えなければいけないと思うのです。一つ目ですが、十三湊とそれに関連する福島城跡や山王坊遺跡についてであります。これらは日本の歴史の中でも、今までの先生方が発表されているように、超一級の遺跡であります。特に十三湊については中世日本の湊町ベストテンのなかの一つに挙げられています。しかも良好な形で遺跡が残っているということからすれば、私が長いこと青森県の遺跡、あるいは周辺の遺跡を見てきたなかで、これは将来、三内丸山遺跡と同じように、国の特別史跡に十分値するだろうし、あるいはまた、それを目指していかなければならないだろうと思うわけです。これが非常に重要なことではないでしょうか。

　また、石井進先生も生前、十三湊は十分に特別史跡に相当するんだと、だ

I 国史跡指定記念十三湊フォーラム

から早い時期に国史跡指定にして、さらにその上の特別史跡にしてもらわないといけない。というようなことをおっしゃっていました。やはり、まず一つそれを実現することが大事であろうと思います。

　二つ目には特別史跡の実現をめざすというだけでなくて、当然活用することも大事です。十三湊を宣伝することも必要ですけれども、青森県の歴史や日本の歴史にとっていかに大事であるか、それをどういう形で活用すればいいのか、これらを地元の方々を中心として、県や国と相談しながら活用を考えていくべきです。特に活用を考えていく場合に一番大事なのは行政ではありません。やはり地元の商工会を含めた皆さんであろうと思います。それは五所川原須恵器窯も同じことが言えるわけです。ただ須恵器の場合は昨年に史跡になりまして、これから活用を本格的に考えて、当然その活用をする場合には少々のお金はかかるかもしれません。それは行政が責任をもって対応する。そういうなかで五所川原市民は相談し合いながら、それを有効活用するという姿が一番望ましいのかなというふうに思います。

前川　はい、どうもありがとうございました。十三湊は今後、特別史跡をめざすべきなんだという研究者の立場としてのご意見を頂戴しました。
　さて、次に進んでいきたいと思いますが、行政側はどうあるべきかということで、まず国の意見、それから地元の代表、それから地元行政というような順番でご意見をいただきたいと思います。ではまず文化庁の坂井秀弥先生の方からお願いします。

坂井　これまでいろんな新しい知見を交えてたいへん大きな成果が報告されたところでありますが、私も今年の夏、福島城跡の発掘調査現場を見させていただきました。十三湊が国の史跡になったばかりでしたが、福島城跡の歴史もだいぶ今まで考えていたのと違って、ますます具体的な歴史が見えてきたかなあという感じを受けております。
　今後、私自身からみて方向性を挙げるとすれば、一つは今話があったように、十三湊に安藤氏がいたとか、そういう段階ではなく、十三湊の核の部分

だけをみるのではなくて、同時に福島城跡という大きな城も関連していそうだ、それから山王坊という神社も同時にあったようだということが、考古資料からかなり具体的に分かってきたというのが実感であります。今、世界遺産がよく話題になりますが、世界遺産の流れは一つの個別の遺跡を評価するのではなくて、地域にある色んな複合している歴史、同じ時期に関連しているものもありますし、歴史は当然時間が流れていきますから、過去から現代に至るまで繋がっている歴史、これも大事にしていこうという流れがあります。日本の世界遺産といいますと一番最初は法隆寺でした。奈良の法隆寺は飛鳥時代の日本の世界最古の木造建築です。これは法隆寺という寺一つだけです。あるいは姫路城だけといった例もあります。しかし、その後、古都奈良の文化遺産ということで、奈良にある東大寺ですとか、興福寺といった色んなお寺やあるいは春日大社、そういったものがひとつの群として世界遺産になっております。その後は昨年登録された奈良県、和歌山県、三重県にまたがる紀伊山地の霊場という、吉野、熊野、高野山という当時は貴族の霊場があったわけですが、それをつなぐ参詣道も一緒に含めて世界遺産になっております。これによって、歴史がただの点ではなくて面となり流れとなる。このように評価も変わってきました。そして、またその時に評価されたのが、文化的景観という長い間、歴史の中で風雨の中で人と人が自然に働きかけてできてきた風景、棚田もそうですし、里山もそうです。水郷地帯、水郷の風景もそうです。そういったものが今や時代の流れになってきて、日本の史跡もそういったことができればいいなあと考えています。ということは、

何度も強調しましたが、この十三湊はすばらしい自然と景観、環境があります。おいしい蜆が採れて、いつも私は美味しくいただいております。そういったことも一緒に含めて大事にしていけたらいいなと思うわけです。その時にやっぱり大事なのは、行政側のサポートも当然必要ですが、皆さん一人

坂井　秀弥氏

ひとりが大切な財産を担っていく、可愛がっていく、子供を愛おしく思うように、文化遺産を将来につなげていく、そういった意識をこれからますます求められると思いますので、皆様方にはこれを機会にぜひ、今後とも一緒に考えていただければと思います。

前川 はい、どうもありがとうございました。それでは続きまして、地元地域の代表ということで、北奥文化研究会会長の岩崎繁芳先生からコメントをいただきたいと思います。

岩崎 コメントというわけにはいきませんが、今朝からの感想をお話させていただきたいと思います。私の頭では到底消化しきれないようなたくさんの内容、充実した研究、講演、発掘の報告、本当に新しい発見に目を開かせられるような思いでずっと聞いておりました。五所川原の歴史遺産というのは大したものだなあと改めて知らされた思いです。そのひとつとして、中世の歴史、津軽の中世史というのはこれまで手が付けられない、或いは扱いにくいという意識があって、どうしても近世の立場から歴史をみる傾向になっていたのですが、今日のお話を聞いて、それではだめなんだということを改めて感じましたし、具体的にいえば遠藤先生の講演を聞いて、羽賀寺にきちんと一回行ってみなければという思いに駆られました。

それから近世の十三湊のことです。十三湊というのは近世と中世がどのように繋がるのか、或いは繋がらないのかずっと一貫して、疑問に思っておりました。今日の榊原さんのお話で、発掘の地層をみながら、中世の生活面と近世の生活面の間に飛砂の層がはっきりと確認されていることが分かりました。中世の上にあった近世十三湊も「十三小廻し」と言われるように、米や木材などが運ばれていたんだなあとイメージすることができました。

岩崎　繁芳氏

それからもうひとつ気になったことですが、三浦先生のお話にありましたように五所川原須恵器窯跡のことです。五所川原須恵器の窯跡がよくあんなに残っていたものだなあと感心しました。五所川原市におりますと須恵器の話を良く聞くのですが、それが私自身、これまで開発の歴史に目を向けてきましたが、五所川原須恵器窯跡についてはもう一度勉強しなくてはいけないなあと改めて思いました。

　それからもうひとつ、中世十三湊の水戸口のことが何度も出てきておりました。実は近世の水戸口を調べますと何回も水戸口の場所が変わっていることが分かります。そうしますと、中世の水戸口は浜の明神が近くにある古水戸口のことですが、中世の期間、一箇所の水戸口だけがずっと機能していたのかなあと疑問に感じるわけです。中世の水戸口の位置は一箇所だけだったのかどうか、改めて中世の水戸口の位置については調べていただければと思います。

　最後になりますが、研究者の姿勢のことについてです。こうして研究が進んで整理されてきますと、今回のように自分たちがこれまでやってきたことを整理して、きちんと修正すべきは修正していく姿勢がやはり必要なことだと思います。我々も地域の歴史を捉えていく上で非常に勉強になりました。どうもありがとうございました。

前川　どうもありがとうございました。いろいろ疑問点も多く、これから活用していくためにも学術的な基礎資料が必要であり、そうした調査研究を進めていかなくてはいけないということを研究者の一人としてよく分かりました。それでは三番目の議題の最後となりますが、五所川原市教育委員会教育長の髙松隆三さんより是非コメントいただきたいと思います。

高松　私は平成3年に市浦村長に初当選して、初仕事が十三湊遺跡でありました。それから14年の歳月を経て、国の史跡指定が決まった今年、市浦村長を退職することになったわけであります。言ってみれば私の村長14年間の歴史は十三湊と心中したのかなと、そういう思いでおります。それはそれ

として、発掘の結果、今朝ほどから色々と報告がありましたように、十三湊は九州の博多を凌ぐ、日本海屈指の湊町であったということが分かってきたわけです。それは十三湊が湊町ということだけでなく、その湊の港湾施設と合わせて町屋の屋敷跡も発見され、そしてまた福島城跡、あるいは山王坊の宗教遺跡、唐川城跡、檀林寺跡など安藤氏関連の周辺遺跡を含めて総合的に考えれば、ようやく14年の歳月を経て十三湊が国史跡指定になったわけですが、これは特別と名のつく特別史跡に値するのではないかと。従ってこれから特別史跡の指定に向けて頑張っていきたいという強い思いがございます。

　それからよく言われることですが、十三湊が中世の国際港湾都市であるとするならば、この地域の発掘調査だけでなく、対岸の沿海州とかサハリンなど北東アジア地域への関連調査、研究あるいは交流というものをこれからしていかなければならないであろうと思うわけです。そういうことでいきますと十三湊というのは発掘調査の成果はたくさんあるけれども、文献史料が非常に少ないのです。今日は遠藤先生が文献の立場から羽賀寺縁起に記された日之本将軍について解説をしていただきましたが、文献史料が少ないことを考えますと、中世の北方文化研究所のようなそういった研究機関を設けて、さらにそれに補強していかなければいけないのかなあと思っております。それと福井県一乗谷朝倉氏遺跡では中世の町並み・武家屋敷などを一部復元しておりますけれども、私はそういったものではなくて、広島県の草戸千軒町遺跡のように博物館のなかに町並みの一部を復元することで、施設の中に居ながらにして湊町がイメージできるような博物館というものができればいいなあと思うわけです。しかし、博物館の実現ということになると相当金もかかるし、期間がかかりますが是非実現したい。津軽半島にはそういう拠点が全くないです。津軽半島というのは超一級品の資源がたくさんあるのです。

髙松　隆三氏

世界遺産の白神山地があり、縄文晩期の亀ヶ岡遺跡があり、そして中世の十三湊がある。あるいは世界一長い青函(せいかん)トンネルがあり、太宰治の斜陽館(しゃようかん)、或いは津軽三味線、そしてまた五所川原の立佞(たちねぷた)武多がある。どれをとっても国内では一級品の資源です。これらをどのように観光資源に活かしていくか、うまく活かせば誘客に相当結び付けることができるのではないかと考えるわけです。

　そうした古代から中世、現代に至るまで、日本を代表する遺跡や観光資源が津軽半島には集積していますから、これから津軽半島の活性化のためにも、そういう取り組みを行っていきたい。いずれにしても、素人の私が考えるよりも専門家の先生方の意見を聞きながら、来年度からさっそく検討委員会を作って、これからの史跡整備のあり方を検討していきたいと思います。五所川原市としては十三湊と五所川原須恵器窯跡の大きな二つの史跡、その他に斜陽館という重要文化財もありますが、これらを含めて、これから保存、復元、活用ということをどうするのか、それともう一つ、景観の保存という問題を含めますと、どうしても地域の皆さんの理解がなければ、この計画は頓挫してしまいますので、地域の皆様方の意見もよく聞きながらこれからの計画を作っていきたい。そう思いますのでどうか皆様の御協力をお願いしたいと思います。

本シンポジウムの総括

前川　どうもありがとうございました。それではシンポジウム最後の総括コメントということで、弘前大学名誉教授の村越潔先生にお願いしたいと思います。

村越　本日開催の「国史跡指定記念　中世港湾都市十三湊フォーラム」は、午前の特別講演と基調講演に続き、午後は三本の報告と講演ならびに報告者によるパネルディスカッションが行われ、ご来場の皆様方には有意義な時間を過ごされたのではないかと思います。

I 国史跡指定記念十三湊フォーラム

　本日の講演と報告について論ずるには、私自身は浅学のため困難でありますが、特に印象に残ったことを若干述べてみたいと思います。
1) まず特別講演で坂井文化庁主任調査官は、須恵器の窯跡群と十三湊遺跡について、国の史跡となった意義を述べられ、「今後は地域・学界・行政が三位一体となって保存・活用の推進を図り、両遺跡が日本の古代・中世史を新たにする」という、心強い助言を与えて下さいました。
　続いて遠藤宮城教育大学教授は、安藤氏と関係の深い福井県小浜市の羽賀寺縁起の史料性と縁起の解釈について詳しく論じられ、十三湊安藤氏の解明に際して同縁起がいかに重要であるかを強調されました。
2) 午後の報告では、十三湊遺跡調査の成果について、五所川原市教育委員会の榊原主査が、遺跡は13世紀初め〜15世紀中葉にかけてⅢ期にわたる変遷があったとし、今後の課題として、研究と行政面でどのような取り組みが必要であるかを述べ、続く鈴木青森県教育庁文化財保護主査は、本年度から5ヵ年計画で発掘を開始した福島城跡の調査成果について、本年度の調査目的は城内への出入口、土塁の構造、年代の確認であり、古代のみならず、中世にも同城が機能していたことを紹介しております。報告最後の三浦青森県埋蔵文化財調査センター次長は、古代から中世にかけて津軽地方は激動の地域であったとし、『日本書紀』にある阿倍比羅夫が蝦夷と接した有間浜の位置、五所川原の須恵器窯で生産された須恵器の広がり、平安時代後期に津軽はもとより、東北北部で造営された環濠集落について、当時の社会の混乱を背景に防御性集落論を展開しました。
3) その後、パネルディスカッション（公開討論会）に移り、前川中央大学教授と千田奈良大学助教授の両氏をコーディネーターとして、講演・報告者による討論が行われました。
　討論のテーマは、
1. 北方史における視点
2. 12年間の調査における新発見
3. 十三湊遺跡・五所川原須恵器窯跡を町づくりでどのように活かして

行くか

などであり、この討論のなかで論じられたことは、

1. 「北方史における視点」では、逆さ地図でみると正しい視点が捉えられるとして、古代における津軽は、中央の支配が及ばず独自性をもっており、したがって北方社会の保全地域であったが、中世では南の社会のなか（中央の勢力）に取り込まれたとする考えを、須恵器・塩・鉄などの生産時期と拡大伝播を背景に提議がなされ、さらに『日本書紀』の斉明天皇4年（658）4月と翌5月5日に阿倍比羅夫の蝦夷に対する征討の時代、つまり7世紀半ばの比羅夫来征の時代と、十三湖に浮かぶ中島遺跡出土の土師器が同時期であるとして捉えた発表について、今後の土師器研究のために議論して欲しかったし、また、180艘の軍船の停泊があの場所で果たして可能なのか、と言う素朴な考えを抱いた人もあったようですが、その辺りも納得させ得る説明が欲しかったと思います。

2. 「12年間の調査における新発見」では、国立歴史民俗博物館が12年ほど前に提示した十三湊の復元図の再検討と修正の必要性が提案され、本年度から福島城跡調査によって出土陶磁器などから、同城は十三湊の最盛期である14世紀にも機能していたことが考えられるとし、今後は周辺の遺跡（例えば山王坊跡）などと一体のものとして捉えて行くべきではないか、なる提議がなされ、また一方では石造文化財（宝篋印塔・板碑など）の分布から、安藤氏の勢力を考えて行く必要も提案されております。

3. 「十三湊遺跡・五所川原須恵器窯跡を町づくりに活かす方策」では、十三湊と福島城跡は関連しており、それに山王坊・檀林寺跡などを含めると、十三湖を取り囲むこの地域は超一級の遺跡地であり、そしてこれら

村越　潔氏

の諸遺跡はすばらしい自然と歴史・環境を保持しており、行政はもとより、皆が保存・整備に力を入れるべきではないか、したがって大切な遺跡・遺物を皆で守って行く必要があると言う結論になりました。

以上の議論を踏まえて特に感じたことは、縄文・弥生・古代の古い時代はともかくとして、中世の研究には考古学と文献とが、互いに手を繋いで行く必要を強く感じ、その方向に進むべきことを願い結びに致したいと思います。

前川 村越先生、ありがとうございました。司会の不手際で少し時間を超過してしまいました。皆様には討論にご協力いただきまして、ありがとうございました。われわれ学界、それから行政、皆さんの協力、三位一体になりまして、遺跡の保存活用を目指してこれから頑張っていきたいと思いますので、是非皆さんのご理解とご協力をいただきたいと思います。本日は本当にありがとうございました。

引用・参考文献

国立歴史民俗博物館編　1994「中世都市十三湊と安藤氏」。
網野善彦　2000「『日本』とは何か」日本の歴史第00巻、講談社。
山口昌男　1975『文化と両義性』岩波書店。

司会：千田　嘉博・前川　要氏

II 十三湊遺跡の基準資料と一括資料

珠洲壺	龍泉窯系青磁盤
珠洲　擂鉢	茶臼 （檀林寺跡出土）

十三湊遺跡の基準資料と一括資料

榊原　滋高

はじめに

　ここでは本書の榊原報告「国史跡・十三湊遺跡の調査成果について」で示した十三湊の年代観の根拠となる基準資料および一括資料を紹介します。これまで158次におよぶ発掘調査が十三湊で行われてきましたが、特に近年の調査によって基準資料および一括資料を得ることができました。これによって、今まで十分に整理されていなかった遺構の年代観や変遷、十三湊の画期の問題を含め、細かな年代観を示すことができるようになってきました。また、こうした発掘の成果と文献史学による研究成果との間で整合性がはかれるまでに至ったことは先の報告で述べたとおりです。ここでは近年明らかとなった基準資料や一括資料を十三湊の変遷に合わせて時期別に紹介していきたいと思います。なお、陶磁器の分類・表記について、古瀬戸は藤澤編年〔藤澤1996〕、珠洲焼は吉岡編年〔吉岡1994〕を用い、貿易陶磁は横田・森田編年〔1978〕・森田編年〔森田1982〕・上田編年〔上田1982〕をとりまとめた国立歴史民俗博物館の分類表記〔歴博1994〕を用いることとします。

I期：鎌倉時代の十三湊（54・157次調査）

　「前潟地区」中央部、港湾機能の中枢部にあたる場所から十三湊初期の遺構・遺物が54・157次調査で検出されています〔市浦村教委2001、中央大学文学部2005〕。「前潟地区」中央部一帯は中世面と近世面の間に1.0～1.4mほどの飛砂層が堆積し、中世遺構面が完全にパックされた状態になっています。中世面からは13世紀初め～14世紀前半代のまとまりのある陶磁器が出土し

Ⅱ　十三湊遺跡の基準資料と一括資料

1. 54次調査　近世遺構

2. 54次調査　中世遺構

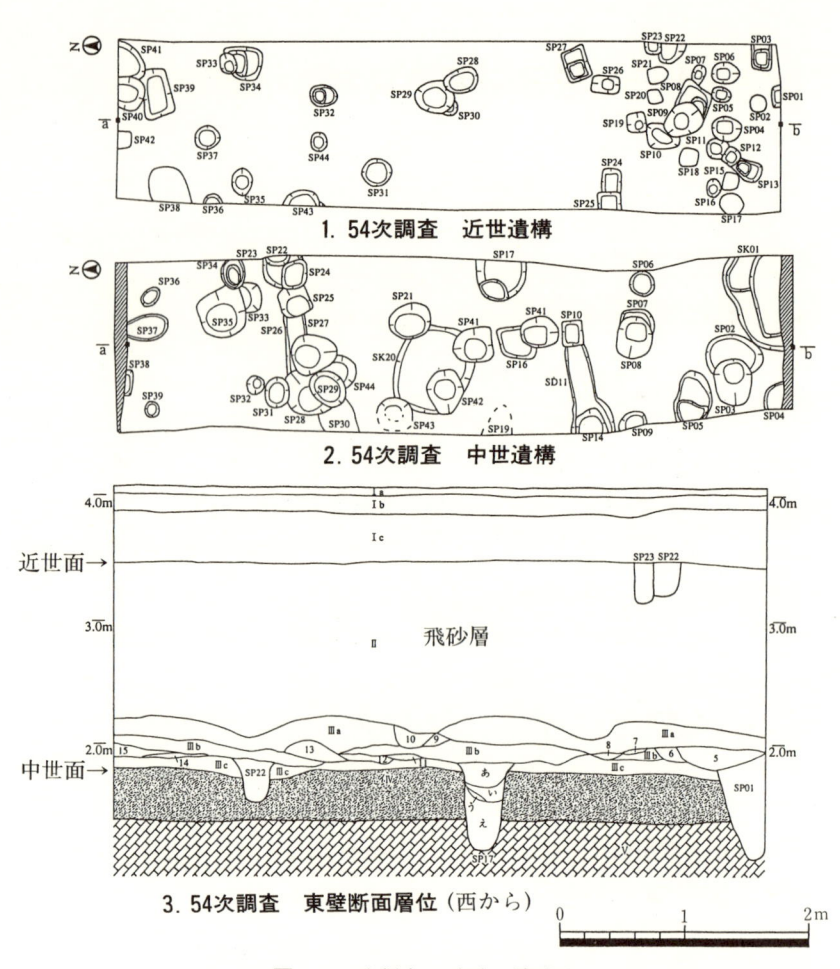

3. 54次調査　東壁断面層位（西から）

図1　54次調査　平面・断面図

258

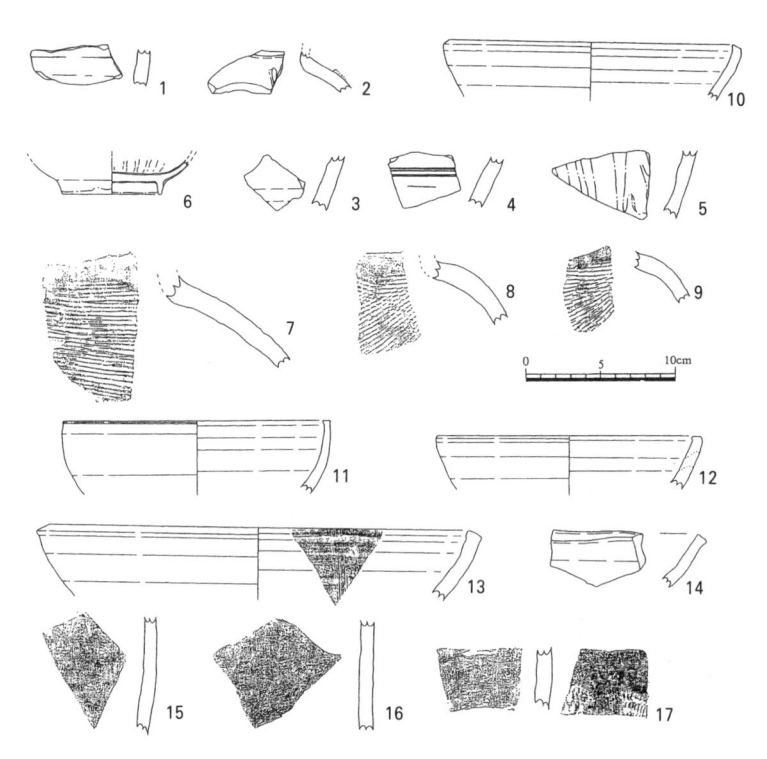

十三湊遺跡の基準資料と一括資料

1 瀬戸壺瓶（前Ⅲ・Ⅳ期）、2 瀬戸四耳壺（前Ⅰ・Ⅱ期）、3 瀬戸四耳壺か？（前Ⅰ・Ⅱ期）、4 瀬戸四耳壺か？（前Ⅲ・Ⅳ期）、5 瀬戸梅瓶（前Ⅲ・Ⅳ期）、6 青磁坏（B0類）、7～9 珠洲（Ⅲ期）、10～12 珠洲擂鉢（Ⅱ期）、13・14 珠洲擂鉢（Ⅲ期）、15～17 瓷器系壺甕（越前）

図2　54次調査　中世遺構面の出土遺物

表1　54次調査　中世陶磁器の種類・器種別組成表

種類	器種	破片数		個体数	
青磁	坏	1	[3.0%]	0	[※ %]
瀬戸	四耳壺	3		0	
	梅瓶	1		0	
	壺・瓶	1		0	
	小計	5	[15.2%]	0	[※ %]
珠洲	すり鉢	9		0.34	
	壺・甕	9		0	
	壺R種	2		0	
	小計	20	[60.6%]	0.34	[100.0%]
瓷器系	壺・甕	7	[21.2%]	0	[※ %]
総計		33	[100.0%]	0.34	[100.0%]

II 十三湊遺跡の基準資料と一括資料

ていることから、鎌倉時代の基準資料といえるものです。逆に捉えれば十三湊が最盛期を向かえる南北朝・室町期の遺物が全く出土しないことを意味しており、十三湊の変遷・画期を考える上で重要な意味を持つものと考えています。

54次調査では調査面積6m^{2}の小規模なものでしたが、中世遺構面から出土した土器・陶磁器には珠洲焼（20点・60.6％）、瓷器系陶器（7点・21.2％）、古瀬戸（5点・15.2％）、青磁（1点・3％）の順で多く出土しています（図1～2、表1、写真1）。

種類別にみると、珠洲は吉岡編年のⅡ～Ⅲ期で、壺甕・擂鉢・壺R種（ロクロ小壺）が出土しています。珠洲Ⅱ期初頭のものがまとまっており、使用期間の短い珠洲擂鉢は十三湊の年代決定の基準資料とみなされることから、13世紀前半代にはすでに十三湊が成立していたことを裏付けるものです。また、瓷器系陶器の一部は常滑焼の可能性もありますが、ほとんどは越前焼とみられます。さらに古瀬戸は藤澤編年の前期前半（前Ⅰ・Ⅱ期）の四耳壺・壺瓶類が多くみられ、管見の限りでは十三湊のなかで最も古い古瀬戸の一群となっています。

次に157次調査では矢板を用いた大規模な調査を行っており、飛砂層下の中世面からはまとまった量の土器・陶磁器を得ることができました。調査面積192m^{2}に及びます。中世遺構面から出土した土器・陶磁器を組成比の高い順に示すと、珠洲焼（80点・66.6％）、瓷器系陶器（33点・27.5％）、青磁（2点・1.7％）、土師器（2点・1.7％）、瓦器（2点・1.7％）、古瀬戸（1点・0.8％）の順に多く出土しています（図3、表2、写真2）。

種類別にみると、やはり先に触れた54次調査の成果と同じく、珠洲焼は吉岡編年のⅡ～Ⅲ期が中心で、壺甕・擂鉢・壺R種（ロクロ小壺）です。瓷器系陶器の多くは越前焼とみられます。青磁には劃花文碗（Ⅰ類）・鎬連弁文碗（B1類）が出土しています。土師器は小破片ですが、手づくね製の京都系カワラケがあります。また、西日本の瓦器碗とみられる小破片もわずかに出土しています。

このように54・157次調査の成果によって、十三湊における鎌倉期の陶磁

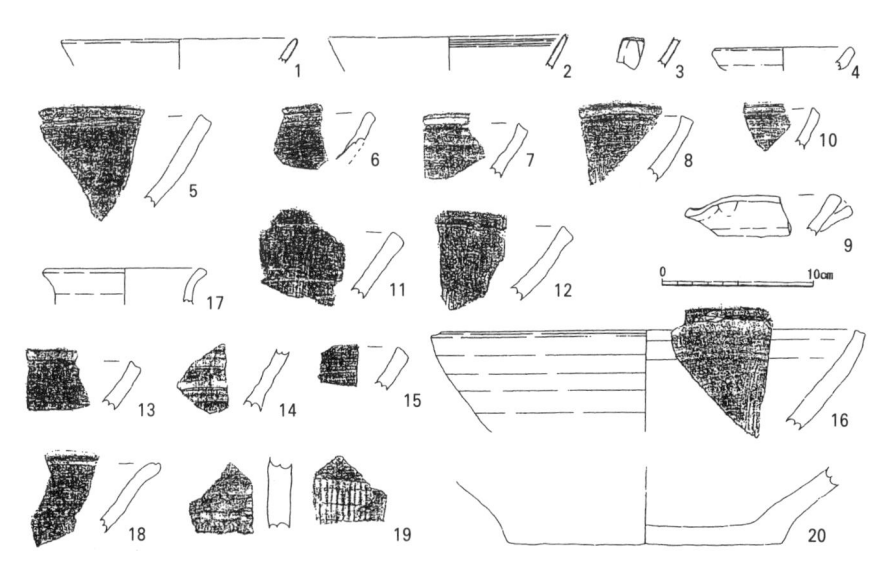

十三湊遺跡の基準資料と一括資料

1・2 青磁碗（Ⅰ類）、3 青磁碗（B1類）、4 カワラケ（手づくね）、5〜16 珠洲擂鉢（Ⅱ・Ⅲ期）、17 珠洲壺R種（Ⅱ・Ⅲ期）、18 瓷器系鉢（越前）、19・20 瓷器系甕（越前）

図3　157次調査　中世遺構面の出土遺物

表2　157次調査　中世陶磁器の種類・器種別組成表
（中世遺構面の出土分）

種　類	器　種	破片数	
青　磁	碗	2	[1.7%]
瀬　戸	瓶子	1	[0.8%]
珠　洲	擂鉢	41	
	壺甕（T種）	37	
	壺R種	2	
	小計	80	[66.6%]
瓷器系	鉢	1	
	壺・甕	32	
	小計	33	[27.5%]
土師器	皿	2	[1.7%]
瓦　器	碗	2	[1.7%]
	総　　計	120	[100.0%]

器組成は貿易陶磁よりも国産陶磁が卓越する段階にあったことが分かります。なかでも珠洲焼が過半数を占める一方で、越前焼とみられる瓷器系陶器もこの時期にかなりの量が搬入されていることが判明しました。従来、壺・甕・擂鉢といった基本三種の貯蔵・調理具は、北東日本海域では15世紀後半以降に珠洲焼が徐々に姿を消し、越前焼に取って替わっていくと理解されてきました。つまり、珠洲窯が廃絶し、戦国期には越前窯が興隆をみせるという図式で一般的に理解されることが多いのですが、鎌倉期には珠洲焼の量には及ばないものの、一定量の越前焼が日本海を通じて十三湊まで流通しているものと捉える必要があろうかと思います。

II期：最盛期の十三湊（14世紀中頃〜15世紀前葉）、（120・145次調査）

次に「土塁北側地区」、特に領主館と推定されている旧十三小学校周辺では広範囲に及ぶ火事場整理跡とみられる集石土坑が検出され、そのなかから陶磁器を一括廃棄した資料が多く見つかっています。こうした集石土坑は遺構の新旧関係の上で「土塁北側地区」の最新時期に相当し、十三湊において整然とした都市計画的な屋敷割りを破壊する時期の遺構群とみています。

管見の限りで確実な一括資料は120次SK06、145次調査SK08・SK22・SK47・SK36・SE09があります〔市浦村教委2003・2005〕。これらの資料は「土塁北側地区」の衰退・廃絶を考える上で極めて重要な資料と考えています。

こうした集石土坑（そのうち井戸跡1基を含む）に含まれる土器・陶磁器を一括資料として取り上げる根拠は、中から被熱を受けた土器・陶磁器が多数含まれており、同一遺構内で陶磁器の接合関係が多く認められ、ほぼ完形品に近い状態の資料も含まれていること。また、集石土坑の遺構間で接合関係が認められること。さらに先に述べたように、遺構の新旧関係で最新時期の遺構群であることから、ほぼ同時期に廃棄された可能性が高いことが挙げられます。ここでは遺構ごとに特徴のある陶磁器の概要を述べていきます。

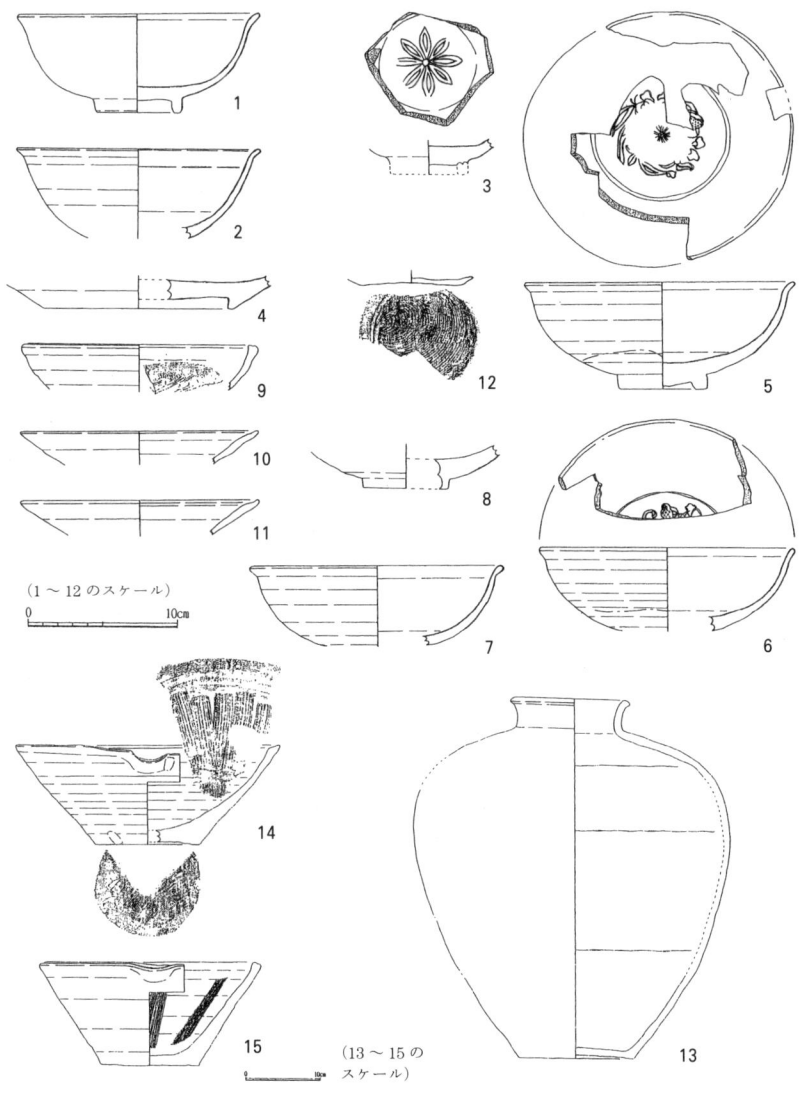

十三湊遺跡の基準資料と一括資料

1・2青磁碗（D1類）、3青磁碗（B1類）、4青磁盤、5〜8白磁碗（c群）、9瀬戸卸皿（後Ⅰ・Ⅱ期）、10・11土師器皿（手づくね）、12土師器皿（ロクロ）、13瓷器系壺（信楽）、14珠洲擂鉢（Ⅴ期）、15瓷器系擂鉢（越前）

図4　120次調査　SK06一括資料

263

120次調査　SK06（図4、写真3）

　青磁は龍泉窯系碗のD1類（2個体分）・B1類の底部、盤類、白磁碗C群（3個体分）、古瀬戸の卸皿（後Ⅰ・Ⅱ期）、土師器皿（カワラケ）、珠洲焼の壺甕・擂鉢、瓷器系陶器では信楽焼の壺（134点・1個体分）、越前焼の擂鉢（18点・1個体分）が出土しています。珠洲擂鉢は口縁部が内傾面取りで櫛目波状文が入る珠洲Ⅴ期です。土師器皿は手づくね（京都系カワラケ）のほかにロクロの両者が出土しています。

145次調査　SK08（図5、写真4）

　青磁は龍泉窯系碗D1・D2類と花瓶、白磁碗C群、古瀬戸の平碗は後Ⅱ～Ⅲ期のものとみられます。さらに珠洲焼の壺・壺R種・甕・擂鉢が出土しています。珠洲擂鉢は口縁部が内傾面取りの無文タイプと櫛目波状文が入るタイプがあり、それぞれ珠洲Ⅴ期の範疇に含まれます。その他、瓷器系陶器は受け口状口縁をもつ越前焼のほか信楽焼の体部破片、瓦質土器の火鉢が出土しています。

145次調査　SK22（図6、写真5）

　白磁皿D群、高麗象嵌青磁、中国製天目碗、古瀬戸の天目碗・平碗・仏供・折縁小皿が出土しています。古瀬戸には後Ⅲ期の範疇に含まれる折縁小皿が1点含まれるものの、天目碗・平碗・仏供といった器種はすべて後Ⅰ・Ⅱ期を下限とする時期のものです。六器碗写しの仏供が2個体出土しているのが特筆できます。その他、珠洲焼の壺甕・擂鉢、瓷器系陶器は信楽焼の口縁部片と越前焼の体部片、瓦質土器の火鉢・風炉片が出土しています。

145次調査　SK36（図7、写真6）

　青磁は龍泉窯系碗D類、白磁碗C群、中国製の鉄釉壺、古瀬戸は天目碗・平碗・浅碗・卸皿・瓶子・四耳壺（1個体分で前Ⅳ期・13点）、瓷器系陶器では信楽壺（1個体分で69点）のほか受け口状口縁の越前焼の甕、珠洲焼の壺・甕・擂鉢が出土しています。珠洲擂鉢は口縁部が水平面取りで無文タイプの

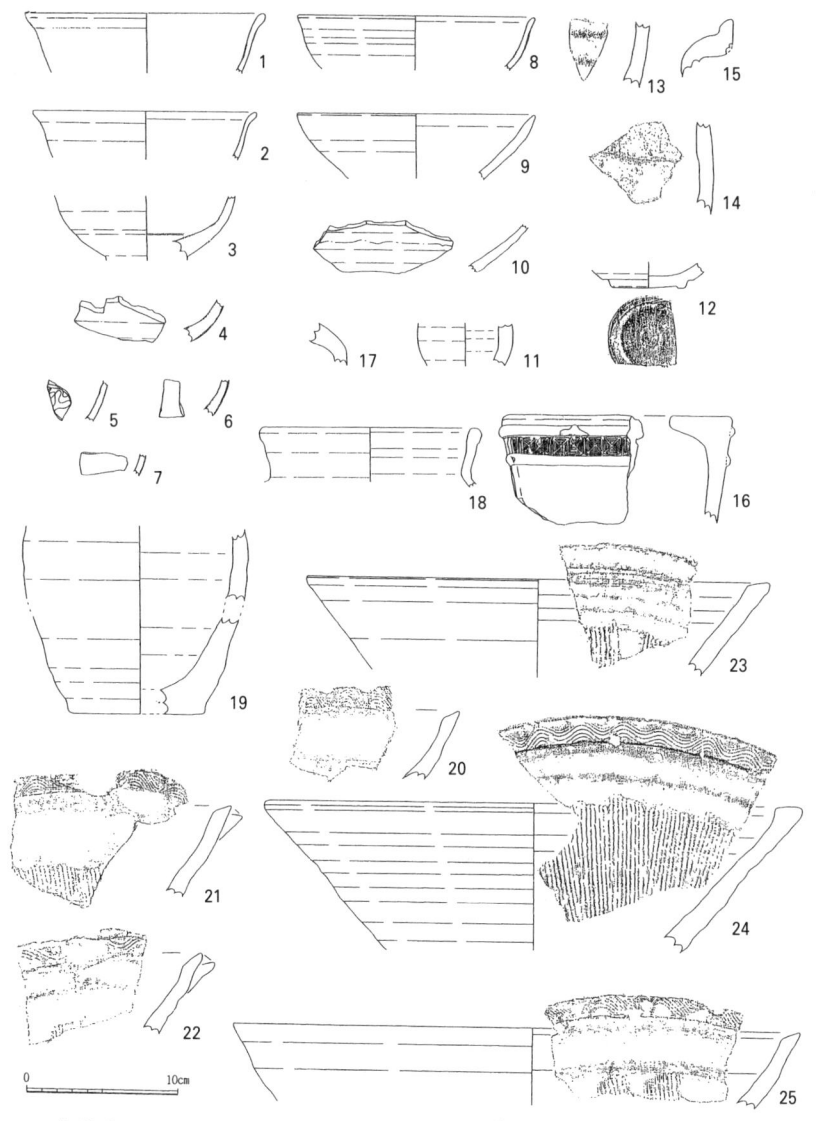

十三湊遺跡の基準資料と一括資料

1〜7青磁碗（1：D1類、2・3：D2類、4〜7：龍泉）、8白磁碗（C群）、9瀬戸平碗（中Ⅲ・Ⅳ期）、10瀬戸平碗（後Ⅱ・Ⅲ期）、11青磁花瓶（龍泉）、12瀬戸平碗（不明）、13・14瓷器系壺（信楽）、15瓷器系甕（越前）、16瓦質土器火鉢、17・19珠洲壺R種、18珠洲壺（Ⅳ・Ⅴ期）、20〜25珠洲擂鉢（Ⅳ・Ⅴ期）

図5　145次調査　SK08一括資料

Ⅱ 十三湊遺跡の基準資料と一括資料

SK22 一括資料
1白磁皿（D群）、2青磁碗（龍泉）、3象嵌青磁碗（朝鮮）、4瀬戸平碗（後Ⅱ期）、5〜9・11瀬戸天目碗（後Ⅰ・Ⅱ期）、10中国天目碗、12〜14瀬戸仏供（後Ⅰ・Ⅱ期）、15瀬戸折縁小皿（後Ⅲ期）、16瓷器系壺（信楽）、17珠洲壺甕（Ⅳ・Ⅴ期）、18・19瓦質土器火鉢・風炉

図6　145次調査　SK22一括資料

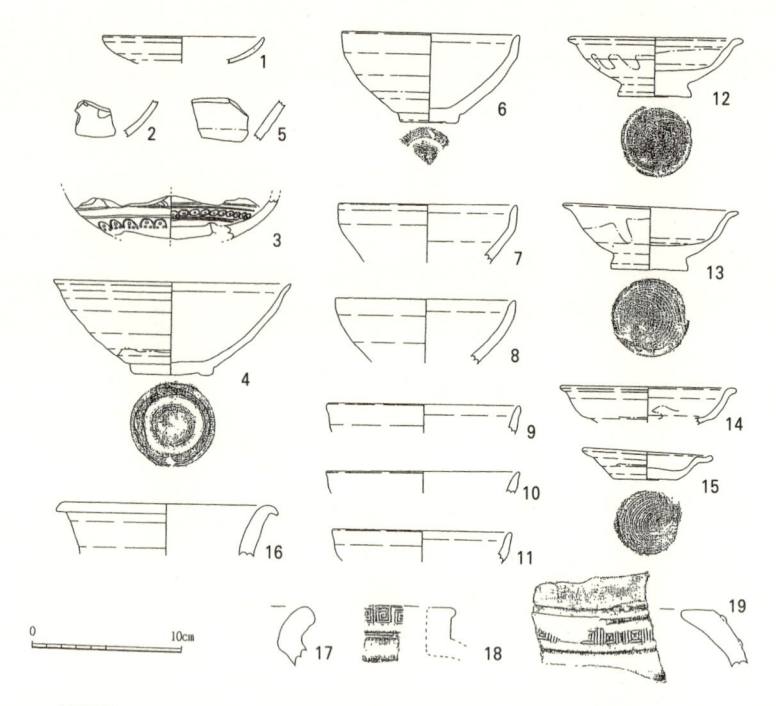

SK36 一括資料（図7を参照）
1・2白磁碗（C群）、3青磁碗（D類）、4〜7中国鉄釉茶壺、8中国鉄釉小壺、9瀬戸天目碗（後Ⅰ期）、10瀬戸平碗（後Ⅱ期）、11瀬戸壺瓶（中期）、12瀬戸瓶子（後期）、13瀬戸瓶子（中Ⅰ・Ⅱ期）、14瀬戸四耳壺（前Ⅳ期）、15瀬戸浅碗（後Ⅰ期）、16瀬戸卸皿（後Ⅰ期）、17〜21珠洲擂鉢（Ⅳ期）、22珠洲甕（Ⅴ期?）、23瓷器系甕（越前）、24瓷器系壺（信楽）、25瓦質土器火鉢・風炉

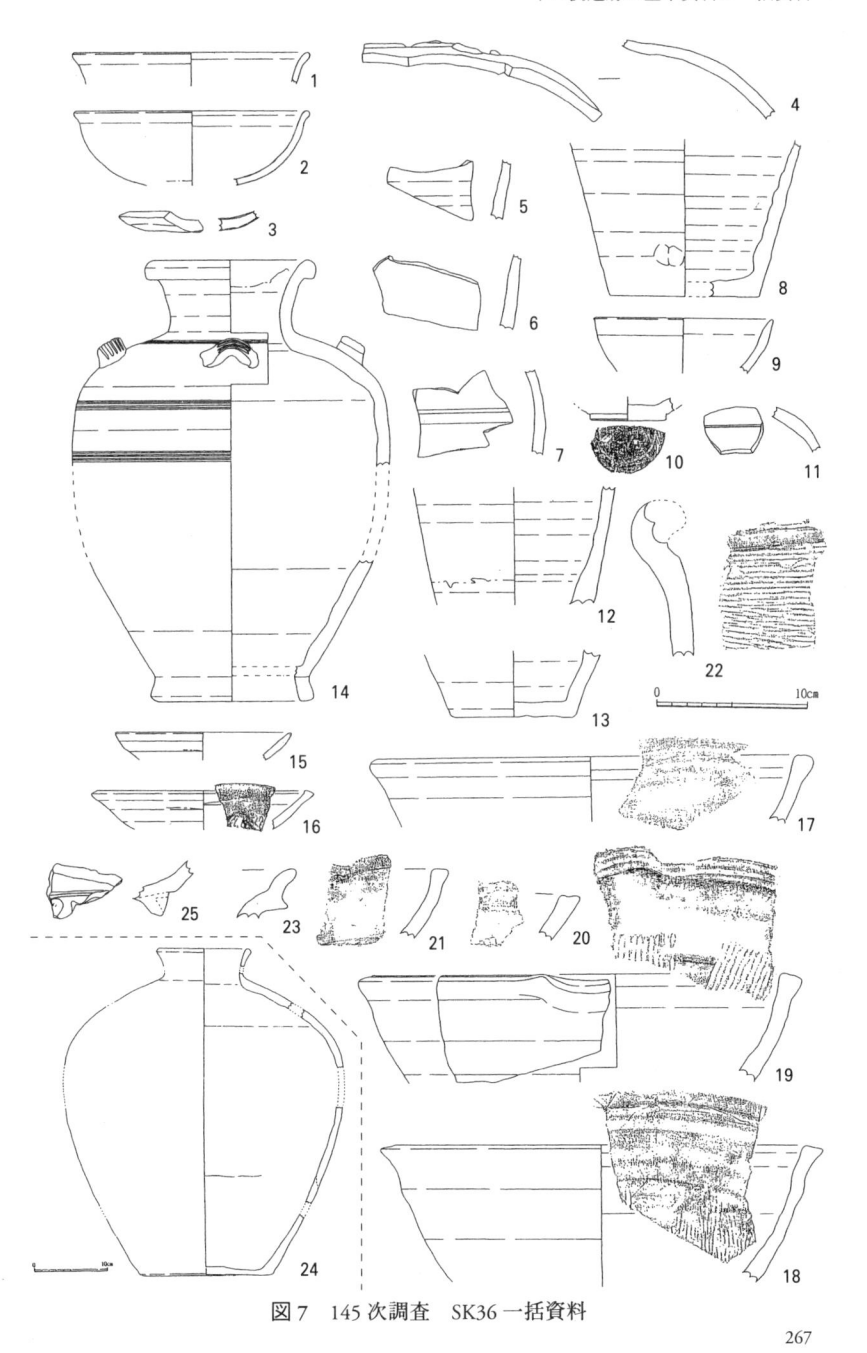

十三湊遺跡の基準資料と一括資料

図7　145次調査　SK36一括資料

267

もので珠洲Ⅳ期の範疇に含まれるもの、同じく珠洲甕は口縁部が肥厚するタイプで珠洲Ⅴ期の範疇に含まれるものがあります。中国製の鉄釉壺は2個体分が出土しており、鉄釉小壺と褐釉葉茶壺があります。なお、古瀬戸は後Ⅰ・Ⅱ期を下限とする資料でまとまっています。

145次調査　SK47（図8）

　青磁は龍泉窯系碗D類、中国製の鉄（褐）釉壺、瀬戸の平碗・折縁小皿・折縁深皿・盤類・梅瓶・瓶子、珠洲焼の壺甕・擂鉢、瓷器系陶器では信楽焼の壺（1個体分・58点）、瓦質土器の火鉢・風炉が出土しています。中国製の壺は2個体分（38点）が出土しており、鉄釉小壺と褐釉葉茶壺があります。古瀬戸はやはり後Ⅰ・Ⅱ期を下限とする資料でまとまっています。珠洲擂鉢は口縁部が水平面取りの無文タイプで、珠洲Ⅳ期の範疇に含まれるものです。また、SK47は先述したSK36の出土遺物と接合関係が認められ、ほぼ同時期に廃棄された可能性が高いことの傍証となりました。

145次調査　SE09（図9、写真7）

　井戸の覆土上層から角礫や炭化物と共に陶磁器が折り重なって出土し、井戸廃棄に伴う一括資料とみられています。古瀬戸の平碗・卸皿・瓶子・壺瓶、珠洲焼の壺・擂鉢、瓦質土器の擂鉢が出土しています。古瀬戸はやはり後Ⅰ・Ⅱ期を下限とする資料が出土しています。珠洲擂鉢は口縁部が水平面取りの無文タイプで珠洲Ⅳ期の範疇に含まれるものと内傾面取りの無文タイプで珠洲Ⅴ期の範疇に含まれる両者が出土しています。

Ⅲ期：再編・衰退期の十三湊（15世紀中葉）、（151・155次調査）

　「土塁北側地区」が衰退していく一方で、「土塁南側地区」に居住域の中心が移行し、都市の再編が行われていったことが土器・陶磁器の分析から明らかになってきました。

　「土塁北側地区」と「土塁南側地区」において、陶磁器による時期差が確

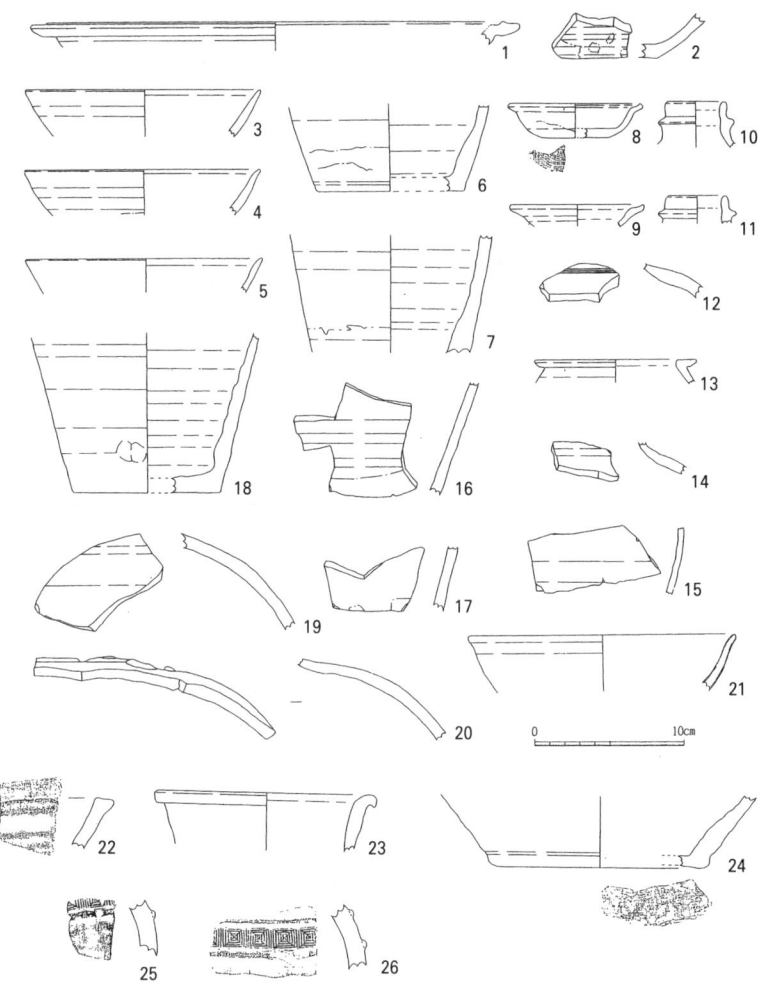

十三湊遺跡の基準資料と一括資料

1 瀬戸折縁深皿（後Ⅱ期）、2 瀬戸盤類（後Ⅰ・Ⅱ期）、3～5 瀬戸平碗（後Ⅱ期）、6・7 瀬戸瓶子（後期）、8 瀬戸折縁小皿（中Ⅳ期）、9 瀬戸折縁小皿（後Ⅱ期）、10 瀬戸梅瓶（中Ⅲ・Ⅳ期）、11 瀬戸梅瓶（中Ⅱ期）、12 瀬戸壺瓶（中期）、13・20 中国鉄釉小壺、14～17・19・20 中国鉄釉茶壺、21 青磁碗（D類）、22 珠洲擂鉢（Ⅳ期）、23・24 瓷器系壺（信楽）、25・26 瓦質土器火鉢・風炉

図8　145次調査　SK47一括資料

269

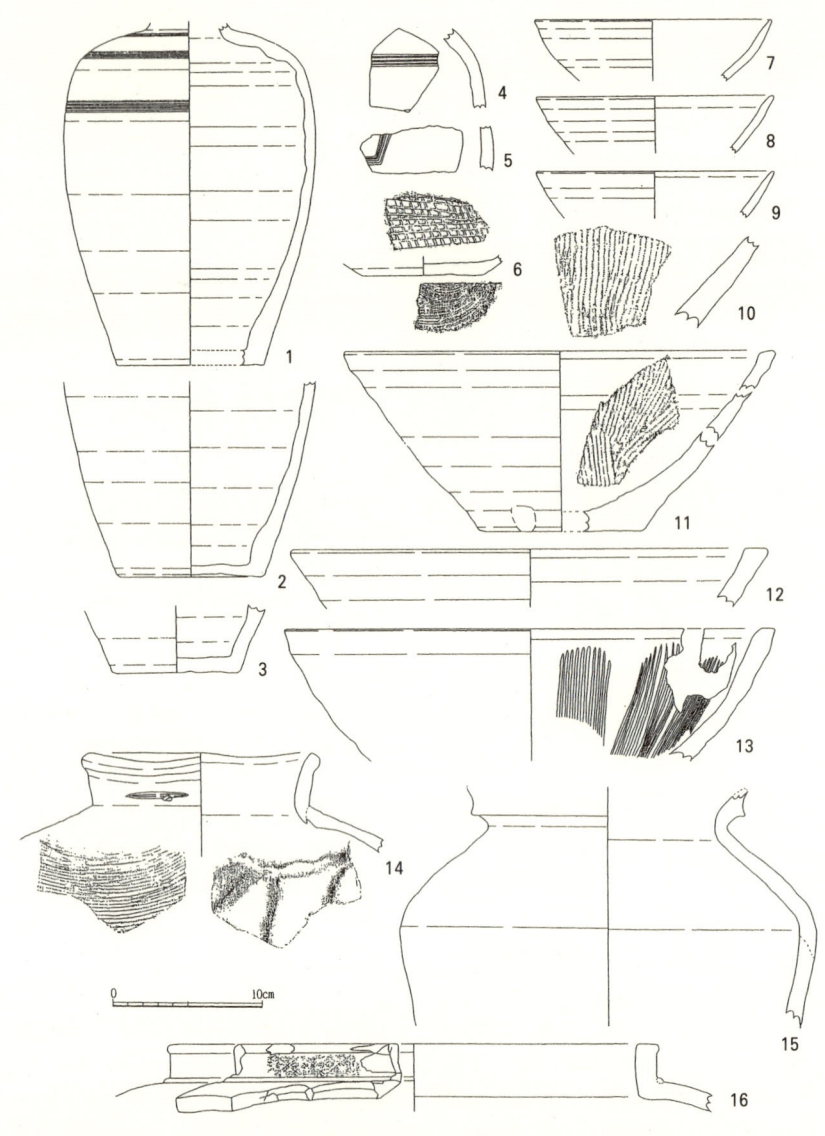

Ⅱ 十三湊遺跡の基準資料と一括資料

1・2瀬戸瓶子（中Ⅲ・Ⅳ期）、3瀬戸瓶子（中Ⅰ・Ⅱ期）、4・5瀬戸壺瓶（中期）、6瀬戸卸皿（後期）、7〜9瀬戸平碗（後Ⅰ・Ⅱ期）、10〜12珠洲擂鉢（Ⅳ・Ⅴ期）、13瓦質土器擂鉢、14珠洲壺（Ⅳ・Ⅴ期）、15瓷器系甕（越前）、16瓦質土器風炉

図9　145次調査　SE09一括資料

270

実にあります。古瀬戸の編年で比較検討すると、前者は古瀬戸後Ⅰ・Ⅱ期が中心、後者は古瀬戸後Ⅲ期・後Ⅳ期古段階が中心で、1～2型式の時期差があることがわかってきました。また、一方で十三湊全体の中で瀬戸製品の搬入期間が古瀬戸後Ⅳ期古段階（15世紀中葉）で終了することが分かっています。これは中世十三湊の下限年代を意味し、15世紀中葉に十三湊は完全に廃絶したとみることができます。こうした点からすると檀林寺を中心とした「土塁南側地区」の再編期は非常に短期間だったものと考えられます。

　この時期の空間構造を検討した場合、「土塁南側地区」では道路に沿った街区の形成（いわゆる町屋地区）や十三湊の南端に中世寺院の檀林寺跡が形成されるようになります。檀林寺地区を中心に町屋地区を含めた範囲に十三湊が再編されたと捉えています。

　ここでは151・155次調査で出土した檀林寺跡の出土遺物を紹介します。

　155次調査22トレンチでは、南北10.5m×東西11.5mの規模をもつ方形区画溝SX02が検出されています（図10）。これは宗教的な施設であった可能性が高く、溝の中や周辺の覆土中から、供献用とみられる陶磁器類が多数出土しており、基準資料となります（図11）。SX02溝内からはタイ陶器の鉄釉有耳壺、青磁碗（B2類）・盤、白磁皿（D群）、古瀬戸の瓶子（後Ⅳ期）、珠洲焼の擂鉢（Ⅵ期）などが出土しています。タイ陶器の鉄釉有耳壺は沖縄県首里城跡「京の内」跡出土の褐釉四耳壺にわずかに類例が求められます。青磁碗は線描きの粗略で大ぶりな連弁文碗で、この時期に出現しています。また、白磁D群の皿類もこの時期になると出土量が増加するようになります。珠洲Ⅴ期の擂鉢が多く、管見の限りでⅥ期のものがわずかに一点出土しています。

　その他、図12では檀林寺跡全体の出土遺物を示しています。中国製の鉄釉碗（天目碗）・鉄釉壺（茶壺）のほか、龍泉窯系青磁の香炉2個体分、同じく龍泉窯系青磁の壺蓋、京都系カワラケなど奢侈品や宗教道具といった威信財的な道具類が多く、寺院跡とされる遺跡の性格を良く示しています。なお、遺跡の年代を示すとみられる古瀬戸の盤類では古瀬戸後Ⅲ・Ⅳ期古段階のもので占められ、やはり15世紀中葉のまとまりのある一群として捉える

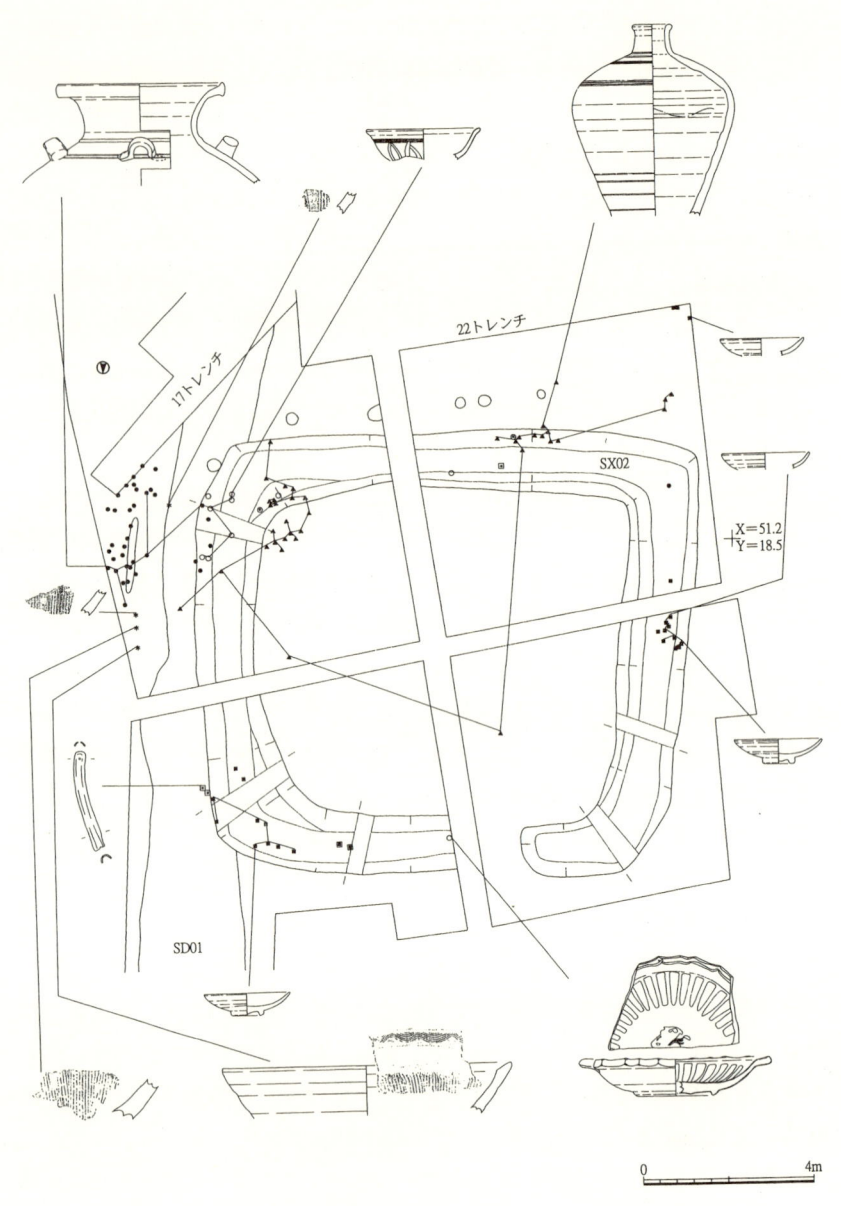

Ⅱ 十三湊遺跡の基準資料と一括資料

図10 155次調査（檀林寺跡） 22トレンチ SX02遺物出土状況

十三湊遺跡の基準資料と一括資料

檀林寺跡　22トレンチ出土
1 タイ陶器壺（鉄釉・有耳壺）、2 瀬戸瓶子（後Ⅳ期）、3 青磁碗（B2類）、4 青磁盤（龍泉）、
5〜10 白磁皿（D群）、11〜14 珠洲擂鉢（11はⅥ期）
　　　図11　155次調査（檀林寺跡）　22トレンチ　出土遺物

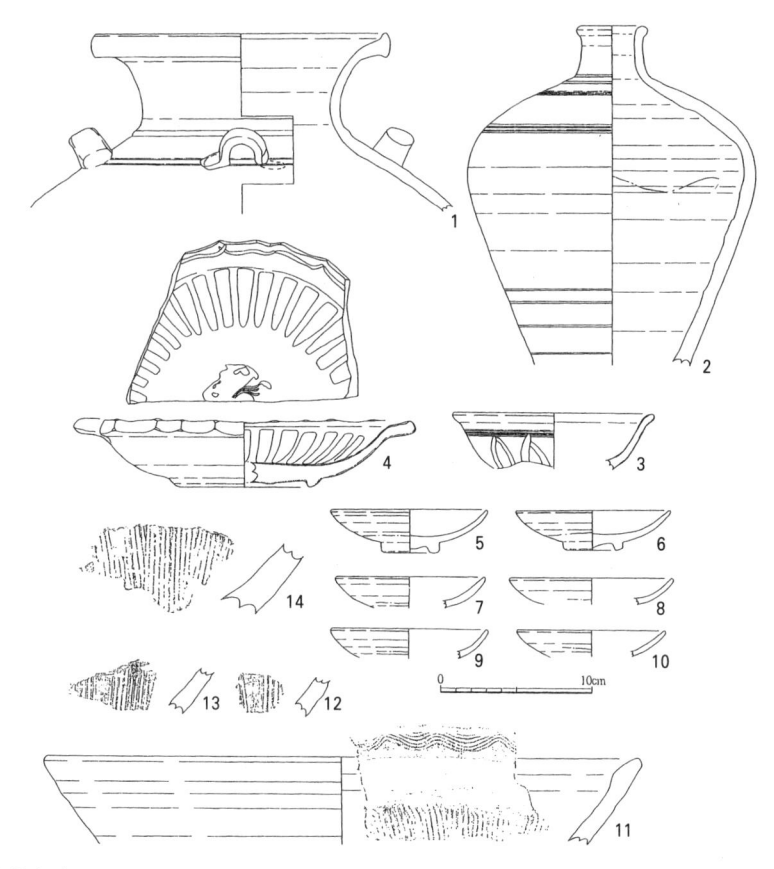

檀林寺跡全体の出土遺物（図12を参照）
1〜3・10 青磁碗（D1類）、4・5 青磁香炉（龍泉）、6 青磁花瓶（龍泉）、7・9・11 青磁碗
（B2類）、8 青磁壺蓋（龍泉）、12・13 青磁盤（龍泉）、14〜16 中国天目碗、17 中国鉄釉
茶壺、18〜20 白磁皿（D群）、21 白磁八角小坏（D群）、22 白磁小碗（D群）、23 白磁
小坏（D群）、25 瀬戸折縁深皿（後Ⅲ期）、24・26 瀬戸卸目付大皿（24：後Ⅲ期、26：後Ⅳ
古期）、27 土師器皿（手づくね）

273

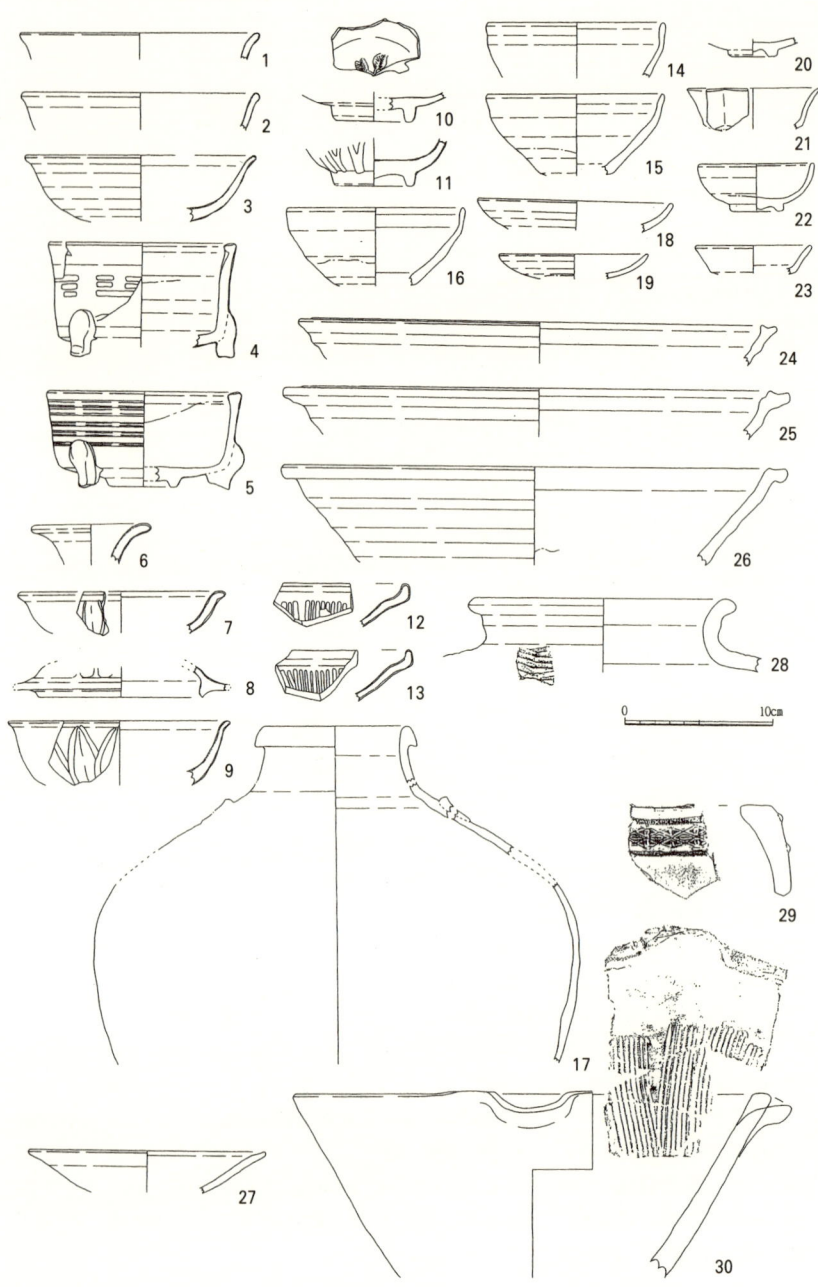

II 十三湊遺跡の基準資料と一括資料

図12 151・155次調査（檀林寺跡）全体の出土遺物

ことができます。

「土塁北側地区」と「土塁南側地区」における土器・陶磁器の組成差

次に「土塁北側地区」と「土塁南側地区」での土器・陶磁器の組成比の違いを検討します。なお、先にも触れたとおり、前者は十三湊Ⅱ期の14世紀中頃〜15世紀前葉、後者を十三湊Ⅲ期の15世紀中葉の年代観をおおむね示しています。ここでは前者の例として145次調査〔市浦村教委 2003〕、後者の例として136次調査〔青森県教委 2005〕を取り上げ、組成比の検討を加えてみたいと思います。

145次調査（図13〜15・表3）

調査面積357.5m²のうち、中世の土器・陶磁器が1,885点、単位面積当たりの出土量は1m²で5.27点に達します。組成比（破片数）をみると、貿易陶磁には中国陶器・青磁・白磁・青白磁・高麗青磁があり、全体の17.2％を占めています。一方、国産陶磁には古瀬戸・珠洲・瓷器系陶器・瓦質土器・土師器があり、全体の82.8％を占めています。やはり貿易陶磁よりも国産陶磁の比率の方が圧倒的に高いことが分かります。また、先に触れた54・157次調査の鎌倉期の資料と比較した場合でも国産陶磁が貿易陶磁よりも卓越する状況に変わりはありませんが、国産陶磁の中でも瀬戸製品が組成に占める割合を増やしていく傾向にあることが分かります。こうした背景には明朝による海禁政策（1368年）による影響が大きく、日本に輸入される食膳具中心の貿易陶磁（青磁・白磁）が激減する一方、これを補う形で瀬戸製品が大量に供給され、十三湊に搬入されるようになったものとみられます。また、鎌倉幕府滅亡（1333年）による中世都市鎌倉での古瀬戸の需要が極端に減少してしまった影響〔藤澤 1995〕で新たな供給先として十三湊に大量の瀬戸製品が供給されるようになった影響も大きいと考えられます。なお、十三湊の瀬戸製品は古瀬戸中Ⅳ期の製品から出土量を増やし、古瀬戸後Ⅰ・Ⅱ期の製品でピークに達することが明らかとなっています。

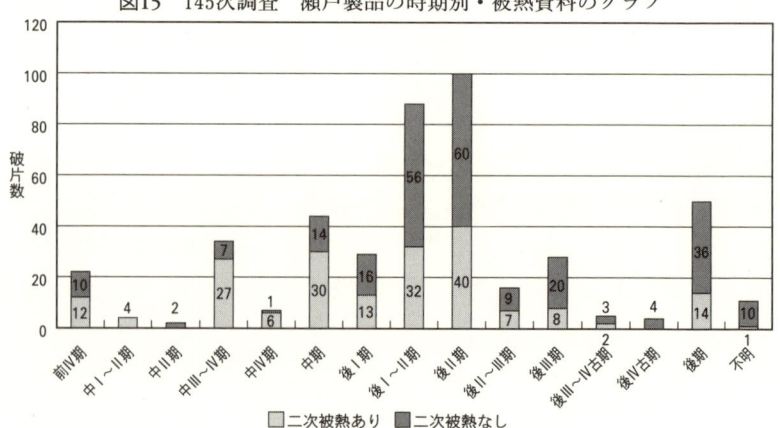

Ⅱ 十三湊遺跡の基準資料と一括資料

表3 145次調査 中世土器・陶磁器の種類・器種別組成表

種類	器種	破片数		個体数	
中国陶器	天目碗	6		0.10	
	壺	90		0.15	
	茶入	1		0	
	小計	97	[5.2%]	0.25	[0.9%]
青磁	碗	139		2.93	
	皿	8		0.32	
	盤	2		0	
	花瓶	3		0	
	香炉	2		0.17	
	坏	2		0	
	不明	1		0	
	小計	157	[8.3%]	3.42	[12.6%]
白磁	碗	23		0.52	
	皿	32		1.77	
	梅瓶	1		0	
	不明	1		0	
	小計	57	[3.0%]	2.29	[8.4%]
青白磁	皿	1		0	
	梅瓶	6		0	
	小計	7	[0.4%]	0	[※%]
高麗青磁	碗	4		0	
	鉢	2		0	
	小計	6	[0.3%]	0	[※%]
瀬戸	天目碗	66		2.46	
	碗類	131		3.44	
	皿類	57		3.92	
	盤類	27		0.25	
	鉢類	14		0.43	
	壺・瓶類	112		1.89	
	その他	28		1.59	
	不明	9		0	
	小計	444	[23.5%]	13.98	[51.4%]
珠洲	壺R種	32		0	
	壺K種	1		0	
	壺T種	31		1.00	
	甕	6		0	
	壺・甕	187		0	
	すり鉢	345		2.94	
	小計	602	[31.9%]	3.94	[14.5%]
瓷器系	壺	247		1.02	
	甕	76		0	
	壺・甕	35		0	
	すり鉢	1		0	
	小計	359	[19.1%]	1.02	[3.7%]
瓦質土器	火鉢	60		0.21	
	風炉	8		0.50	
	火鉢・風炉	34		0.08	
	すり鉢	18		0.57	
	小計	120	[6.4%]	1.36	[5.0%]
土師器	皿	36	[1.9%]	0.96	[3.5%]
総計		1885	[100.0%]	27.22	[100.0%]

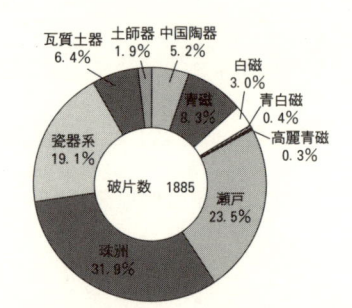

図13 145次調査 中世土器・陶磁器の構成比（破片数）

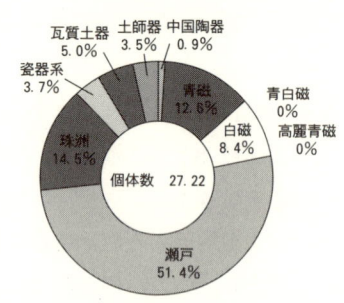

瓦質土器 6.4% / 土師器 1.9% / 中国陶器 5.2% / 白磁 3.0% / 青白磁 0.4% / 青磁 8.3% / 高麗青磁 0.3% / 瀬戸 23.5% / 珠洲 31.9% / 瓷器系 19.1% / 破片数 1885

図14 145次調査 中世土器・陶磁器の構成比（個体数）

瓦質土器 5.0% / 土師器 3.5% / 中国陶器 0.9% / 青磁 12.6% / 青白磁 0% / 白磁 8.4% / 高麗青磁 0% / 瀬戸 51.4% / 珠洲 14.5% / 瓷器系 3.7% / 個体数 27.22

図15 145次調査 瀬戸製品の時期別・被熱資料のグラフ

時期	二次被熱あり	二次被熱なし
前Ⅳ期	12	10
中Ⅰ～Ⅱ期	4	
中Ⅱ期	2	
中Ⅲ～Ⅳ期	27	7
中Ⅳ期	6	1
中期	30	14
後Ⅰ期	13	16
後Ⅰ～Ⅱ期	32	56
後Ⅱ期	40	60
後Ⅱ～Ⅲ期	7	9
後Ⅲ期	8	20
後Ⅲ～Ⅳ古期	3	2
後Ⅳ古期	4	
後期	14	36
不明	1	10

表4　136次調査　中世土器・陶磁器の種類・器種別組成表

種類	器種	破片数		個体数	
中国陶器	天目碗	4		0.12	
	小計	4	[1.3％]	0.12	[1.4％]
青磁	碗	64		1.82	
	皿	7		0.28	
	碗皿	24		0.04	
	盤	9		0.19	
	坏	1		0	
	小計	105	[35.0％]	2.33	[26.4％]
白磁	碗	2		0.08	
	皿	47		2.43	
	坏	7		0.32	
	小計	56	[18.7％]	2.83	[32.1％]
瀬戸	天目碗	5		0.13	
	碗類	7		0.05	
	皿類	21		0.84	
	盤類	19		0.43	
	鉢類	2		0.15	
	壺・瓶類	3		0.08	
	その他	0		0	
	不明	2		0.05	
	小計	59	[19.7％]	1.73	[19.6％]
珠洲	壺R種	4		0.12	
	壺・甕	5		0	
	すり鉢	45		1.15	
	不明	3		0	
	小計	57	[19.0％]	1.27	[14.4％]
瓷器系	壺・甕	7		0.04	
	すり鉢	0		0	
	小計	7	[2.3％]	0.04	[0.5％]
瓦質土器	火鉢・風炉	7		0.10	
	小計	7	[2.3％]	0.10	[1.1％]
土師器	皿	5	[1.7％]	0.40	[6.4％]
総計		300	[100.0％]	8.82	[100.0％]

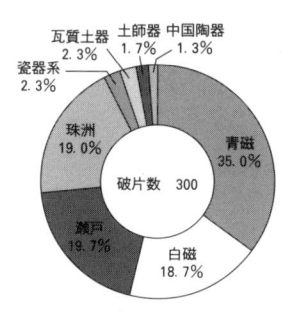

図16　136次調査　中世土器・陶磁器の構成比（破片数）

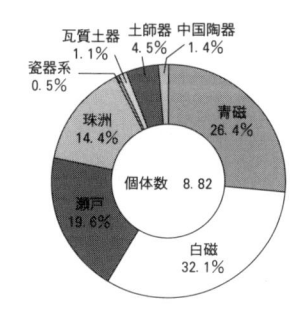

図17　136次調査　中世土器・陶磁器の構成比（個体数）

図18　136次調査　瀬戸製品の時期別・被熱資料のグラフ

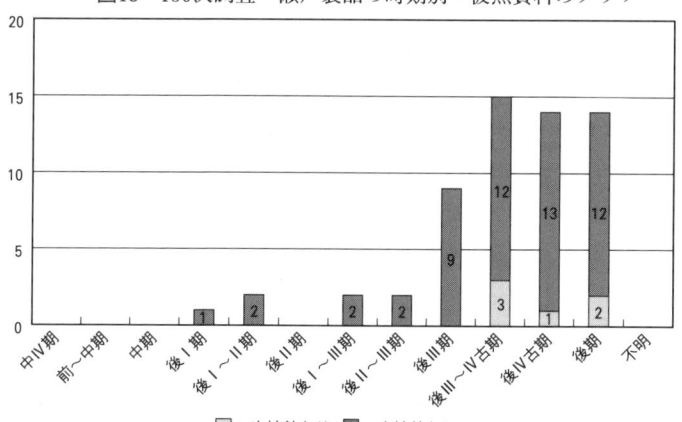

Ⅱ　十三湊遺跡の基準資料と一括資料

136次調査（図16～18・表4）

　青森県教育委員会による県道バイパスに隣接した地点、いわゆる「町屋地区」で発掘調査を実施しています。調査面積451.5m²のうち、中世の土器・陶磁器が300点、単位面積当たりの出土量は1m²で0.66点と非常に少ないです。組成比を破片数でみると、貿易陶磁には中国陶器・青磁・白磁があり、全体の55％を占めています。一方、国産陶磁には古瀬戸・珠洲・瓷器系陶器・瓦質土器・土師器があり、全体の45％を占めています。このように貿易陶磁と国産陶磁が拮抗する状況がみてとれます。145次調査と比較すると貿易陶磁が組成に占める割合が高くなることが分かります。古瀬戸では後Ⅲ・Ⅳ期古段階の製品が中心時期を占めるようになり、15世紀中葉がピークとなっています。この時期は日明貿易が開始されるようになった影響でしょうか、貿易陶磁の流通量が増大し、組成比の過半を占めるようになっていきます。この時期の貿易陶磁をみると、青磁には龍泉窯系碗D2類・B2類、白磁皿D群の皿類が主体を占め、組成比の増加分に反映されています。

　以上、土塁を挟んだ北側地区と南側地区の二つの調査事例を紹介してみましたが、他の調査事例でも土塁北側地区と土塁南側地区では同様な傾向が明らかとなっています。今後はこれまでの調査データを取りまとめて地区別での土器・陶磁器の組成比率の検討を行い、詳細なデータを提示していきたいと考えています。細かな年代別の組成比を検討することによって、例えばこれまで北日本の中世遺跡では戦国期の中世城館の例（青森市浪岡城跡や北海道上之国町勝山館跡）から貿易陶磁が卓越する地域と一般的に理解されてきた側面がありますが、少なくとも十三湊Ⅰ期（13世紀初め～14世紀前半）或いは十三湊Ⅱ期（14世紀中頃～15世紀前葉）までは、その傾向は全く認められないことが明らかとなりました。しかし、十三湊Ⅲ期（15世紀中葉）になると、青磁や白磁などの貿易陶磁が増え、国産陶磁と拮抗するような状況が明らかとなっています。その後、十三湊が廃絶する15世紀後葉以降は、北日本の戦国期城館の陶磁器組成が示すように、明染付が出現する状況など流通機構の再編期にあたっており、圧倒的に貿易陶磁が卓越する段階に至ったと理解することができます。今回、十三湊の基準資料や一括資料の検討を通じ

十三湊遺跡の基準資料と一括資料

写真1　54次調査　中世遺構面の検出状況

写真2　157次調査　中世遺構面の検出状況

写真3　120次調査　SK06集石土坑の断面状況

Ⅱ　十三湊遺跡の基準資料と一括資料

写真4　145次調査　SK08集石土坑の検出状況

写真5　145次調査　SK22集石土坑の検出状況

写真6　145次調査　SK36集石土坑の検出状況

写真7　145次調査　SE09井戸廃棄遺物の出土状況

て、ようやく細かな時期別の陶磁器組成が検討できるような段階になってきたといえます。

参考文献

青森県教育委員会　2005『十三湊遺跡　（第Ⅳ分冊)』青森県埋蔵文化財調査報告書第398集

上田秀夫　1982「14〜16世紀の青磁椀の分類」『貿易陶磁研究』No.2

国立歴史民俗博物館　1994「日本出土の貿易陶磁　東日本編2」国立歴史民俗博物館博物館資料調査報告書5

榊原滋高　2004「十三湊の都市構造と変遷―発掘調査10年の成果から―」『中世十三湊の世界』新人物往来社

市浦村教育委員会　2001『十三湊遺跡〜1999・2000年度　第90・120次調査概報ほか〜』市浦村埋蔵文化財調査報告書第13集

市浦村教育委員会　2003『十三湊遺跡〜平成13年度　第145次発掘調査報告書〜』市浦村埋蔵文化財調査報告書第15集

市浦村教育委員会　2005『十三湊遺跡―第90・120・151・155次発掘調査報告書　本文編―（第Ⅱ分冊)』市浦村埋蔵文化財調査報告書第17集

中央大学文学部　2005『北東日本海域における中世前期港湾都市の基礎的研究―青森県十三湊遺跡を中心として―』平成14年度〜平成16年度科学研究費助成金基盤研究（B）（2）研究成果報告書

藤澤良祐　1995「京・鎌倉における古瀬戸の流通」『京・鎌倉出土の瀬戸焼』（財）瀬戸市埋蔵文化財センター

藤澤良祐　1996「中世瀬戸窯の動態」『古瀬戸をめぐる中世陶器の世界〜その生産と流通〜』（財）瀬戸市埋蔵文化財センター設立5周年記念シンポジュウム

森田　勉　1982「14〜16世紀の白磁の型式分類と編年」『貿易陶磁研究』No.2

横田賢次郎・森田勉　1978「大宰府出土の輸入陶磁器について」九州歴史資料館研究論集4

吉岡康暢　1994　『中世須恵器の研究』吉川弘文館

II 十三湊遺跡の基準資料と一括資料

十三湊と安藤氏―古代・中世関係略年表

参考文献：国立歴史民俗博物館　1998「幻の中世都市十三湊」、弘前市　1995「新編弘前市史」資料編1（古代・中世編）弘前市史編纂委員会、青森市　2005「新青森市史」資料編2（古代・中世）

年号	年代	関連記事	日本	北方アジア
斉明4	658	阿倍比羅夫が渡島蝦夷を「有間浜」で饗応する。「有間浜」＝十三湊か？〔日本書紀〕		
神亀4	727	渤海使が来日、以後しばしば出羽国に至る。〔続日本紀〕		
延暦13	794	坂上田村麻呂、胆沢の蝦夷アテルイを討つ。		
			960	宋の建国
永承6	1051	前九年の役おこる。陸奥守藤原登任・出羽城介平重成らが安倍頼良を攻め、鬼切部合戦で敗北する。〔陸奥話記〕		
天喜5	1057	陸奥守源頼義、鉇屋・仁土呂志・宇曾利の蝦夷を勢力下におく。〔陸奥話記〕		
康平5	1062	安倍貞任が厨川戦で敗死し、前九年の役おわる。〔陸奥話記〕		
〃	〃	《伝承》貞任の子、高星が津軽へ逃亡し、子孫は藤崎に拠り、安藤氏となる。〔藤崎系図〕		
康平6	1063	清原武則、鎮守府将軍に補任される。〔魚魯愚鈔〕		
永保年間	1081～1084	清原真衡が一族の吉彦秀武と対立し、出羽に出兵するが、藤原清衡・家衡は秀武に加勢する。後三年の役はじまる。〔奥州後三年記〕	1066	北アジアの大国・契丹が大遼と改称する。
永保3	1083	源義家が陸奥守として補任、清原真衡の饗応を受ける。〔奥州後三年記〕		
寛治元	1087	出羽国・山北金沢柵が陥落し、後三年の役おわる。〔後三年合戦絵詞〕		

十三湊と安藤氏―古代・中世関係略年表

年号	年代	関連記事	日本		北方アジア	
康和元	1099	《伝承》藤原清衡、平泉に居館を移すという。		1125	金が大遼を滅ぼす。
天治元	1124	藤原清衡が白河関から外浜に至る路程の中心に中尊寺金色堂を造立する。〔吾妻鏡〕		1126	金が北宋を滅ぼす。
大治3	1128	藤原清衡が没する。			
嘉応2	1170	藤原秀衡、鎮守府将軍に補任される。			
養和元	1181	藤原秀衡、陸奥守に補任される。			
文治3	1187	藤原秀衡、病没する。			
文治5	1189	奥州合戦、源頼朝が平泉藤原氏を滅ぼす。安藤次・三沢安藤四郎ら源頼朝に加勢する。〔吾妻鏡〕			
建久元	1190	大河兼任の乱おこる。乱鎮定後、北条義時が津軽一帯の地頭に補任される。			
〃	〃	源頼朝が上洛し、後白河法皇より蝦夷の沙汰を認可される。			
建久2	1191	京中強盗を蝦夷島流刑に処す〔都玉記〕（蝦夷ヶ嶋流刑の史料上の初見）。蝦夷島が国家的流刑地になる。	1192	源頼朝、征夷大将軍となり、鎌倉に幕府を開く。		
元久2～貞応3	1205～1224	北条義時の執権時代に安藤五郎、義時の代官（蝦夷沙汰代官）として補任されると伝える。〔保暦間記〕		1206	蒙古、チンギスハン即位。
建暦2	1212	「あんどう」ら蝦夷370人が浄財を喜捨し、交名を結縁される〔近江国玉桂寺・阿弥陀如来像胎内経〕	1221	承久の乱	1231	蒙古、高麗に侵入。
文暦2	1235	六波羅探題と検非違使庁が蝦夷島流刑の権限協定を結ぶ〔吾妻鏡〕	1232	御成敗式目の制定	1234	金の滅亡。
宝治元	1247	北条時頼が糠部郡地頭職を兼ねる。	1247	宝治合戦。三浦泰村ら滅ぶ。	1264	蒙古、骨嵬（アイヌ）を攻撃する。
文永9	1272	執権・北条時宗（相模守）、徳勝丸に得宗過所船旗を交付する。		1271	元朝の成立。

II 十三湊遺跡の基準資料と一括資料

年号	年代	関連記事		日 本		北方アジア
			1274	文永の役。元軍、九州を侵攻する。		
建治元	1275	蝦夷沙汰代官、安藤五郎が蝦夷により首を取られる。〔日蓮聖人遺文〕			1279	南宋の滅亡。
			1281	弘安の役。元・高麗連合軍、再び北九州を侵攻する。		
正安3	1301	陸奥国・糠部郡の安藤きぬ女、地頭北条氏に一族の交名を提出する。〔きぬ女類族交名〕				
嘉元4	1306	藤崎・護国寺に大旦那崇演(北条貞時)、施銭旦那安倍季盛らが梵鐘を奉納する。〔長勝寺梵鐘銘〕				
正和年間	1312〜1317	《伝承》安藤貞季、十三湊に新城を構えるという。〔十三湊新城記〕				
正和5	1316	三国湊の預所代・刀禰が「関東御免津軽船」二十艘のうち越中・放生津の本阿が船主である一艘から、漂白船の名目で鮭・小袖などの積荷を横領する事件が発生する。〔大乗院文書〕				
文保2	1318	このころ蝦夷の反乱激化する。蝦夷静謐の祈祷の効を喜ぶ〔北条高時書状〕。				
元応2	1320	出羽蝦夷蜂起、元亨2年まで続き、安藤氏の乱に影響を与える。〔鎌倉年代記裏書〕				
元亨2	1322	安藤氏の乱勃発。季久(宗季)と季長の戦い。〔保暦間記・諏訪大明神画詞など〕				
正中2	1325	蝦夷沙汰代官職が安藤季長から安藤季久(宗季)に代わる。津軽大乱が拡大する。〔保暦間記・鎌倉年代記裏書など〕				

十三湊と安藤氏―古代・中世関係略年表

年号	年代	関連記事		日 本		北方アジア
〃	〃	安藤宗季（季久）、鼻和郡内諸職・蝦夷の沙汰・糠部郡内諸職を子に譲る。〔安藤宗季譲状・新渡戸文書〕				
正中3	1326	安藤季長、捕らえられる。〔鎌倉年代記裏書〕				
嘉暦3	1328	鎌倉幕府軍、津軽の大乱を平定する。〔鎌倉年代記裏書〕				
元徳2	1330	安藤宗季、津軽西浜を子息高季に譲る。〔安藤宗季譲状・新渡戸文書〕				
			1333	北条高時が自刃、鎌倉幕府が滅ぶ。		
			1334	建武の中興		
建武2	1335	陸奥守北畠顕家、安藤高季に鼻和郡・糠部郡・西浜等の所領を安堵する。〔陸奥国宣・新渡戸文書〕	1336	南北朝の争乱。後醍醐天皇、吉野に遷幸。		
暦応3（興国元）	1340	深浦町・関の板碑に「安倍是阿」の名が刻まれる。	1338	足利尊氏、征夷大将軍となる。		
正平元（貞和2）	1346	深浦町・関の板碑に「安倍季□」の名が刻まれる。				
正平12（延文2）	1357	安藤孫五郎（兼季）、出羽国小鹿島を横領し、安藤師季（＝高季）・曽我時助らが幕府使としてこれを制止する。	1358	足利尊氏が死去。		
〃	〃	蓮華庵（五所川原市相内）に延文二年を示す板碑を含め、5基の板碑が造立される。			1368	元滅亡。明の成立。
建徳2（応安4）	1371	周防国賀茂大明神（山口県柳井市）の『大般若経』巻399奥書に「十三湊」の地名と住僧「快融」の名が記される。	1392	南北朝の合一	1392	李氏朝鮮の成立。
応永30	1423	安藤陸奥守、将軍足利義量に馬・鳥・鷲眼・海虎皮・昆布等を献上し、褒賞される。〔後鑑〕	1401	足利義満、肥富・祖阿を明に派遣。		
永享4	1432	糠部南部氏が下国安藤氏を攻撃、安藤氏は蝦夷島へ逃れ、幕府が調停にあたる。〔満済准后日記〕	1402	足利義満、倭寇を禁圧。		

285

Ⅱ 十三湊遺跡の基準資料と一括資料

年号	年代	関連記事		日本		北方アジア
永享8	1436	奥州十三湊日之本将軍・安倍康季、後花園天皇の命で若狭国羽賀寺の再建に着手する。	1404	勘合貿易始まる。	1411	永楽帝、ティルに奴児干都司を設置し、永寧寺を併設する。
嘉吉元	1441	紀伊国・熊野社に「津軽下国安藤氏系図」が奉納される。〔陸奥国下国殿代々名法日記・熊野那智大社文書〕	1441	嘉吉の乱で、赤松満祐が将軍・足利義教を殺害する。		
嘉吉2〜3	1442〜1443	《参考》下国安藤氏、糠部南部氏に攻められ、十三湊を放棄。再び蝦夷島へ渡るという。〔新羅之記録〕				
文安2	1445	《参考》安藤康季、旧領回復のため津軽へ入るが引根城で病死する。〔下国伊駒安倍姓之家譜〕				
文安4	1447	羽賀寺の再建修造が完了する。〔羽賀寺縁起〕				
享徳2	1453	《参考》安藤義季、津軽大浦郷狼倉館で南部氏に攻められ、敗死する。〔新羅之記録〕				
康正2	1456	《参考》秋田の湊安東堯季、蝦夷島の安東師季（政季）を出羽国小鹿島に迎え、さらに河北郡に入部させる。〔新羅之記録〕	1457	コシャマインの戦い。アイヌが道南12館のうち10館を占領する。		
寛正4	1463	『政所内談記録』に「十三丸」の船名が記される。〔政所内談記録〕				
応仁2	1468	安東師季（政季）、紀伊国・熊野社に津軽における旧領の回復を祈願する。〔安東師季願文・熊野那智大社文書〕	1467	応仁の乱、起こる。		
応仁3	1469	岩木山神社御宝殿造営の棟札に阿倍助季・盛季の名が記される。〔永禄日記・館越本〕				
文明2	1470	《参考》安東師季（政季）、津軽に討入り藤崎館を攻撃する。〔下国伊駒安倍姓之家譜〕				
明応4	1495	《参考》安東忠季、河北郡檜山城を築いて、これに拠る。〔新羅之記録〕				

年号	年代	関連記事		日本	北方アジア
明応5	1496	《参考》安東忠季、蝦夷島からの注進により松前城主下国恒季を討つという。〔新羅之記録〕			
文亀2	1502	《参考》南部氏、藤崎・大光寺城を攻め、安東教季没落するという。〔安倍社司由緒書・館越日記〕			
永正9	1512	《参考》宇須岸（函館）・志濃里・与倉前の館、蝦夷の攻撃により陥落する〔新羅之記録〕			
永正10	1513	《参考》松前大館、蝦夷の攻撃により陥落し、松前守護相原季胤が自害する。〔新羅之記録〕			
永正11	1514	《参考》蛎崎光広父子、上之国より松前大館に移り、のち檜山屋形安東尋季より狄島守護に任ぜられる。〔新羅之記録〕			
天文19	1550	《参考》檜山城主安東舜季が蝦夷島を巡察する。松前城主蛎崎季広が「夷狄商船往還法度」を施行するという。〔新羅之記録〕			
			1573	室町幕府滅亡。	
天正8	1580	安東愛季、織田信長の推薦により従五位上侍従に叙爵任官する。〔口宣案写・秋田家文書〕	1585	羽柴秀吉、関白となる。翌年、太政大臣になり、豊臣姓を賜る。	
天正12	1584	安東愛季に羽賀寺本堂再建の下知あり。〔華頂要略・巻13〕			
			1592	文禄の役。秀吉、朝鮮に出兵。	
			1597	慶長の役。秀吉、再び朝鮮に出兵。	
慶長5	1600	羽賀寺本堂落成、後陽成天皇自ら安藤氏の功を記す。〔羽賀寺縁起・奥書〕	1600	関が原の戦い。	
慶長8	1603	徳川幕府始まる。			

あとがき

　本書は、2005年11月20日にプラザマリュウ五所川原で開催した記念シンポジウムをもとにしている。特別講演をお引き受け下さった坂井秀弥氏をはじめとして、すべての報告者が念入りに補筆し、さらに最新の図や写真を加えて下さった。これによって学術的なことはもちろん、読みやすく、歴史の謎を読み解く楽しさにあふれた本にすることができたと思う。まずは執筆の先生方に感謝申し上げたい。

　髙松隆三教育長も述べておられるように、十三湊遺跡がついに国指定史跡になった。国立歴史民俗博物館の調査に関わり、十三湊遺跡の熱烈なファンであるわたくしも心からうれしく、このシンポジウムに参加して下さった多くの方、さらには本書を通じて十三湊遺跡と五所川原須恵器窯の最新成果にふれていただいた多くの方々とよろこびを分かち合えることは、なによりも幸せなことである。

　本書ではふたたびアップデートされた研究成果が発表されただけでなく、文化財保護の新しい考え方である「文化的景観」をふくめた遺跡の保護・活用など、未来に向かっての提言を随所に示している。いよいよ十三湊遺跡は市民・国民に開かれた場として、輝きを取り戻そうとしている。

　ここまで漕ぎ着くことができたのは、地域の方々のご理解・ご協力、粘り強い調査を重ねてきた旧市浦村、そして新体制となった五所川原市、青森県教育委員会をはじめとした関係者の並々ならぬ尽力があったからである。どのように整備・活用していくのか、課題は重いが期待はたいへん大きい。市民の意見を活かした十三湊にふさわしい最高の整備をめざしてほしいと思う。

　この本を読んでいただいたら、歴史深い五所川原市の名所旧跡とともに実際に十三湊遺跡を訪ねることをお勧めしたい。本格的な整備が完成するのはまだ先だが、本書があれば畑の区画や地形・景観に潜む歴史をたどる楽しさ

あとがき

を存分に感じていただけるはずである。そして十三湊に立てば、なぜみんながこの遺跡の虜になるのか、その謎もたちまちに解いていただけると思うからである。

　なお本書の刊行については、編者の前川　要氏がいつもの如くの電光石火、鮮やかな馬力で六一書房との相談をまとめて下さった。最後に前川氏と六一書房に御礼を申し上げたい。

　　　　　　　　　　　　　　　千田　嘉博
　　　　　　　　　　　　　（十三湊フォーラム実行委員会／奈良大学）

執筆者・パネルディスカッション発言者の紹介

(五十音順)

岩崎繁芳（いわさき　しげよし）

　1932年生まれ。弘前大学修了。鰺ヶ沢町立鳴沢小学校校長を最後に退職。北奥文化研究会会長。市浦村史編纂委員として旧市浦村の村史編纂に尽力し、「市浦村史」第3巻の執筆・編集をする。西北五地域の近世史に造詣が深い。著書・論文＝「市浦村史」第3巻など。

遠藤　巖（えんどう　いわお）　基調講演

　1940年生まれ。東北大学大学院修了。宮城教育大学名誉教授。日本中世史専攻。「日の本将軍」安藤氏研究の第一人者であり、とくに北日本史の視座から日本史を再構成しようとする研究に焦点をおいている。また、青森県史や浪岡町史など自治体史編纂にも深く携わっている。共著・論文＝「北の押えの系譜」『アジアのなかの日本史Ⅱ』東京大学出版会1992。「安藤氏と津軽の世界」『津軽安藤氏と北方世界』河出書房新社1995。「戦国・織豊時代の出羽」『中世出羽の領主と城館』高志書院2002。「日の本将軍安東氏と環日本海世界」『北の環日本海世界』山川出版社2002。『浪岡町史』第二巻、2004。『青森県史』資料編中世2、2005など。

坂井秀弥（さかい　ひでや）　特別講演

　1955年生まれ。関西学院大学大学院文学研究科博士前期課程修了。文化庁文化財部記念物課　主任文化財調査官。日本考古学（古代・中世史）専攻。全国の都道府県や市町村の埋蔵文化財行政を指導・支援している。著書・論文＝「絵図にみる城館と町」『中世の城と考古学』新人物往来社1991。
　共著＝『中世の越後と佐渡』高志書院1999など。

榊原滋高（さかきばら　しげたか）　報　告　1

　1970年生まれ。富山大学人文学部卒業。中世考古学専攻。五所川原市教育委員会生涯学習課　十三湊発掘調査室主査。富山大学在籍中から十三湊遺跡の調査に参加し、現在に至る。

佐藤 仁（さとう　ひとし）　特別寄稿

1933年生まれ。弘前大学文理学部文学科卒業（国史学専攻）。日本中近世史・金石文専攻。青森県文化財保護審議委員。長年、青森県内の板碑・五輪塔などの金石文の調査を精力的に行い、県内の金石文については特に造詣が深い。十三湊調査では県教委の調査員のほか、旧市浦村の遺跡整備検討委員として活躍する。主に文献史料や金石文からみた十三湊や安藤氏の考察を行っている。著書・論文＝「津軽の城と村」『蝦夷の世界と北方交易』新人物往来社 1995。「石に刻まれた記録―青森県内の中世石造文化財―」『青森県史研究』第2号 1998 ほか。

鈴木和子（すずき　かずこ）　報告2

1971年生まれ。富山大学大学院修了。中世考古学専攻。青森県教育庁文化財保護主査。富山大学在籍中から十三湊遺跡の調査に参加し、さらに青森県文化財保護主査として十三湊遺跡の調査に従事する。

著書・論文＝「十三湊と安藤氏」『城館発掘最前線』新人物往来社 1996 ほか。

千田嘉博（せんだ　よしひろ）

1963年生まれ。奈良大学文学部卒業。奈良大学助教授。日本考古学・城郭史専攻。城郭研究を中心に考古学や歴史地理学、文献史学の成果を取り込んで中世の都市・城郭の研究を進め、政治と社会の特質を解明している。国立歴史民俗博物館勤務時代に十三湊遺跡調査の責任者として活躍し、現在の十三湊研究の布石を敷いた。共著・論文＝『城郭ハンドブック』新人物往来社 1993、『中世十三湊の世界』新人物往来社 2004。著書＝『織豊系城郭の形成』東京大学出版会 2000 など。

髙松隆三（たかまつ　りゅうぞう）

1932年生まれ。旧制青森県立木造中学校中退。十三湊遺跡のある地元十三出身であり、郷土の歴史や文化に造詣が深い。平成3年に市浦村長に就任して以来、十三湊遺跡の学術調査を主導してきた。平成17年3月、市町村合併の廃置分合により、市浦村長を失職。現在、五所川原市教育委員会教育長として、五所川原市の文化財行政を主導している。

藤原弘明（ふじわら　ひろあき）　特別寄稿

　1968年生まれ。東北大学大学院修了。五所川原市教育委員会生涯学習課文化財保護係主査。これまでに五所川原須恵器窯跡の調査・研究を行い、国の史跡指定に尽力する。

前川　要（まえかわ　かなめ）　特別寄稿

　1959年生まれ。名古屋大学大学院博士後期課程単位取得退学。中央大学文学部教授。
　専攻分野は中世考古学全般に都市考古学研究から遺跡探査学、比較考古学にまで及ぶ。国立歴史民俗博物館以来の十三湊遺跡調査に深く関わっている。さらに十三湖周辺の唐川城跡・福島城跡の発掘調査も手がけている。近年の関心領域はもっぱら北方史であり、サハリン白主土城の発掘調査・研究も行っている。
　著書＝『都市考古学の研究』柏書房　1991。共著＝『城館調査ハンドブック』新人物往来社 1993 など。

三浦圭介（みうら　けいすけ）　報　告　3

　1946年生まれ。弘前大学教育学部卒業。青森県埋蔵文化財調査センター次長。日本考古学（古代史）専攻。国立歴史民俗博物館の十三湊調査以来、県教委・遺跡整備検討委員の立場から調査指導を行っている。北方古代史に造詣が深く、近年では平安時代の防御性集落論を展開し、北日本古代史上における位置づけを行っている。著書・論文＝「日本海北部における古代後半から中世にかけての土器様相」『シンポジューム・土器からみた中世社会の成立』中世土器研究会 1990。「本州の擦文土器」『考古学ジャーナル』341号、1991。「北奥・北海道における防御性集落の発生と展開」『国立歴史民俗博物館研究報告』第64集、1995 など。

村越　潔（むらこし　きよし）

　1929年生まれ。日本大学文学部史学科修了。弘前大学名誉教授。日本考古学を専攻し、特に縄文時代に造詣が深い。十三湊関係では、平成5年より市浦村遺跡検討委員会委員長として十三湊遺跡の調査指導を行い、国の史跡指定に尽力した。また、これまで回を重ねてきた十三湊フォーラムの実行委員長を歴任するなど中心的役割を果たしてきた。著書・論文＝『円筒土器文化』（雄山閣）、『亀ヶ岡式土器』『亀ヶ岡式遺跡』（ニューサイエンス社）など多数ある。

考古学リーダー 7
十三湊遺跡〜国史跡指定記念フォーラム〜

2006 年 9 月 15 日　初版発行

編　　者　前川　要
　　　　　十三湊フォーラム実行委員会

発 行 者　八木環一
発 行 所　有限会社 六一書房　　http://www.book61.co.jp/
　　　　　〒101-0064　東京都千代田区猿楽町1-7-1　高橋ビル1階
　　　　　TEL 03-5281-6161　FAX 03-5281-6160　振替 00160-7-35346

印刷・製本：藤原印刷

ISBN 4-947743-41-7 C 3321　　　　　　　　　　　　　　　　Printed in Japan

『考古学リーダー』発刊にあたって

　六一書房を始めて18年が経った。安斎正人先生にお願いして『無文字社会の考古学』の新装版を出させていただいてから7年になった。これが最初の出版であった。

　思えば六一書房の仕事は文字通り、「隙間産業」であったかも知れない。最初から商業ベースに乗らない本や資料集ばかりを集め、それを売ることに固執した。今、研究者が何を求め、我々に何を要求しているのかを常に考えた。「本を売るのではない、情報を売るのだ。そうすれば本は売れる。」と口ぐせのように言ってきた。

　六一書房に頼めばこの本を探してくれるかも知れないと、問い合わせが入るようになった。必死で探した。それが情報源となり、時にはそのなかからベストセラーも生まれた。研究会や学会の方からも声がかかるようになった。循環路ができ、毛細血管のような情報回路が出来てきた。

　本を売ることに少しだけ余裕が出来てきたら、本を作りたくなった。そしてふだん自分達が売っている本を自分で作ってもいいじゃないかと考えてみた。時には著者に迷惑をかけながらも、本を出してみた。数えたら、もう10冊を越えていた。

　今回、本書の出版準備を進めていくなかで、シンポジウムを本にまとめあげていただいた西相模考古学研究会の伊丹さんと立花さんの情熱に感心しているうちに『叢書』を作りたいという以前からの思いが頭に浮かんできた。最前線で活動している研究者の情熱を伝えてこそ、生きた情報であり、今までそうした本を一生懸命売ってきたのだから、今度はそういう『叢書』を作ろうと思った。伊丹さんに相談したら、思いを理解していただき、『考古学リーダー』という命名までしていただいた。

　世に良書を問うというのは出版する者の責務であるが、独自な視点を堅持してゆきたいと思う。多くの方々の助言、苦言を受けながら頑張ってゆきたい。皆さんにおもしろい、元気のでる企画をお持ちいただけたら幸せである。

2002年11月

六一書房　八木 環一

考古学リーダー1
弥生時代のヒトの移動
～相模湾から考える～

西相模考古学研究会編

2002年12月25日発行／Ａ５判／209頁／本体2800円十税

※シンポジウム『弥生後期のヒトの移動ー相模湾から広がる世界ー』開催記録
小田原市教育委員会・西相模考古学研究会共催　2001年11月17・18日

―― 目　　次 ――

シンポジウム当日編
地域の様相1	相模川東岸	池田　治
地域の様相2	相模川西岸	立花　実
用語説明		大島　慎一
地域の様相1	相模湾沿岸3	河合　英夫
地域の様相1	東京湾北西岸	及川　良彦
地域の様相2	駿河	篠原　和大
地域の様相2	遠江	鈴木　敏則
地域の様相2	甲斐	中山　誠二
地域を越えた様相	関東	安藤　広道
地域を越えた様相	東日本	岡本　孝之
総合討議		比田井克仁・西川修一・パネラー

シンポジウム後日編
ヒトの移動へ向う前に考えること	加納　俊介
引き戻されて	伊丹　徹
シンポジウムの教訓	立花　実

―― 推薦します ――

　弥生時代後期の相模は激動の地である。人間集団の移動や移住、モノや情報の伝達はどうであったのか。またどう読み取るか。
　こうした問題について、考古誌『西相模考古』でおなじみの面々が存分に語り合うシンポジウムの記録である。この一冊で、当日の舌戦と愉快な空気をよく味わえた次第である。

明治大学教授　石川日出志

Archaeological L & Reader Vol.1

六一書房

考古学リーダー2

戦国の終焉
〜よみがえる 天正の世の いくさびと〜

千田嘉博 監修
木舟城シンポジウム実行委員会 編
2004年2月16日発行／Ａ５判／197頁／本体2500円＋税

木舟城シンポジウム開催記録
木舟城シンポジウム実行委員会・福岡町教育委員会主催　2002年11月30日

―― 目　次 ――

第Ⅰ部　概説
　木舟城の時代　　　　　　　　　　　　　　　　栗山　雅夫
第Ⅱ部　基調講演
　戦国の城を読む　　　　　　　　　　　　　　　千田　嘉博
第Ⅲ部　事例報告「その時、木舟城は…」
　戦国の城と城下町の解明　　　　　　　　　　　高岡　徹
　木舟城のすがた　　　　　　　　　　　　　　　栗山　雅夫
　木舟城の城下町　　　　　　　　　　　　　　　酒井　重洋
　天正大地震と長浜城下町　　　　　　　　　　　西原　雄大
　木舟城の地震考古学　　　　　　　　　　　　　寒川　旭
　越前一乗谷　　　　　　　　　　　　　　　　　岩田　隆
第Ⅳ部　結語「シンポジウムから見える木舟城」
　戦国城下町研究の幕開け　　　　　　　　　　　高岡　徹
　地道な調査を重ね知名向上を願う　　　　　　　栗山　雅夫
　木舟を知って遺跡保護　　　　　　　　　　　　酒井　重洋
　協力して大きな成果をあげましょう　　　　　　西原　雄大
　地震研究のシンボル・木舟城　　　　　　　　　寒川　旭
　激動の13年　　　　　　　　　　　　　　　　　岩田　隆
　これからが楽しみな木舟城　　　　　　　　　　千田　嘉博
第Ⅴ部　「木舟シンポの意義」

── 推薦します ──

　本書は、北陸・富山県のある小さな町、福岡町から全国発信する大きな企画、木舟城シンポジウムを収録したものである。考古学・城郭史・地震研究の研究者が集まった学際的研究としてももちろん評価できるが、このシンポジウムの対象を、歴史に興味を持ちはじめた中高生などの初心者から研究者さらには上級者まで観客にしたいと欲張り、それを実現した点も高く評価できる。いかに多様な読者に高度な学術研究を理解させるかということに最大限の努力の跡が見える。「21世紀の城郭シンポジウムはこれだ！」といった第一印象である。

中央大学文学部教授　前川　要

Archaeological L & Reader Vol. 2

六一書房

考古学リーダー3

近現代考古学の射程
～今なぜ近現代を語るのか～

メタ・アーケオロジー研究会 編

2005年2月25日発行／A5判／247頁／本体3000円＋税

シンポジウム「近現代考古学の射程―今なぜ近現代を語るのか―」開催記録
メタ・アーケオロジー研究会主催　2004年2月14・15日

――― 目　次 ―――

第Ⅰ部　シンポジウムの概要
第Ⅱ部　近現代考古学の射程
　1．都市
　　考古学からみた江戸から東京　　　　　　　　　　　小林　　克
　　都市空間としての都市の時空　　　　　　　　　　　津村　宏臣
　　避暑・保養の普及と物質文化　　　　　　　　　　　桜井　準也
　　都市近郊漁村における村落生活　　　　　　　　　　渡辺　直哉
　　考古学からみた近現代農村とその変容　　　　　　　永田　史子
　2．国家
　　日系移民にとっての「近代化」と物質文化　　　　　朽木　　量
　　旧日本植民地の物質文化研究とはどのようなものか？　角南聡一郎
　3．制度
　　「兵営」の考古学　　　　　　　　　　　　　　　　　浅川　範之
　　物質文化にみる「お役所」意識の変容　　　　　　　小川　　望
　　〈モノ―教具〉からみる「近代化」教育　　　　　　　大里　知子
　4．身体
　　衛生博覧会と人体模型そして生人形　　　　　　　　浮ヶ谷幸代
　　胞衣の行方　　　　　　　　　　　　　　　　　　　野尻かおる
　　身体の近代と考古学　　　　　　　　　　　　　　　光本　　順
　5．技術
　　近現代における土器生産　　　　　　　　　　　　　小林　謙一
　　「江戸―東京」における家畜利用　　　　　　　　　　姉崎　智子
第Ⅲ部　近現代考古学の諸相
　　近現代考古学調査の可能性　　　　　　　　　　　　角南聡一郎
　　近現代考古学と現代社会　　　　　　　　　　　　　桜井　準也
　　歴史考古学とアメリカ文化の記憶　　　　　　　　　鈴木　　透
　　社会科学と物質文化研究　　　　　　　　　　　　　朽木　　量

―― 推薦します ――

「近現代考古学」は、文字通り私たちが生きている「現在」につながる考古学である。わが国の「近現代考古学」が追究するべき課題のひとつは、物質文化からみた日本の「近代化」の様相を解明することであろう。日本の「近代化」のプロセスは単なる「西洋化」ではなく、他方で、近代以前に遡る日本文化の伝統と変容に関わる複雑な様相を呈している。すなわち、日本の「近代化」の様相は、今の私たち自身の存在と深く関わっているのである。本書は、そうした「近現代考古学」の世界にはじめて果敢に切り込んだ、意欲あふれるシンポジウムの記録である。

早稲田大学教授　谷川　章雄

Archaeological L & Reader Vol. 3

六一書房

考古学リーダー4
東日本における古墳の出現

東北・関東前方後円墳研究会 編

2005年5月10日発行／A5判／312頁／本体3500円＋税

第9回　東北・関東前方後円墳研究会　研究大会
《シンポジウム》東日本における古墳出現について　開催記録
東北・関東前方後円墳研究会 主催
西相模考古学研究会・川崎市市民ミュージアム共催　2004年2月28・29日

── 目　次 ──

I　記念講演・基調講演
　基調報告・資料報告

記念講演	東日本の古墳出現の研究史―回顧と展望―	小林　三郎
基調講演	オオヤマト古墳群における古墳出現期の様相	今尾　文昭
基調報告1	相模湾岸―秋葉山古墳群を中心に―	山口　正憲
基調報告2	編年的整理―時間軸の共通理解のために―	青山　博樹
基調報告3	円・方丘墓の様相―中部高地を中核に―	青木　一男
基調報告4	副葬品―剣・鏃・鏡などを中心に―	田中　裕
基調報告5	土器・埴輪配置から見た東日本の古墳出現	古屋　紀之
資料報告1	房総半島―市原・君津地域を中心に―	酒巻　忠史
資料報告2	関東平野東北部―茨城県を中心に―	日高　慎
資料報告3	関東平野　北部	今平　利幸
資料報告4	関東平野　北西部	深澤　敦仁
資料報告5	北　陸―富山・新潟―	八重樫由美子
資料報告6	東　北　南　部	黒田　篤史
資料報告7	関東平野　南部―川崎地域を中心に―	吉野真由美

II　総合討議　東日本における古墳出現について

　コラム

古墳出土土器は何を語るか―オオヤマトの前期古墳調査最前線―	小池香津江
前期古墳の時期区分	大賀　克彦
群馬県太田市所在・成塚向山1号墳〜新発見の前期古墳の調査速報〜	深澤　敦仁
新潟県の方形台状墓〜寺泊町屋舗塚遺跡の調査から〜	八重樫由美子
北縁の前期古墳〜大塚森（夷森）古墳の調査成果概要〜	大谷　基
埼玉県の出現期古墳―そして三ノ耕地遺跡―	石坂　俊郎
廻間II式の時代	赤塚　次郎
畿内「布留0式」土器と東国の出現期古墳	青木　勘時

── 推薦します ──

なぜ、古墳が生まれたのか？　弥生時代・数百年間の日本列島は、方形墳が中心だった。それがあるとき円形墳に変わった。しかも、円形墓に突出部とか張出部とよんでいる"シッポ"が付いている。やがてそれが、ヤマト政権のシンボルとして全国に広まったのだという。それならば列島で最も古い突出部付き円形墓（前方後円墳ともいう）は、いつ、どこに現れたか？　よく、ヤマトだというが、本当だろうか？　東北・関東では、初期には突出部の付いた方形墓（前方後方墳ともいう）が中心で、地域によって円形墓が参入してくる。住み分け、入り乱れ、いろいろとありそうだ。本書では近畿だけでは分からない東北・関東の人々の方形墓（伝統派）と円形墓（革新派）の実態が地域ごとに整理されていてありがたい。その上、討論では最新の資料にもとづく新見解が次々と飛び出し、楽しい。討論から入り、ときどぎ講演と報告にもどる読み方もありそうだ。

徳島文理大学教授　奈良県香芝市二上山博物館館長　石野　博信

Archaeological L & Reader Vol. 4

六一書房

考古学リーダー5
南関東の弥生土器
シンポジウム 南関東の弥生土器 実行委員会 編
2005年7月10日発行／A5判／240頁／本体3000円＋税

シンポジウム　南関東の弥生土器　開催記録
シンポジウム　南関東の弥生土器 実行委員会 主催
2004年9月25・26日

―― 目　　次 ――

第Ⅰ部　型式・様式の諸相
　総　論　　　　　　　　　　　　　　　　　　　　　　　伊丹　　徹
　1. 南関東における古式弥生土器　　　　　　　　　　　　谷口　　肇
　2. 須和田式（平沢式・中里式・池上式）　　　　　　　　石川日出志
　3. 宮ノ台式　　　　　　　　　　　　　　　　　　　　　小倉　淳一
　4. 久ヶ原式　　　　　　　　　　　　　　　　　　　　　松本　　完
　5. 弥生町式と前野町式　　　　　　　　　　　　　　　　黒沢　　浩
　6. 相模地方の後期弥生土器　　　　　　　　　　　　　　立花　　実
　コラム1. 佐野原式・足洗式　　　　　　　　　　　　　　小玉　秀成
　コラム2. 北島式・御新田式　　　　　　　　　　　　　　吉田　　稔
　コラム3. 有東式・白岩式　　　　　　　　　　　　　　　萩野谷正宏
　コラム4. 朝光寺原式　　　　　　　　　　　　　　　　　橋本　裕行
　コラム5.「岩鼻式」・吉ヶ谷式　　　　　　　　　　　　 柿沼　幹夫
　コラム6. 臼井南式　　　　　　　　　　　　　　　　　　高花　宏行

第Ⅱ部　シンポジウム「南関東の弥生土器」
　テーマ1. 宮ノ台式の成立
　　報告（1）　　　　　　　　　　　　　　　　　　　　　鈴木　正博
　　報告（2）　　　　　　　　　　　　　　　　　　　　　大島　慎一
　テーマ2. 宮ノ台式の地域差と周辺
　　報告（1）　　　　　　　　　　　　　　　　　　　　　安藤　広道
　　報告（2）　　　　　　　　　　　　　　　　　　　　　小倉　淳一
　テーマ3. 後期土器の地域性 ― 久ヶ原式・弥生町式の今日 ―
　　報告（1）　　　　　　　　　　　　　　　　　　　　　比田井克仁
　　報告（2）　　　　　　　　　　　　　　　　　　　　　黒沢　　浩

第Ⅲ部　シンポジウム討論記録
　第1日　後期について　　　　　　　　　　　　　　司会：伊丹　　徹
　第2日　中期について　　　　　　　　　　　　　　司会：石川日出志

── 推薦します ──

　1970年代から90年代にかけて、それまでの弥生土器の研究に飽き足らない日本各地の若手研究者が、詳細な土器編年や地域色の研究に沈潜していった。南関東地方でも、たとえばそれは弥生後期の久ヶ原式や弥生町式土器編年の矛盾の指摘などとして展開した。本書は南関東地方弥生中・後期土器に対する共同討議の記録集であり、中堅の研究者が10年以上にわたって取り組んできた、実証的な研究の到達点を示すものである。パネラーの中には若手の研究者もいる。世代をついで土器研究の成果が継承され、さらに研究が新たな方向へと向かうための導きの一書といえよう。

駒澤大学文学部助教授　設楽博巳

Archaeological L & Reader　Vol. 5

六一書房

考古学リーダー6

縄文研究の新地平
～勝坂から曽利へ～

小林　謙一　監修　　セツルメント研究会　編

2005年12月25日発行　A5判　161頁　本体2,500円＋税

2004年度縄文集落研究の新地平3　シンポジウムの記録

―目　次―

例　言
　　縄文集落研究の新地平をめざして　　　　　　　　　　　　小林　謙一

討論の記録

補　論
　1　東京東部（武蔵野）地域の様相　　　　　　　　　　　　宇佐美哲也
　2　千曲川流域における中葉～後葉移行期の土器群　　　　　寺内　隆夫
　3　静岡県における9c期～10a期の様相　　　　　　　　　　小崎　　晋
　4　関東西部における竪穴住居形態の変化　　　　　　　　　村本　周三

コメント
　1　中信地域における検討事例と課題―地域研究の現場から―　百瀬　忠幸
　2　竪穴住居設計仕様の視点から　　　　　　　　　　　　　長谷川　豊
　3　笹ノ沢（3）遺跡の集落景観　　　　　　　　　　　　　中村　哲也

シンポジウムのまとめと展望　　　　　　　　　　　　　　　　小林　謙一

===== 推薦します =====

縄文集落研究グループに集う研究者たちが、これまで行ってきたシンポジウムは縄文集落研究のうえで特筆される。とくに、そこで提示された「新地平編年」と呼ばれる中期土器型式編年は詳細なものとして知られ、この時期を研究する者にとって不可欠なものとなっている。また、かれらは縄文集落研究のこれまでの枠組みを打ち破る斬新な考え方や方法論をしばしば提示してきた。本書はそうした研究の積み重ねを踏まえて行われたシンポジウムの討議内容を詳細にまとめたものである。本書に示された土器型式編年研究の成果を通じて、縄文集落研究が文字通り、さらなる新地平へと飛躍できることが期待されよう。ぜひ一読を薦めたい。

昭和女子大学人間文化学部教授　山本　暉久

Archaeological L & Reader Vol.6

六一書房

六一書房　既刊図書

埼玉考古学会 50 周年記念論文集
埼玉の考古学 II　　　　　　　　　埼玉考古学会 編　A5 判上製函入　11,000 円 (本体)＋税
原始絵画の研究　論考編　　　　　設楽博己 編　B5 判上製　10,000 円 (本体)＋税
ガラス瓶の考古学　　　　　　　　桜井準也　B5 判　3,500 円 (本体)＋税
敷石住居址の研究　　　　　　　　山本輝久　B5 判上製　8,800 円 (本体)＋税
縄文式階層化社会　　　　　　　　渡辺 仁　四六判　2,500 円 (本体)＋税
本州島東北部の弥生社会誌　　　　高瀬克範　A5 判上製　8,500 円 (本体)＋税
古墳築造の研究―墳丘からみた古墳の地域性―　青木 敬　A4 判上製　6,000 円 (本体)＋税
竈をもつ竪穴建物跡の研究　　　　桐生直彦　B5 判上製　8,000 円 (本体)＋税
古代東国の考古学的研究　　　　　高橋一夫　B5 判上製　10,000 円 (本体)＋税
手焙形土器の研究　　　　　　　　高橋一夫　B5 判　3,000 円 (本体)＋税
韓国の旧石器文化　　　　　　　　金 正培　A4 判上製　9,000 円 (本体)＋税
ロシア極東の民族考古学―温帯森林猟漁民の居住と生業―
　　　　　　　　　　　　　　　　大貫静夫・佐藤宏之 編　B5 判上製　9,000 円 (本体)＋税
百済国家形成過程の研究　漢城百済の考古学
　　　　　　　　　　　　　　　　朴淳發 著　木下亘・山本孝文 訳　A5 変形上製　8,000 円 (本体)＋税
Archaeology Square2
北米・平原先住民のライフスタイル　　関俊彦 著　A5 判　2,200 円 (本体)＋税
Archaeology Square1
考古学ハンドブック　　　　　　モーリス・ロビンズ　マリー・B・アービング 著　関俊彦 訳　A5 判　2200 円 (本体)＋税
阿豆佐和気命神社境内祭祀遺跡　　國學院大學海洋信仰研究会 編　B5 判　4,000 円 (本体)＋税
アラフ遺跡調査研究 I ―沖縄県宮古島アラフ遺跡発掘調査報告―
　　　　　　　　　　　　　　　　アラフ遺跡発掘調査団 編　A4 判　2,000 円 (本体)＋税
ソ満国境　関東軍国境要塞遺跡群の研究
　　　　　　　　　　　　　　　　関東軍国境要塞遺跡研究会・菊池実 編　A4 判　3,500 円 (本体)＋税
地域と文化の考古学 I　　　　　　明治大学文学部考古学研究室 編　B5 判上製函入　13,000 円 (本体)＋税
海と考古学　　　　　　　　　　　海交史研究会考古学論集刊行会 編　B5 判　8,000 円 (本体)＋税
慶應義塾大学民族学考古学専攻設立 25 周年記念論集
時空をこえた対話―三田の考古学―
　　　　　　　　　　　　　　　　慶應義塾大学文学部民族学考古学研究室 編　B5 判上製函入　10,000 円 (本体)＋税
富山大学考古学研究室論集　蜃気楼―秋山進午先生古稀記念―
　　　　　　　　　　　　　　　　秋山進午先生古稀記念論集刊行会 編　B5 判上製函入　10,000 円 (本体)＋税
関西縄文時代における石器・集落の諸様相　関西縄文論集 2
　　　　　　　　　　　　　　　　関西縄文文化研究会 編　A4 判　3,200 円 (本体)＋税
関西縄文時代の集落・墓地と生業　関西縄文論集 1
　　　　　　　　　　　　　　　　関西縄文文化研究会 編　A4 判　4,700 円 (本体)＋税
縄文土器論集―縄文セミナーの会 10 周年記念論集―
　　　　　　　　　　　　　　　　縄文セミナーの会 編　B5 判上製函入　7,500 円 (本体)＋税
直良さんの明石時代―手紙で綴る―　春成秀爾 編　A5 判上製　2,857 円 (本体)＋税
日本および東アジアの化石鹿　　　直良信夫 著　春成秀爾 編
　　　　　　　　　　　　　　　　直良信夫論文集刊行会　発売：六一書房　B5 判上製　5,500 円 (本体)＋税
貿易陶磁研究　第 1 号～第 5 号 復刻合本　日本貿易陶磁研究会 編　B5 判　8,000 円 (本体)＋税